DECORAR
CON
PLANTAS

DECORAR CON PLANTAS

JOHN BROOKES

Ediciones Temas de Hoy

Colaboradores de la edición inglesa:

Asesoría editorial
Richard Gilbert

Realización del proyecto
Elizabeth Eyres

Dirección artística
Jane Owen

Edición
Sophie Mitchell y Tim Hammond

Dibujos
Cheryl Picthall y Ann Cannings

Dirección artística
Anne-Marie Bulat

Dirección editorial
Alan Buckingham

Título original:
The Indoor Garden Book

A Dorling Kindersley Book
© 1986 by Dorling Kindersley Limited, London
© 1986 by John Brookes

Traducción:
Ana M.ª Aznar

© 1988 Ediciones Temas de Hoy, S.A. (T.H.)
Paseo de la Castellana, 93. 28046 Madrid

Primera edición: noviembre de 1988
Segunda edición: junio de 1992
Tercera edición: noviembre de 1993

ISBN: 0-86318-172-1 (edición original)
ISBN: 84-86675-52-9 (edición española)
Depósito legal: M. 29.688-1993

Composición:
Fernández Ciudad, S. L.

Impresión:
Talleres Gráficos Peñalara, S. A.

Printed in Spain
Impreso en España

Indice de materias

Introducción **6**

Introducción

Para los que viven en zonas poco cálidas del hemisferio norte, los largos meses de invierno duran a veces de octubre a abril —casi medio año—. Aunque con la imaginación y los catálogos de viveros logren sobrevivir muchos jardineros por afición, otros buscan una salida más práctica para hacer realidad sus sueños hortícolas, llevando a sus casas las plantas y las flores. Para quienes residen en las ciudades, ese anhelo por el contacto con la naturaleza dura todo el año. A todos ellos está dedicado este libro, *Decorar con plantas*.

Las plantas de interior permiten el contacto con la naturaleza porque son seres vivos y de ahí su interés; al mismo tiempo animan cualquier interior dándole formas, colores y fragancias naturales. Sin embargo, si se usan indiscriminadamente dan una sensación de desorden e incluso pueden desdecir con el ambiente de una habitación. Los decoradores profesionales conocen bien las cualidades decorativas de las plantas y saben cómo utilizarlas para complementar un ambiente. Pero el arte de armonizar las plantas con la decoración interior y de situarlas con efectividad, se puede aprender fácilmente con la práctica y a través de la apreciación de las distintas cualidades decorativas de plantas y flores. Este libro se propone enseñarle a conocer sus plantas y flores y a apreciar sus formas, colores, tamaños, texturas y épocas en un marco interior.

Utilización de las plantas de interior

Para empezar a decorar, piense qué clase de espacio desea llenar con plantas. ¿Quiere una sola planta grande y vistosa que actúe como punto focal, o un grupo de

Un sabor victoriano
El clásico interior de finales del siglo XIX es oscuro, matizado con pesados cortinajes y con abundancia de muebles. Se pueden colocar unas kentias *(Howea belmoreana)* grandes en la habitación, con gloxinias *(Sinningia,* sp.) sobre las mesas bajas. Aquí una serie de cestos colgados contribuyen a romper el gran ventanal y a animar el tono oscuro de las maderas de las paredes.

La época romántica
Al iniciarse el siglo XX el interior se hizo romántico y aparecieron las flores de jardín sencillas. Este busto está rodeado de un grupo de flores de Pascua *(Euphorbia pulcherrima)* cuya riqueza cromática realza el tono de la escultura con un efecto rico y voluptuoso.

Estilo casa de campo inglesa
Aunque moderna, esta habitación es una versión a tamaño reducido del estilo campestre tradicional inglés, de colores claros, con chimenea, grandes sillones y adornos florales. Las plantas exóticas de colores vivos resultarían discordantes en este interior y aunque aquí hay algunas orquídeas *(Cymbidium* sp.), su color es lo bastante delicado para armonizar con la decoración.

plantas menores que contrasten por sus formas, colores o texturas? Quizá sólo disponga de espacio para unas plantas en un cesto colgado, o para un corrillo alrededor de un mueble o para situarlas formando parte de la estructura de la habitación. Los proyectos paso a paso en el capítulo *Adornos con plantas* les enseñarán a llevar a la práctica éstas y otras muchas ideas. Un simple ramo de flores frescas pondrá una nota risueña en una sala y, en el capítulo *Adornos con flores cortadas*, se han utilizado una selección de flores cortadas y de hojas, incluido material y variedades hortícolas disponibles en las tiendas, para crear una serie de adornos estacionales. En invierno las flores cortadas son caras, por lo que conviene tener en cuenta las flores y hojas secas para prolongar dentro de casa el ambiente del verano y del otoño. El capítulo sobre *Adornos con flores secas* le enseñará a hacer árboles, coronas y decoraciones además de ramos. En la *Guía de plantas* encontrará una serie de consejos para sacar el máximo partido a cada una de las plantas mencionadas, mientras la *Guía habitación por habitación* le enseña a usar flores y plantas en una gran variedad de formas nuevas e interesantes en los distintos lugares de la casa.

Estilos y plantas

Nunca ha habido como hoy tantos estilos de decoración. Pero todos ellos —incluso los más modernos— están sutilmente influidos por el pasado. Reconocer los componentes de un estilo de decoración ayuda a definir las cualidades que debe reunir una planta a fin de realzar ese estilo. Para ilustrarlo y enseñarle a estudiar los

Estilo colonial americano
Otra tendencia en la decoración de interiores presenta una gran influencia de las casas y muebles de la América del Norte colonial. Los primeros colonos eran también jardineros, lo que se refleja en la forma en que se utilizan para decorar las plantas y flores. Son típicos los ramos de margaritas *(Chrysanthemum frutescens)* en cestos de mimbre como los de este dormitorio.

Estilo rústico
En Gran Bretaña, la nostalgia por un pasado rural tomó otro giro cuando aparecieron en los años 60 los muebles rústicos y la tapicería de cuadros. El estilo es acogedor y sencillo, con fuertes alusiones al campo. Aquí se imponen las flores campestres como los narcisos *(Narcissus* sp.) y las flores secas.

Influencia de lo exótico
El movimiento hippy de los años 60 acercó oriente a occidente, y la tapicería, las alfombras y los objetos de adorno del este se abrieron paso a muchos hogares. La riqueza de dibujo y color de muchos textiles étnicos combinan con las formas marcadas y los colores crudos de las plantas tropicales y semitropicales.

esquemas decorativos de su casa, he realizado una selección de estilos de decoración contemporáneos y los he analizado para ver qué plantas armonizan con ellos.

Historia de las plantas de interior

Las plantas se utilizan en interiores desde hace siglos. El interés de los flamencos por pintar interiores y floreros corrió parejo, en todo el mundo occidental, con un creciente interés por las plantas cultivadas. De nuevo, la moda del tulipán holandés hacia 1630 influyó sobre otros países al tiempo que los cruzados que regresaban a sus casas traían plantas de otros países y las cultivaban en interiores antes del descubrimiento de los cristales. Sabemos que también utilizaban hierbas dentro de las casas: para esparcirlas por el suelo con fines medicinales y culinarios. En el siglo XVII las *orangeries*, estructuras de ladrillo o piedra con grandes ventanales al sur, servían para proteger a los naranjos en invierno. Pero había que esperar a la introducción de estructuras de cristal, que podían calentarse, para cultivar plantas a voluntad.

Las frutas tropicales se cultivaban inicialmente en invernaderos calentados con estufas: piñas, guayabas, limas y también las primeras camelias, seguidas más tarde por las palmeras datileras y las plataneras. También se cultivaban con fines medicinales, plantas grasas como el áloe y el ágave o pita, que servían para decorar las terrazas en verano. En el siglo XIX, la galería se convirtió en indispensable en las casas grandes, y los cultivos de vivero se pusieron de moda, con profusión de helechos, palmeras y plantas exóticas. También las

Influencia de los años 30
Este cuarto de baño actual mira con nostalgia hacia los años 30 con su esquema monocromo y la forma geométrica de su espejo de moldura metálica. Esta simplicidad requiere plantas de forma marcada y estas drácenas *(Dracaena marginata)* suavizan y dan interés a un escenario que podría sin ellas parecer clínico.

El toque oriental
Este interior moderno tiene una fuerte influencia de la austeridad tradicional de un hogar japonés. Los colores son en general neutros y se realzan con áreas estratégicamente situadas de colores vivos —los bordes rosados de la cordiline *(Cordyline terminalis)* en primer término resaltan el color de los cojines. Se han elegido ramas desnudas por sus formas lineales.

Austeridad lineal
La evolución del Modernismo en arquitectura y diseño de interiores fue compleja, con influencias de Japón, de Escandinavia, de Italia y de América. Pero se caracterizaba por formas lineales estrictas, por una falta de esquema y unos muebles "de diseñador" de madera laminada o de metal y cuero. Este tipo de interior estricto se suaviza y enriquece con la utilización de plantas grandes, como estas kentias *(Howea belmoreana)* que también sirven de unión con el exterior.

sencillas macetas empezaron a salir del mirador para acompañar a los pesados cortinajes y tapicerías del interior en el siglo XIX —aunque el humo de estufas y interior en el siglo XIX.

Como reacción a este estilo se buscó inspiración en la tradición de las casas de campo sencillas en las que se cultivaban las plantas dentro en invierno o se colgaban hierbas aromáticas de las vigas para secarlas. A principios de siglo, el modernismo utilizó plantas específicas en interiores, siendo el lirio la preferida. Pero los auténticos orígenes de las plantas de interior hay que buscarlos en Escandinavia donde, tradicionalmente, se pasaban las plantas a las casas para que sobrevivieran al largo invierno, y hasta después de la Segunda Guerra Mundial no entraron a formar parte de la decoración. Entonces hicieron su aparición las plantas de interior tal y como hoy las conocemos, con especies procedentes de Asia y de Centro y Sudamérica.

Elección de las plantas

La elección dependerán del tipo de decoración. Su selección se ajustará a sus gustos y al mantenimiento de la planta, y las temperaturas nocturnas, a la luz disponible, a la presencia de corrientes de aire y, naturalmente, al espacio.

El estilo industrial
Durante los años 70 apareció un nuevo estilo y diseño que aprovechaba elementos industriales. Las líneas escuetas y los colores fuertes de este estilo requerían la utilización de plantas grandes, de formas distintivas, y de flores de formas y colores marcados.

Suavización del estilo
En los años 80, se suaviza el estilo "alta tecnología" con la introducción de colores pastel. En este interior, las habitaciones se funden unas con otras para crear una sensación de espacio y de luz, y se pueden usar plantas grandes como estos ficus llorones *(Ficus benjamina)* para unir espacios arquitectónicos.

Eclecticismo clásico
Otra corriente es una vuelta al clasicismo caracterizada por colores discretos y diseños, con muebles que pueden ser modernos o tradicionales. Las agrupaciones de plantas son marcadas y sencillas y se engloban dentro del concepto general de la habitación, aunque puntuando más que dominando el escenario.

·1·

CUALIDADES DECORATIVAS DE LAS PLANTAS

Las fotografías de este primer capítulo demuestran la asombrosa diversidad de las formas de las plantas —desde las notablemente arquitectónicas con follaje marcado hasta las reptantes, que son más bien poco llamativas—. El hábito de crecimiento es tan variado como el tamaño de las hojas y las flores, la forma, el color y la textura. También las flores cortadas son un caleidoscopio de colores, ricos y vibrantes o sutiles y matizados. Las estructuras florales pueden ser grandes o pequeñas, aplastadas, erizadas, esféricas o complejas y las propias formas sugieren la manera adecuada de realizar los adornos.

Tenga presentes estas cualidades decorativas cuando elija plantas y flores para que sus características realcen el ambiente de su casa. Piense en la forma y tamaño de una planta si desea que ésta forme parte del decorado de su sala o que sirva de puente de unión entre partes de la sala con diferentes funciones.

Cuando proyecte grupos menores de plantas, o arreglos florales, estudie sus colores y texturas junto a los colores de las paredes y la tapicería para que plantas y escenario den una sensación general de armonía.

Variedad infinita
Una de las principales alegrías que dan las plantas en la casa es la diversidad de sus cualidades decorativas. Aquí, una selección al azar de flores frescas, hojas y bayas da una idea de la gama de color, textura, tamaño y formas.

Forma de la planta

De todas las características, probablemente la forma sea la que produce una mayor impresión inicial. La forma afecta en primer lugar a la línea general de la planta, pero también abarca otros rasgos que contribuyen a la configuración de la planta: la densidad del crecimiento, el tamaño y número de brotes y ramas individuales, la disposición de las hojas y folíolos y el "peso" del follaje. Naturalmente, la forma cambia conforme va creciendo la planta, pero dentro de ciertas generalizaciones; en este libro hemos utilizado un sistema de clasificación que divide las plantas en ocho categorías de forma: erguida, arqueada, llorona, de roseta, arbustiva, trepadora, colgante y rastrera. Estas son las categorías usadas en la *Guía de Plantas* y aquí le ofrecemos una ilustración de cada una de ellas.

Cocotero
Cocos nucifera (ver p. 169)
Esta planta tiene forma *arqueada*, como la mayoría de las palmeras y helechos; sus frondes en forma de espada presentan un perfil muy limpio.

Aralia
Fatsia japonica (ver p. 181)
La forma general de esta planta es *arbustiva* pero las grandes hojas digitadas tienen un perfil marcadamente individualizado.

Ficus rastrero *Ficus pumila* (ver p. 193). Esta planta rastrera parece una alfombra verde si se la deja arrastrar, pero también puede trepar o colgar.

Filodendro trepador
Philodendron scandens (ver p. 188)
Las plantas suelen combinar diferentes
elementos de forma; este filodendro *colgante*
presenta una gran belleza en la forma de las
hojas al tiempo que los tallos cuelgan de
manera atractiva.

Hiedra de Canarias
Hedera canariensis (ver p. 184)
La forma del soporte determina
la forma de conjunto de una
planta *trepadora*, pero el follaje
individual da una sensación de
delicadeza o de dureza de
líneas.

Yuca
Yuca elephantipes
(ver p. 167)
Las plantas de crecimiento
erguido y hojas aceradas
tienen una forma limpia y
sencilla.

Beaucarnea
Beaucarnea recurvata (ver p. 171)
La forma suave de esta planta *llorona* la crea
la masa de sus hojas en forma de briznas de
hierba.

Bromelia nido de ave *Nidularium innocentil*
(ver p. 175) Las plantas en forma de *roseta*
tienen un perfil que llama la atención.

Tamaño de la hoja

En muchos campos, la belleza de un dibujo suele residir en la simple repetición de elementos de tamaños parecidos. Este principio es aplicable a los adornos con plantas, pero también pueden lograrse efectos impresionantes remarcando las diferencias de escala. Por ejemplo, la delicadeza de las pequeñas plantas trepadoras se puede destacar yuxtaponiéndola con la grandeza de una hoja ancha, de forma sencilla.

Cocotero enano
Microcoelum weddellianum (ver p. 170)
Sitúe estos frondes finos y esbeltos junto a otras palmeras mayores.

Palma del paraíso
Howea belmoreana (ver p. 170) Las plantas grandes quedan mejor solas o en grupos con plantas de hoja afilada.

Ceropegia
Ceropegia woodii (ver p. 201) Es una planta que
luce más sola; deje que sus tallos cuelguen de
un cesto o de un estante.

Filodendro de hoja grande
Philodendron hastatum
(ver p. 187)
Esta trepadora de hojas
enormes se usa como planta
focal o como complemento a
plantas bajas.

Filodendro trepador
Philodendron scandens
(ver p. 188)
Utilícelo en un cesto colgante
o alrededor de un filodendro
de hoja ancha.

Forma de la hoja

La forma de la hoja es una característica visual muy marcada; se pueden conseguir adornos llamativos basándose en el contraste o en la armonización de la forma de las hojas. Existe una gran selección de formas: lanceoladas, ovaladas, acorazonadas, festoneadas o incluso como un violín. La forma de las hojas puede ser lo más destacado de una planta, o puede ser un encanto secundario.

Potos
Scindapsus pictus "Argyraeus" (ver p. 188) Hojas acorazonadas terminadas en punta de lanza.

Costilla de Adán
Monstera deliciosa (ver p. 187) Las grandes hojas ovaladas van quedando perforadas al madurar.

Pasionaria
Passiflora caerulea (ver p. 185) Hojas en forma de abanico, con muescas muy profundas.

Cissus de hoja romboidal
Cissus rhombifolia (ver p. 186) Las hojas acaban en punta de lanza, con bordes festoneados.

Filodendro hoja de violín
Philodendron bipennifolium (ver p. 169) Las hojas jóvenes, de forma irregular, adquieren forma de violín al madurar.

Esparraguera
Asparagus setaceus (ver p. 183) Tallos duros recubiertos de foliolos delicados, dispuestos en triángulo.

Difenbaquia
Dieffenbachia exotica (ver
p. 163) Las largas hojas
ovaladas presentan bordes
ondulados y terminan en una
punta muy característica.

Ficus llorón
Ficus benjamina (ver p. 171)
Las hojas ovaladas, pequeñas
y delicadas, presentan bordes
curvos y puntas afiladas.

Yuca
Yucca elephantipes (ver
p. 167) Hojas aceradas,
largas y estrechas, con
bordes finamente dentados.

Grevillea
Grevillea robusta (ver p. 166)
Las hojas presentan una
marcada división dándole un
delicado aspecto de fronde de
helecho.

Helecho
Nephrolepsis exaltata
"Bostoniensis" (ver p. 170)
Los frondes están divididos
en estrechos folíolos que
recuerdan a una pluma de
ave.

Dicigoteca
Dizygotheca elegantissima
(ver p. 165) Estrecho
folíolo con bordes
serrados que parten
como radios del ápice del
tallo.

Color de la hoja

La gama de colores que se encuentra en las hojas es sorprendente: desde las distintas tonalidades de verde hasta hojas con toda una paleta de colores, del blanco plateado al morado oscuro, pasando por las hojas moteadas o con marcados dibujos de contraste. Se pueden conseguir adornos muy llamativos jugando con dos o, a lo sumo, tres colores.

Zebrina (amor de hombre)
Zebrina pendula (ver p. 189) Las hojas presentan dos rayas verdes traslúcidas.

Caladio
Caladium hortulanum híbrido (ver p. 182) Hojas finas como el papel con delicadas marcas que combinan el rojo, con el rosa, el blanco y el verde.

Fitonia
Fittonia verschaffeltii (ver p. 193) Unas venas carmesí atraviesan las hojas de color verde aceituna creando un llamativo contraste.

Cóleo
Coleus blumei (ver p. 177) El color y el dibujo de la hoja varían mezclando el amarillo con el rojo, anaranjado, verde y marrón.

Crotón
Codiaeum variegatum pictum (ver p. 164) Hojas en una gama de cálidos colores exóticos moteados con manchas, motas y venas.

Neoregelia
Neoregelia carolinae "Tricolor" (ver p. 174) Hojas con rayas verdes y marfileñas matizadas de rojo en la época de floración.

Calatea
Calathea makoyana (ver p. 165)
Hojas que parecen pintadas a
mano, con un llamativo dibujo
en tonos oscuros.

Hiedra
Hedera helix híbrida (ver
p. 190) Las hojas de color
verde intermedio tienen
manchas verde oscuro y
márgenes marfileños.

Cordiline
Cordyline terminalis (ver
p. 163) Las hojas rayadas
están perfiladas de rosa
fuerte.

Caladio
Caladium hortulanum híbrido.
Esta hoja joven, de la misma
planta que la de su izquierda,
presenta una variación de
color que puede darse en la
misma planta.

Aglaonema
Aglaonema crispum "Silver
Queen" (ver p. 164) Las
hojas de color verde oscuro
presentan manchas nítidas
de verde plateado.

Begonia "patas de tigre"
Begonia "Tiger Paws" (ver
p. 193) Las marcas del envés
de la hoja verde esmeralda
son de color rojo vivo y se
ven desde la superficie de
color pardo.

Saxífraga
Saxifraga stolonifera
"Tricolor" (ver p. 190) Hojas
verde aceituna con borde
rosa y pelillos rosas.

Hipoestes
Hypoestes phyllostachya (ver
p. 179) Hojas verde
aceituna con profusión de
manchitas rosas.

Textura de la hoja

Existen tantas variaciones en la textura de las hojas como en el color, en la forma o el tamaño. Muy pocas son las hojas que no tienen una cualidad textural y pueden ser brillantes o mates, velludas o arrugadas, nervadas o acolchadas. Cada variación añade interés a la planta. Se logran adornos muy sutiles yuxtaponiendo plantas con distintas texturas foliares.

Araucaria de Norfolk
Araucaria heterophylla (ver p. 166) La sucesión de ramas cubiertas de agujas confiere a la planta la ligereza de una filigrana.

Aspidistra
Aspidistra elatior (ver p. 165) Las costillas se marcan a lo largo de estas hojas que parecen de cuero.

Helecho nido de ave
Asplenium nidus (ver p. 173) Las hojas en forma de lanza son tersas y brillantes, con una costilla central.

Peperomia
Peperomia caperata (ver p. 180) Las hojas acorazonadas, de color verde oscuro, presentan una superficie arrugada y un tacto ceroso.

Begonia de hoja
Begonia rex-cultorum (ver p. 183) Este follaje muy decorativo se cubre de granos que le dan una curiosa textura rugosa.

Culantrillo
Adiantum raddianum (ver
p. 183) Las hojas son como
películas lisas y están
dispuestas en graciosos
frondes colgantes.

Ginura
Gynura aurantiaca (ver p. 191)
Las hojas dentadas están
cubiertas por un pelillo fino
morado y parecen de piel.

Cuerno de alce
Platycerium bifurcatum (ver
p. 191) Los frondes en forma de
cuerna están cubiertos por una
fina pelusilla blanca,
aterciopelada.

Maranta
Maranta leuconeura (ver
p. 178) Las nervaduras de
vivo color rojo destacan en
las hojas satinadas.

Columnea
Columnea "Banksii" (ver
p. 189) Las hojas verde oscuro,
dispuestas por pares, son
carnosas y tienen una textura
cerosa.

Tamaño de la flor

La belleza de las flores no depende únicamente de su color, aunque es un factor importante. El tamaño contribuye al especial atractivo del ramo y es una consideración a tener en cuenta para hacer adornos florales. Utilice flores de escala semejante y, al elegir el recipiente, asegúrese de que su tamaño sea adecuado a las flores.

Mimosa
Acacia longifolia (ver p. 212)
Este arbusto perenne produce ramilletes de flores de tallo corto, fragantes, de color amarillo intenso y del tamaño de guisantes.

Espuela de caballero
Delphinium elatum (ver p. 217) Las largas espigas de estas flores cortadas van bien en cualquier ramo grande.

Crisantemo
Chrysanthemum híbrido (ver p. 222)
Estas flores, las mayores de las
variedades de crisantemo cultivadas
para flor cortada, tienen el tamaño de
un pomelo.

Flor de Pascua
Euphorbia pulcherrima (ver p. 178)
Estas sorprendentes plantas de
interior son grandes brácteas de color
rojo que forman un círculo alrededor
de las flores insignificantes.

Aciano
Centaurea cyanus (ver p. 217)
Las cabezuelas aisladas,
pequeñas y redondas, de estas
flores cortadas son del tamaño
de una pelota de golf.

Anémona
Anemone coronaria (ver p. 222)
Estas flores de vivo color,
semejantes a las amapolas, son
del tamaño de una pelota de
tenis.

Forma de la flor

Las flores presentan una inmensa variedad de formas, desde las sencillas primaveras hasta las flores exóticas, sin pétalos y globulares del Leucospermo. Un bello adorno floral depende de una apreciación de la forma y del perfil natural de la flor que puede usarse de guía para el ramo. Utilice espigas florales largas y finas para dar las líneas generales y las formas redondeadas como centros focales de los grandes ramos.

Molucela
Molucella laevis (ver p. 217)
Largas espigas de florecillas blancas rodeadas de brácteas verdes en forma de cáliz.

Kalancoe
Kalanchoe blossfeldiana (ver p. 196)
Las florecitas de esta planta de interior crecen en manojos densos que pueden usarse como flores cortadas.

Anturio
Anthurium andraenum (ver p. 182)
Estas extrañas formaciones florales consisten en una bráctea brillante en forma de escudo y una espiga de flores, que emerge en forma cilíndrica.

Gipsófila
Gypsophila paniculata (ver p. 213)
Los leves manojitos de diminutas flores sencillas o dobles crean un efecto difuminado, aún más espectacular si se presentan solas en un ramo.

Gerbera
Gerbera jamesonii (ver p. 217) Estas grandes flores sencillas o dobles presentan un color llamativo y ofrecen un interés focal dentro del ramo.

Pensamiento
Viola wittrockiana (ver p. 213)
Estas atractivas flores en forma de corazón tienen unas capas de pétalos tiernos y lobulados.

Ave del paraíso
Strelitzia reginae (ver p. 164) Esta extraordinaria flor consiste en una bráctea verde sobre la que se sustentan unas flores anaranjadas y azules que surgen como la cresta de un ave tropical.

Geranio
Pelargonium hortorum híbrido (ver p. 178) Estos ramilletes redondeados de flores se encuentran en toda una gama de colores.

Orquídea
Dendrobium sp. (ver p. 223)
Estas flores de gran duración
crecen en ramilletes arqueados
que florecen a lo largo del tallo.

Alstroemeria
Alstroemeria pelegrina (ver
p. 213) Las flores en forma de
trompeta aparecen en el ápice de
los largos tallos.

Gladiolo
Gladiolus sp. (ver. 215)
Estas elegantes flores
cortadas aparecen en
largas espigas con flores
a un solo lado, o
aisladas.

Violeta africana
Saintpaulia híbrida (ver
p. 175) Las flores simples o
dobles de esta planta de
interior crecen en manojos
sobre un tallo corto.

Genciana
Gentiana sp. (ver. 217)
Flores pequeñas en
forma de embudo.

Exacum
Exacum affine (ver
p. 178) Las flores de esta
planta de interior son
pequeñas, en forma de
platillo, con una sola
capa de pétalos.

Begonia de flor
Begonia tuberhybrida (ver
p. 176) Estas plantas de interior
tienen flores simples y dobles,
grandes y en forma de rosa.

Leucospermo
Leucospermum nutans (ver p. 221)
Estas sorprendentes
terminaciones florales están
cubiertas de espiguillas altas.

Clavel
Dianthus caryophyllus (ver p. 215)
Flores dobles que aparecen en tallos
reunidos, como pequeñas golas.

Primavera
Primula obconica (ver p. 181)
Planta de interior que
presenta ramitos de flores de
vivo color sobre un solo tallo.

·2·

ADORNOS CON PLANTAS

La colocación, agrupación y situación de las plantas y flores es un arte, no una ciencia. Es cuestión de gusto y por tanto no hay normas rígidas al respecto. Sin embargo, sí se pueden dar unas líneas generales y unos consejos sobre lo que resulta agradable a la vista y lo que no. Quizá lo más importante que hay que tener en cuenta es que cada adorno floral debe estudiarse en su conjunto. Esto significa que no hay que considerar solamente la presentación de la planta, sino también el recipiente, el fondo sobre el que va a verse y el estilo de la habitación o de los muebles donde vaya a figurar.

El adorno puede ser una sola planta en un recipiente sencillo, o un grupo importante de varias plantas; un jardín que recuerde a una jungla dentro de una habitación, o una galería exuberante de verdor; un solo jarrón de flores cortadas llenas de vida y color, o un adorno mixto que incorpore todos estos elementos.

En cada caso, lo primero que debe hacerse es observar las plantas y las flores y estudiar sus cualidades tal como se ha descrito en el capítulo anterior. Después se pasará a elegir el recipiente y la selección se hará no solamente pensando en el tamaño adecuado al crecimiento de la planta, sino también pensando en cómo el recipiente puede contribuir al adorno floral y cómo puede realzar la idea del conjunto.

Coordinación de plantas y recipientes
El color de las flores de las plantas de interior puede intensificarse con el color del recipiente. Aquí el color de éstos da cohesión al grupo y, al mismo tiempo, al ser de un rosa menos sostenido que el de las flores, centra en éstas la atención.

Armonizar plantas y recipientes 1

Los criterios que hay que tener en cuenta a la hora de elegir un recipiente para la planta, son muchos y complejos y para cada regla formulada puede pensarse en una buena excepción. En cualquier caso la decisión deberá atemperarse con el gusto personal y la preferencia de cada uno, aunque es conveniente establecer unas líneas generales básicas.

La consideración más importante es la proporción del recipiente respecto a la planta. En general, cuanto más pequeña sea la planta, más deberá adecuarse a su altura la del recipiente. Para ver qué combinaciones armonizan mejor, es conveniente probar varios recipientes con la planta, retirándose para apreciar el efecto. Una vez elegido el recipiente cuyas proporciones mejor se ajusten a la planta, asegúrese de que ambos son adecuados para el lugar

en que desea colocarlos. Esto es fundamental para la belleza de un adorno, ya que no sólo el recipiente sino también la planta deben adecuarse con el entorno práctica y estéticamente.

Es esencial elegir un estilo de recipiente y un tipo de planta que reflejen y realcen el ambiente de la habitación a que están destinados. El estilo del recipiente depende del material de que esté hecho y de su forma, color y textura. El estilo de la planta también puede analizarse de modo parecido: por ejemplo, la yuca tiene un aire perfilado y moderno, mientras que una begonia de flor tiene una línea suave que armoniza mejor con un estilo tradicional. Por eso no se deje tentar y compre una yuca en un recipiente de aluminio para ponerla en una casa clásica con tapicería de chintz.

Recipientes para plantas de distinta forma

Guzmania
Guzmania lingulata

Potos
Scindapsus pictus
"Argyraeus"

Hiedra
Hedera helix
híbrida

Cuenco de cristal cónico
La línea escueta del cuenco complementa las flores rojas y el marcado perfil de estas plantas en forma de roseta.

Maceta esférica de cerámica
El potos trepador desborda graciosamente sobre el borde del tiesto redondo. La sencillez del recipiente, tanto en forma como en color, hace resaltar el matizado plateado de las hojas.

Maceta alta de barro cocido
Una hiedra en tiesto requiere un recipiente alto para que luzcan sus ramas rastreras. Una planta erguida resultaría desproporcionada en una maceta como ésta.

Helecho
Nephrolepsis exaltata
"Bostoniensis"

Beaucarnea
Beaucarnea recurvata

Pellaea
Pellaea rotundifolia

Urna de plomo clásica
La altura de esta urna imitación clásica permite el lucimiento de los frondes arqueados del helecho. La combinación es de gran belleza formal realzada por el diseño clásico de la urna.

Maceta redondeada de cerámica
La forma sencilla del tiesto realza la delicadeza de los frondes arqueados de esta planta. El color verde oscuro y mate de la planta combina bien con el azul de la maceta.

Maceta baja de barro cocido
La extraña forma de esta planta llorona requiere un recipiente simple como este tiesto de terracota. Como a las raíces les va bien estar apretadas, el recipiente ha de ser pequeño.

Aralia
Fatsia japonica

Caladio
Caladium hortulanum
híbrido

Plumbago
Plumbago auriculata

Maceta de cerámica barnizada
Los tallos desnudos del caladio destacan
gracias a la bonita forma del tiesto verde.
Este color también realza los dibujos de las
hojas.

Cesto de mimbre con asas
Esta vigorosa aralia con sus hojas digitadas
y su forma arbustiva requiere un recipiente
sencillo pero robusto.

Cesto de mimbre de asa grande
El asa del cesto es a la vez soporte del
plumbago trepador. La textura recia del
cesto va bien con los tallos un poco
desordenados.

Soleirolia
Soleirolia soleirolii

Maceta llana de terracota
La forma baja y abierta del tiesto es ideal
para el hábito reptante de la soleirolia. El
barro cocido armoniza con el verde fresco
de las hojitas de la planta.

Opuntia
Opuntia microdasys

Yuca
Yucca elephantipes

Dicigoteca
*Dizygotheca
elegantissima*

Maceta cuadrada de fibra de vidrio
La forma austera de la yuca, erguida y de
hojas afiladas, destaca con la extremada
sencillez del recipiente de fibra de vidrio.

Barril de madera rústico
La forma espectacular de este cacto erguido
requiere un recipiente de forma simple. La
madera tosca del barril armoniza con la
recia textura espinosa.

Maceta grande de terracota
El éxito de esta combinación reside en el
contraste entre la solidez del tiesto de barro
y el efecto de filigrana de esta planta
erguida de follaje de color bronce.

Armonizar plantas y recipientes 2

Grupos de recipientes

Una de las formas de dar mayor interés a la decoración de una habitación es agrupando tiestos y demás recipientes con plantas, como puntos de interés. Se pueden utilizar recipientes de un mismo color para aunar un grupo de plantas y para estabilizar el ambiente de una zona en una habitación. Unas pocas agrupaciones como éstas tienen la suficiente entidad como para convertirse en punto focal de una habitación grande, pero también son válidas en una zona pequeña.

Cuando elija los recipientes, piense bien cómo van a combinar con sus plantas con el decorado.

Contrapunto de color *derecha*
Estos recipientes se eligieron para jugar armoniosamente con su color y el de las plantas. El negro y rojo de los recipientes realza y complementa el color de las hojas de ambas plantas.

Begonia de hoja
Begonia rex cultorum

Crotón
Codiaeum variegatum pictum

Recipiente de aluminio negro

Recipiente de plástico rojo

Soleirolia
Soleirolia soleirolii

Macetas de barro

Macetas de terracota *arriba*
Una agrupación sencilla y clásica de macetas de un mismo estilo y color ayuda a controlar el crecimiento desordenado y caprichoso de las plantas, contribuyendo a dar equilibrio al adorno.

Alto y bajo *derecha*
Aquí el contraste de forma y escala entre ambos recipientes es mayor al haberse utilizado una misma planta en cada uno. El esquema monocromo de las macetas da cohesión al grupo y hace destacar el matizado plateado de las hojas del potos.

Potos
Scindapsus pictus "Argyraeus"

Tiesto de cerámica blanco

Maceta de cerámica gris

Juego de tamaños *arriba*
Este grupo juega con la repetición de la forma y textura de la maceta que destaca gracias al marcado contraste de tamaño. La utilización de la misma planta en todas las macetas contribuye a dar unidad al grupo.

Repetición *abajo*
Un planta pequeña en un recipiente pequeño necesita destacar y eso puede conseguirse con un ejemplar mayor de la misma planta en un recipiente mayor. Estos tiestos realzan el color verde oscuro de las hojas moteadas y contrastan bien con su matizado rosa.

Hipoestes
Hypoestes phyllostachya

Tiestos cerámicos negros

Recipientes originales

Algunas macetas resultan caras, sobre todo si se necesitan varias. Por eso es conveniente buscar entre los objetos de la casa —papeleras, ollas, cubos galvanizados, banastas, cazuelas, regaderas, cuencos de porcelana y esmaltados, etcétera—, cuáles pueden adquirir nueva vida con algo de imaginación. No existen normas para la improvisación, es sólo cuestión de saber ver qué les puede ir bien a las plantas y al estilo de decorado en el que han de vivir. Pruebe a poner tiestos de bulbos en cestos de compra, hiedras y otras trepadoras en cubos de hielo bruñidos, pequeños cactos en botes de lápices de colores, y cualquier combinación que éstos le sugieran. Incluso un caldero viejo puede ser una preciosa maceta en un ambiente rústico (meta la planta en su tiesto, dentro del caldero directamente o sobre una pila de ladrillos). Si utiliza un recipiente sin orificios de drenaje, póngale en el fondo una capa de gravilla o de arcilla porosa antes de pasar a él la planta.

Una jaula *derecha*
Los finos barrotes de la jaula son un elegante marco para el ficus rastrero (*Ficus pumila*). Esta planta puede trepar, reptar y colgar y esos hábitos quedan expuestos en la jaula.

Macetero con forma de animal *abajo*
Un recipiente fuera de lo normal puede llamar la atención, dar un toque de humor y aumentar el impacto de una planta aislada, como demuestra claramente este macetero rinoceronte.

Un busto de porcelana *derecha*
Se puede utilizar como macetero cualquier objeto que cree un ambiente particular. Aquí la combinación de los frondes de una hiedra colgando sobre una cabeza clásica recuerda a las estatuas románticas.

Principios del adorno

Equilibrar los grupos

Hacer un adorno con plantas significa al mismo tiempo agrupar las plantas y sus recipientes, en un estante o sobre una mesa por ejemplo, y situar las plantas en la habitación. En la *Guía habitación por habitación* encontraremos consejos para coordinar las plantas con su entorno; pero empecemos por estudiar buenas agrupaciones de plantas y recipientes. La clave de un buen adorno es que ha de tener un buen equilibrio visual. Es evidente que una planta grande tiene más peso visual que una pequeña. Sin embargo, algunas plantas tienen un color llamativo, o una forma o una textura espectaculares que atraen la mirada y así un ejemplar pequeño de estas plantas tendrá tanto peso visual como un ejemplar mayor de menor efecto visual.

Adornos simétricos

Adornos asimétricos

Simetría
Dos ficus rastreros idénticos (*Ficus pumila*) flanquean una araucaria (*Araucaria heterophylla*) creando un adorno perfectamente simétrico. Si se trazara una línea vertical en el centro del grupo, cada lado de la línea sería la imagen especular del otro.

CLAVE DE LAS PLANTAS
Ficus rastrero   Araucaria

Asimetría
El pino tiene más peso visual que un ficus rastrero por lo que debe equilibrarse con dos de éstos. Se puede utilizar el espacio para ajustar el equilibrio: aquí se han unido las dos plantas rastreras para darles más peso visual del que tienen cuando estan separadas.

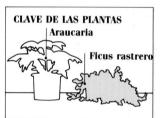

CLAVE DE LAS PLANTAS
Araucaria
Ficus rastrero

Equilibrio de plantas y objetos *izquierda*
Dos llamativas bromelias sobre una cónsola, se sitúan a ambos
lados de una urna central. Para dar cohesión al grupo y aumentar
la sensación de simetría, se han colocado unos ceniceros iguales a
cada lado de la urna. El éxito del adorno se refuerza al repetirse
en el cuadro de detrás, el rojo de las flores y el verde del jarrón.

Equilibrio formal a través de la simetría *arriba*
En general, los adornos perfectamente simétricos son adecuados
para plantas de forma regular y bien marcada, como el mirto
(*Myrtus communis*) situado a ambos lados de este espejo. También
serían adecuados en este contexto el laurel o el naranjo. El
sencillo adorno de la mesa consiste en un anturio aislado
(*Anthurium* sp.) con un fronde de palma del paraíso (*Howea* sp.).

Principios del adorno 2

Utilización del contraste

Si un adorno conseguido es un adorno visualmente equilibrado, ¿cómo se logra que además de conseguido quede vistoso? Respuesta: con el contraste, con la unión de contrarios. Se puede usar el contraste de la forma o del tamaño y el contraste más sutil de la textura y del color. Componga sus grupos probando, con plantas diferentes —pero con

exigencias semejantes de condiciones— y deje que su vista le indique qué combinación es buena. Cuando proyecte una agrupación, la mejor forma de utilizar el contraste será limitándose a uno o dos elementos. El efecto de contraste será más marcado si forma parte de un adorno que en su conjunto resulte ordenado y armónico.

Forma
La yuca erguida, de hojas afiladas(*Yucca elephantipes)* contrasta con las formas bajas y redondeadas de los cactos. La fiereza de la yuca le da un peso visual que requiere ser equilibrado con varios cactos pequeños. La introducción del ágave reina (*Agave victoriae-reginae)*, afilado pero bajo, crea un agradable vínculo de unión entre los dos elementos dominantes de la composición.

CLAVE DE LAS PLANTAS

Agave
reina

Yuca enana
Mamilaria
de espina

Mamilaria

Textura *izquierda*
La liviana filigrana del culantrillo (*Adiantum raddianum*) tiene un peso visual semejante a la densa masa de las rugosas hojas de la peperomia (*Peperomia caperata*) debido a la diferencia de tamaño de las plantas. Estas se equilibran visualmente sólo con ponerlas una junto a otra.

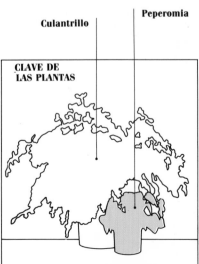

Culantrillo   Peperomia

CLAVE DE
LAS PLANTAS

Escala

Las tres plantas de este grupo tienen la misma clase de forma y la misma clase de textura de hojas afiladas. Sin embargo varía su tamaño. La pequeña ágave reina (*Agave victoriae-reginae*) tiene unos centímetros de altura, mientras, la yuca de tronco (*Yucca elephantipes*) mide cerca de 1,5 metros. Su semejanza en forma y textura y el hecho de que los recipientes sean todos blancos sirve para destacar el contraste de su escala. Otra forma de utilizar con eficacia la diferencia de tamaño es agrupando las plantas en fila —en la repisa de la chimenea o en un estante por ejemplo— eligiéndolas de la misma clase pero de distinta altura.

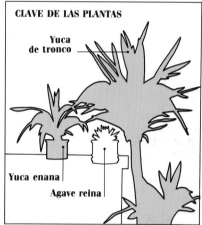

CLAVE DE LAS PLANTAS

Yuca de tronco

Yuca enana

Agave reina

Color *derecha*

Las tres begonias elatior rosas (*Begonia* "Elatior" híbridas) contrastan con la variedad de flores blancas. Solapando ligeramente las tres de color rosa y colocando la blanca un poco separada se consigue que no predomine ningún color sin que destaque cada uno gracias al elemento de contraste. Otras formas de utilizar el color consiste en yuxtaponer una planta de hojas matizadas con una de flor que repita el color de las hojas.

Begonia elatior

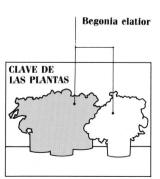

CLAVE DE LAS PLANTAS

Iluminación de las plantas

Es muy posible que vean ustedes sus plantas tanto por la noche, iluminadas con luz artificial, como por el día. Además de la iluminación del fondo, se puede utilizar luz direccional para destacar plantas y flores. Este tipo de iluminación, cuando el foco es lo bastante concentrado para destacar un solo objeto, revaloriza las plantas, acentúa su forma, define su color y destaca su textura. Se pueden lograr efectos llamativos jugando con las luces y sombras creadas por las luces direccionales. Las plantas más sencillas pasan a un primer plano. Otra consideración es la cualidad de la luz deseada. Las bombillas de tungsteno incandescentes, las más corrientes, dan una luz cálida que realza los amarillos y rojos, mientras las bombillas halógenas dan una luz más concentrada y más fría. Para conseguir una luz más cálida, compre bombillas con una capa de color cálido. Las plantas no deben situarse cerca de la fuente de luz ya que el calor de la bombilla podría dañar las hojas. Una buena distancia son unos 60 centímetros de una bombilla incandescente de 100 watios.

Luz natural

La luz actúa sobre el pigmento verde o clorofila que tienen todas las plantas, para iniciar el proceso de la fotosíntesis. Las longitudes de onda azul/violeta y roja son las más importantes para el crecimiento de la planta; el azul estimula las hojas y el rojo las flores. Las bombillas incandescentes tienen pocas longitudes de onda azules y su efecto sobre el crecimiento de la planta es limitado; pero existen luces especiales que pueden utilizarse como sustitutas de la luz natural (ver pág. 258-9).

La cantidad y calidad de la luz natural que necesita una planta dependen de su hábitat original. Algunas plantas requieren pleno sol, algunas prefieren luz tamizada, que se consigue matizando la luz solar con persianas o con visillos de encaje o gasa y otras una buena iluminación indirecta. La calidad de la luz natural en la habitación indicará las zonas en las que pueden situarse las plantas. Al mismo tiempo hay que pensar la iluminación que tendrán de noche, de forma que cuenten con luz natural suficiente para su crecimiento y con luz direccional para disfrutar de ellas de noche.

Una ventana como marco *izquierda*

La luz filtrada que pasa por esta ventana es suficiente para la aralia (*Fatsia japonica*) que luce a contraluz el verde de sus hojas. El tamaño de la planta armoniza con el de la ventana.

El sol en el alféizar

abajo
Un grupo simétrico de estreptocarpos blancos (*Streptocarpus* sp.) colocado entre dos aves talladas, adorna un alféizar soleado. La luz destaca el blanco brillante de las flores y da una bella transparencia a las hojas directamente iluminadas.

Efectos luminosos 1

Luz cenital
Utilice una luz en el techo o colgante sobre una mesa para iluminar desde arriba una decoración central, como un adorno floral o para dar cohesión a un grupo de plantas pequeñas.

Luz colgante *abajo*
La luz colgante se suspende sobre un recipiente de terracota de soleirolias (*Soleirolia soleirolii*) destacando el detalle de su follaje.

Luz en el techo
derecha
Una luz empotrada en el techo arroja un foco sobre las plantas y objetos de la mesa. Ilumina un cuenco de clavellinas (*Dianthus* sp.) una bromelia grande (*Portea petropolitana extensa*) y un arce (*Acer* sp.) colocado en el interior para adornar temporalmente la habitación.

COLOCACION DE LA LUZ   **Luz cenital**

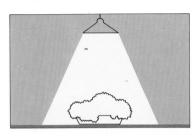

Luz de abajo
Iluminando una planta aislada o un grupo de plantas desde abajo con un foco, se crean unas fuertes sombras en la pared y en el techo. Las sombras pueden controlarse con la posición de los focos.

POSICION DE LA LUZ   **Vista lateral**

Luz posterior   **Luz frontal**

Luz posterior desde abajo
Situando la luz detrás de la planta crea un dibujo abstracto espectacular pero de sombras distorsionadas, reduciendo la planta a una silueta.

Luz frontal desde abajo
Situando la luz delante de la planta destacan los detalles de ésta y se crea una sombra que prolonga el dibujo y forma naturales de la planta.

Efectos luminosos 2

Iluminación frontal y posterior

Utilizando un foco sobre la mesa o estante, se puede crear un espectacular efecto luminoso proyectando la luz sobre una zona reducida. La luz frontal arroja fuertes sombras que realzarán la forma natural de plantas y flores, mientras la iluminación posterior produce un efecto más suave.

COLOCACION DE LA LUZ   **Vista lateral**

Luz posterior

Luz frontal

Luz posterior *arriba*
Esta luz crea un ambiente suave, traslúcido.

Luz frontal *abajo*
Las sombras realzan la forma bien definida de los tulipanes (*Tulipa* sp.)

Luz lateral
Utilice una lámpara en un pared o un foco montado en el techo para dirigir la luz sobre un adorno de plantas o flores. Con este tipo de iluminación flexible, se puede variar fácilmente el ángulo de luz.

Luz lateral de arriba *izquierda*
Esta luz inclinada ilumina la textura suave y la filigrana del culantrillo *(Adiantum raddianum)*

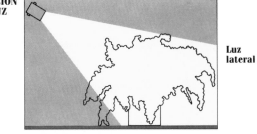

COLOCACION DE LA LUZ

Luz lateral

Iluminacion lateral de flores secas
En las cocinas se requieren diferentes tipos de luces: fuertes para iluminar las áreas de trabajo y suaves, más matizadas, para la zona comedor. Aquí dos focos dirigen sus luces sobre unos ramos de flores secas, revelando sus colores y texturas. Las velas de la mesa ponen una nota de luz cálida.

Crear estilo con las plantas 1

Pocos tenemos oportunidad de diseñar una habitación desde cero, seleccionando todos los materiales, muebles, objetos de decoración y plantas para crear un estilo definido de decoración de interior. Pese a las limitaciones prácticas con que tropiezan nuestras ideas, vale la pena ver cómo pueden utilizarse las plantas para evocar y realzar un estilo decorativo. Las plantas y flores son parte integrante de muchos estilos y en ellas se inspiran con frecuencia los motivos ornamentales. En las páginas siguientes encontrará usted un análisis de algunos de los estilos comtemporáneos más populares, con consejos sobre los tipos de plantas y flores que combinan con ellos.

Estilo rural inglés

El estilo rural inglés consiste en meter el jardín en casa. En todas partes se encuentran motivos florales: papel pintado, cortinas, cojines y porcelana que cobran nueva vida con la presencia de flores frescas. El estilo rústico puede ser elegante o relajado, adecuado para la ciudad o para el campo. Los objetos no deben ocupar un lugar fijo sino que se acumulan para crear un ambiente confortable. La nostalgia del campo es ingrediente importante de este estilo que se acompaña de muebles de madera tallada, de diseños acogedores, de tejidos naturales y de colores cálidos.

Plantas para una cocina rústica *derecha*
Unos sencillos pucheros barnizados presentan un adorno informal de hiedra variegada (*Hedera helix* híbrida), de tomillo (*Thymus vulgaris*) y de una esparraguera (*Asparagus falcatus*)

Elementos de un estilo rústico elegante *izquierda*
En el estilo campestre, el color es más importante que la forma. Aquí las plantas de hoja y de flor de formas suaves complementan los dibujos del papel pintado, de la porcelana y del tejido, así como las flores más propias de un jardín a la antigua. Este tipo de estilo rústico es más elegante que el de la derecha. Las texturas —de la porcelana y del chintz— tienen más brillo que las de la terracota y la madera sin barnizar.

CLAVE DE LAS PLANTAS

Geranio

Geranio de hoja de pipermín

Gipsófila

Anémona del Japón

Rosa

Alhelíes

Adorno de mesas de flores flotantes *arriba*
Se han puesto muchas cabezas florales de geranio (*Pelargonium* sp.) flotando en agua en dos fuentes redondas para crear un adorno lleno de color, muy apropiado para una mesa de comedor de estilo rústico.

Repetición de dibujos florales *izquierda*
Hay flores por todas partes: en el tejido, en la porcelana, y en ramos secos que crean un efecto abigarrado, de jardín rústico exhuberante.

Elementos de estilo rústico informal *derecha*
De nuevo, la forma de las plantas y de las flores es menos importante que su color. Las flores, como esta jarilla de jardín (*Aster nova-belgii*), tienen un color fresco y cálido sin ser llamativas. Las semillas secas tienen una textura rugosa y colores monocromáticos que combinan bien con los colores y texturas de la madera, del barro cocido y de los cestos. Las flores secas se asocian inmediatamente con el campo y sus amarillos suaves y sus azules recogen el color de los mosaicos.

CLAVE DE LAS PLANTAS

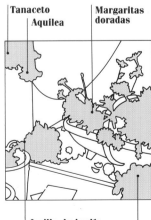

Tanaceto
Aquilea
Margaritas doradas
Jarilla de jardín
Semillas de Nigella

Crear estilo con las plantas 2

Estilo étnico

Las numerosas manifestaciones de lo que podríamos
denominar estilo "étnico" reflejan las culturas
tradicionales de distintos grupos de todo el mundo.
Se basa en artesanía realizada por métodos
tradicionales y caracterizada por la utilización de
dibujos vivos, abstractos o figurativos.

Utilización de tejidos étnicos *arriba*
Un precioso kelim ha inspirado este adorno floral; sus colores se
repiten en el plato de cerámica y en los centros ocres de las
margaritas (*Chrysanthemum frutescens*).

Estilo sudamericano *izquierda*
Las flores de vivo color y la forma escueta de este cacto
(*Rhipsalidopsis gaertnen*) destacan ante la rugosidad del poyo y la
talla de piedra.

**Elementos de estilo
étnico** *izquierda*
Se requieren plantas de
líneas marcadas y forma
escueta para destacar ante la
abundancia de dibujos. Los
cactos son la elección que se
impone, sobre todo con
objetos de origen
sudamericano como los de
aquí. Los colores han de ser
cálidos para armonizar con
los colores de los tintes
naturales.

CLAVE DE LAS PLANTAS

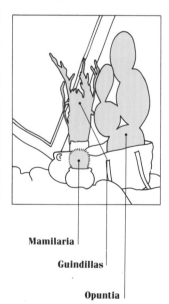

Mamilaria

Guindillas

Opuntia

Estilo oriental

Extremo Oriente ha sido durante siglos fuente de
inspiración de decoraciones. Como estilo decorativo, se
presta a numerosas interpretaciones, ya que cada área
(China, Malasia y Japón) tiene su propio estilo nacional
influido en parte por la flora autóctona.

**Contraste de texturas
en el estilo japonés**
izquierda
Las púas del bonsai se
repiten en las flores
flotantes del crisantemo,
mientras la rugosidad de
la piedra contrasta con la
suavidad del plato.

Simplicidad oriental
arriba
Este grupo se basa en el
rigor de las formas y en
el contraste de texturas.
El iris de hoja acerada
(*Iris pallida*) y el abanico
resultan
muy abstractos.

Elementos de estilo oriental
derecha
Un elemento clave en el estilo
oriental es la concentración de
unas cuantas formas sencillas y
de grandes zonas de color
neutro, realzadas por puntos
focales de vivo color. Aquí el
contraste de textura entre la
estera de bambú y la mesa
El paraguas (*Cyperus* sp.) nos
recuerda el bambú, mientras el
Aeschynanthus (*Aeschynanthus
lobbianus*) añade un toque
malayo al grupo.

CLAVE DE LAS PLANTAS

Gladiolos
miniatura

Aeschynanthus

Crisantemos

Paraguas

Crear estilo con las plantas 3

Alta tecnología

Es un estilo basado en las formas y materiales funcionales de los productos industriales. La decoración es mínima y el efecto general es recio y aséptico; es la antítesis de lo orgánico. Las plantas han de tener formas escuetas y las flores un vivo color para no quedar ahogadas por los brillos de las superficies pulidas y por los vibrantes colores primarios.

Colores vivos *arriba*
Utilice flores de formas muy nítidas y de colores fuertes como este anturio (*Anthurium andreanum* híbrido). Las flores casi parecen "irreales" porque la textura de sus brácteas rojas recuerdan al plástico.

Utilización de formas vigorosas *izquierda*
La forma agresiva de un cardón (*Cereus peruvianus*) destaca en primer término. La luz cruda y el brillo de los azulejos blancos requieren plantas grandes y dominantes como el paraguas (*Cyperus* sp.) del fondo.

Elementos de alta tecnología *derecha*
Las plantas adecuadas son las de gran peso visual como los ágaves, yucas y cactos. Aquí las plantas tienen un perfil marcado y un follaje de color verde uniforme que combina bien con el recipiente de plástico rojo y el suelo de goma roja.

CLAVE DE LAS PLANTAS

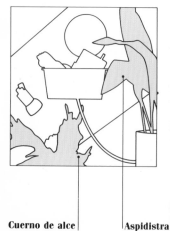

Cuerno de alce   **Aspidistra**

Modernismo

El estilo modernista de los años 20 y 30 sigue siendo fuente de inspiración para decoración de interiores. Se caracteriza por las formas geométricas, los colores monocromáticos y las superficies reflectantes, como cromados y maderas lacadas.

Art deco informal *arriba*
Los tulipanes (*Tulipa* híbrida) tienen un perfil marcado que armoniza con el estilo modernista, sobre todo si forman una masa en un jarrón de esta época.

Modernismo elegante *derecha*
Aquí vemos las formas geométricas, las texturas brillantes y los colores monocromáticos típicos de este estilo. Los lirios (*Lilium regale*) del jarrón esférico y la Beaucarnea, de formas escuetas, destacan frente a los nítidos perfiles de los sillones.

Elementos del modernismo *izquierda*
Las plantas con un perfil muy marcado son las que se requieren para complementar las líneas rigurosas y las formas sólidas del art deco. Aquí los escuetos rasgos de la escultura se repiten en la forma de las flores. El blanco de éstas repite el esquema monocolor del conjunto. La forma linear de la ceropegia (*Ceropegia woodii*) en la lámpara de cerámica destaca a contraluz ante la pared.

CLAVE DE LAS PLANTAS

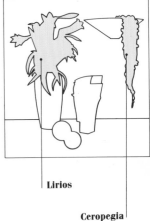

Lirios

Ceropegia

Plantas en un mismo recipiente 1

En el caso de un adorno floral grande, se pueden lograr efectos espectaculares agrupando varias plantas en una misma maceta. Las plantas crecen mejor cuando están agrupadas, ya que se crea un microclima con la humedad liberada por las plantas y aprovechada también por ellas. Cada planta tiende a mezclarse con las demás y a realzarlas.

Las plantas pueden ser de la misma clase o pueden formar un grupo mixto de varios tipos de plantas con necesidades semejantes. Pueden sacarse de sus tiestos y trasplantarse en una misma tierra, como aquí vemos, o bien, si son para un adorno temporal, se pueden dejar en sus tiestos y poner éstos en turba húmeda. Si trasplanta usted las plantas, elija una maceta bastante honda para que la tierra no se seque muy deprisa e incluya siempre una capa de material poroso en la base de la maceta si ésta carece de orificios de drenaje. Este método tiene la ventaja de permitir la expansión de las raíces, pero resulta más difícil suprimir una planta enferma o agrupar plantas con distintas necesidades de riego. A veces se impone una combinación de ambos métodos, que permite dar un tratamiento especial a cierta planta.

Adorno mixto de begonias
Se puede lograr un grupo lleno de belleza y color plantando juntas varias begonias de hoja (*Begonia rex-cultorum*). Estas plantas tienen unas hojas muy decorativas con dibujos rojos, plateados, verdes y negros. Elija ejemplares con distintos dibujos en las hojas y distintas texturas para crear un sutil juego de colores. Plántelas en una tierra a base de turba y sitúelas dentro de la casa en un lugar templado con luz indirecta.

Equipo y materiales

Maceta de cerámica

Desplantador

Tierra para macetas a base de turba

Billbergia
Aeschmea fasciata
(ver p.173)

Carbón vegetal

Bolitas de arcilla

Plantación en una maceta grande

En general las agrupaciones más logradas son las más sencillas. A veces mezclar plantas no da buen resultado porque presentan excesiva variedad de formas y texturas; el efecto de conjunto es desordenado y es difícil encontrarle ubicación en casa. Aquí he elegido agrupar varias billbergias de aspecto exótico. Su forma rigurosa requería una maceta sencilla y elegí una de loza blanca para realzar el matiz blanco de las hojas de las plantas.

El adorno terminado

Para conservar las billbergias en buenas condiciones, sitúelas en lugar templado y soleado y mantenga siempre llena su "copa" natural —formada por la roseta de las hojas— llena de agua. De las brácteas rosas brotan unas florecillas de color azul claro que no duran mucho, aunque las brácteas se mantienen bonitas hasta seis meses.

Montaje del arreglo

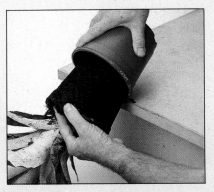

1 Ponga en el fondo de la maceta una capa de 2 centímetros de bolitas de arcilla porosa y distribuya por encima unos trocitos de carbón vegetal. Llene hasta la mitad la maceta con tierra especial para macetas y coloque encima una de las plantas para comprobar si el tiesto de ésta llega al borde de la maceta.

2 Para sacar la planta de su tiesto, riéguela bien primero y luego, sosteniendo la planta entre los dedos índice y corazón dé un golpe en el tiesto contra el borde de una mesa o golpéelo en la base con el puño.

3 Amóntone la tierra contra la parte posterior de la maceta y, conforme vaya colocando las plantas, inclínelas ligeramente para que queden bien a la vista la roseta de hojas y las cabezuelas florales.

PLANTAS
Microclima 1
Cálido, soleado

Otro adorno con afelandras

La agrupación de afelandras (*Aphelandra squarrosa* "Louisiae") en la misma maceta de loza constituye otro adorno vegetal sencillo y atractivo. Su forma bien definida y el bonito colorido de sus hojas y flores destacan aún más cuando se agrupan varias plantas.

Plantas en un mismo recipiente 2

Agrupación de plantas en un cesto

La elección de un cesto como macetero determina los tipos de plantas del adorno. Un cesto de mimbre requiere plantas sencillas como cinerarias (*Senecio cruentus*) o exacum (*Exacum affine)* además de los ejemplos aquí ilustrados. En primavera se pueden utilizar bulbos en tiesto que deberán colocarse muy juntos en el cesto antes de florecer. Las plantas servirán para un adorno temporal, durante la floración o la época del año de esplendor del follaje. Como esa época suele ser breve, no hay necesidad de pasar las plantas a una maceta y, como están en tiestos individuales, se pueden agrupar plantas que requieran distintas frecuencias de riego, siempre que tengan una misma necesidad de luz y calor.

Adornos con coles ornamentales
Estas coles ornamentales (*Brassica oleracea acephala*) parecen flores gigantes cuando se agrupan. Sus hojas de un rico color morado o marfil, ambos ribeteados de verde, pueden ser rizadas o lisas y resultan de gran efecto cuando se agrupan muy juntas como en este caso. Las coles ornamentales se encuentran a finales de verano y en otoño y, si reciben buena luz y se mantienen en lugar fresco, se conservan lozanas varias semanas.

PLANTAS
Microclima 5
Fresco, sol filtrado

Equipo y materiales

Plástico para forrar

Cesto de mimbre

Bolitas de arcilla

Hiedra
Hedera helix híbrida
(ver p. 190)

Turba

Tijeras

Montaje de un adorno con primaveras y hiedra

1 Forre con un plástico (una bolsa de basura, por ejemplo) el interior del cesto para impermeabilizarlo. Recórtelo de forma que sobresalga algo por el borde, luego si sobra se doblará hacia la tierra. Ponga en el fondo una capa de arcilla porosa de unos 3 centímetros.

2 Rellene el cesto con unos 6 centímetros de turba húmeda. Coloque dentro los tiestos para empezar a montar la composición. Sitúe al fondo las tres primaveras más altas de color salmón, apretando la turba alrededor de los tiestos y luego coloque la hiedra variegada a un lado para suavizar el conjunto.

3 Por último, coloque las demás primaveras en la parte delantera del cesto asegurándose de que los tiestos queden bien verticales porque tendrá que regarlos (las primaveras necesitan abundantes riegos). Para que el conjunto conserve su lozanía, quite las florecillas marchitas y las hojas amarillas. Las primaveras durarán 6-8 semanas en lugar fresco.

Primavera
Primula obconica
(ver p.181)

Otro adorno con begonias de hoja
Otra posibilidad, adecuada para un lugar más templado de la casa, es una colección de begonias de hoja (*Begonia* "Tiger-paws"). Sus hojas de un llamativo color verde y bronce crean un dibujo marcado que no requiere del acompañamiento de otras plantas.

Guiar a las plantas trepadoras 1

A las plantas trepadoras hay que proporcionarles un soporte para que suban por él. Las plantas que cuentan con raíces aéreas para trepar, como los filodendros, la costilla de Adán (*Monstera deliciosa*) y los potos (*Scindapsus pictus* "Argyraeus"), requieren para crecer humedad constante. Una vara hecha con una alambrada rellena de musgos esfagnos constituye un soporte excelente, particularmente indicado para plantas trepadoras de tallos gruesos y hojas grandes. Las plantas que trepan por medio de zarcillos, como la pasionaria (*Passiflora caerulea*) y las hiedras (*Hedera* sp.) pueden guiarse con cañas, con arcos de alambre o con un emparrado.

Cómo se hace una vara de musgo

Equipo y materiales

Las varas de musgo se pueden comprar ya hechas, pero si las hace usted con alambrada obtendrá un musgo mucho más húmedo para sus plantas preparadas. Se pueden necesitar dos o tres plantas que trepen a una altura de 90 cm. por la vara de musgo. Una vez hecha la vara, recuerde mantenerla constantemente húmeda, de otro modo las raíces aéreas no se adherirán al musgo.

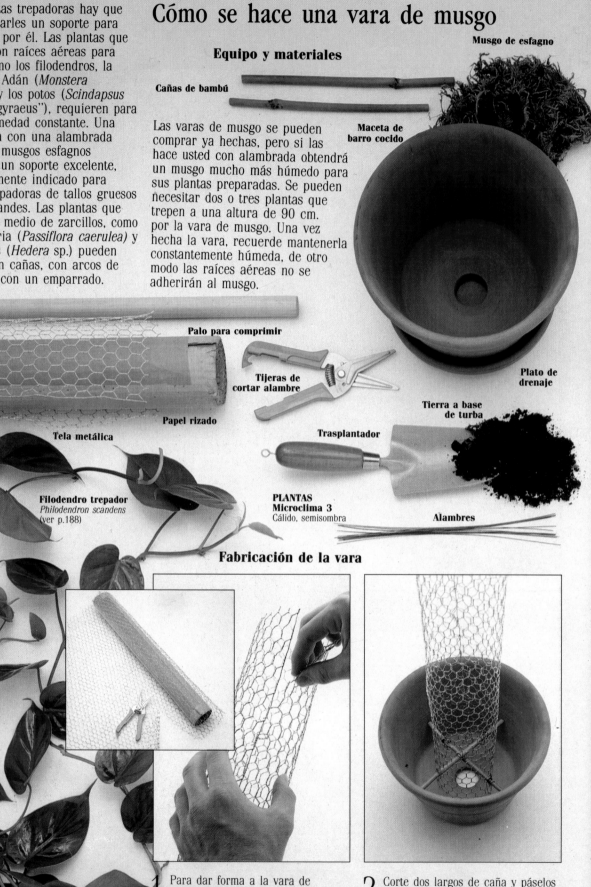

Musgo de esfagno

Cañas de bambú

Maceta de barro cocido

Palo para comprimir

Tijeras de cortar alambre

Plato de drenaje

Papel rizado

Tierra a base de turba

Tela metálica

Trasplantador

Filodendro trepador
Philodendron scandens
(ver p.188)

PLANTAS
Microclima 3
Cálido, semisombra

Alambres

Fabricación de la vara

1 Para dar forma a la vara de musgo, tome un rollo de papel rizado y envuelva sobre él la alambrada. Corte la tela metálica para que tenga 5 centímetros de diámetro más que el rollo y una los bordes cortados formando una columna.

2 Corte dos largos de caña y páselos por la tela metálica a unos 3 centímetros del fondo. Atelos donde se cruzan y luego donde atraviesan la alambrada y después ajústelos en la maceta.

Guiar las plantas en casa

Se pueden guiar las plantas trepadoras sobre una pared desnuda para vestirla, también se pueden guiar alrededor de un espejo, de puertas y ventanas para darles un marco de fresco verdor. El soporte de la planta pueden ser alambres o hilos fuertes de nilón tensados entre clavos o tornillos a los que se atan los tallos para que conserven la forma deseada.

Guiar una planta sobre una pared *derecha*
La esparraguera (*Asparagus densiflorus* "Sprengeri") se suele utilizar como planta colgante pero en este caso se han guiado sus tallos finos y plumosos alrededor de un cuadro.

Guiar una planta alrededor de un espejo
arriba
El ciso (*Cissus rhombifolia*) forma un original marco para este gran espejo. Esta bonita trepadora se sujeta a cualquier soporte con sus zarcillos y crece muy rápidamente unos 60 a 90 centímetros anuales. Es una planta muy tolerante que prospera en distintas condiciones.

3 Llene la maceta hasta los 2/3 con tierra y empiece a llenar la columna con musgo esfagno, apretando para compactarlo. Prosiga hasta que esté llena la alambrada.

4 Trasplante los filodendros trepadores y sujételos a la vara con alambres doblados en forma de horquilla.

5 Riegue bien el musgo y la tierra antes de pasar la maceta a un lugar templado y sombreado. Rocíe todos los días el musgo para mantenerlo bien húmedo.

Guiar a las plantas trepadoras 2
El soporte de alambre

Muchas plantas aptas para interiores son trepadoras reptantes en estado natural. Suelen venderse arrolladas a un soporte de alambre que pronto queda totalmente cubierto. Lo que convienen hacer entonces es desenrollar la planta y darle un soporte mayor para que luzca más. Adapte el tamaño de la planta al tamaño del soporte: aquí se ha guiado una flor de la pasión sobre unos arcos de alambre que armonizan con la delicadeza del follaje de la planta.

Equipo y materiales

Tierra a base de mantillo

Alicates

Alambre

Maceta de cerámica barnizada

Ataduras para plantas

Bolitas de arcilla

Pasionaria
Passiflora caerulea
(ver p.185)

PLANTAS
Microclima 1
Cálido, soleado

Arreglo terminado
Si se cubre un arco menos densamente que los demás se da al entorno una forma más interesante. También produce un efecto de ligereza y permite un mayor lucimiento de las breves y curiosas flores. Hay que atar regularmente los brotes para que el adorno conserve la forma general. Si se poda la planta dejando sólo el tallo principal, a principios de invierno y se coloca en lugar fresco, al abrigo de las heladas, volverá a crecer en primavera.

Montaje del arreglo

1 Corte dos trozos de alambre del mismo tamaño para formar los arcos. Colóquelos en la maceta para comprobar que sean del largo adecuado. Reserve y ponga primero la tierra y la planta para luego sujetarlos.

2 Si la maceta tiene orificio de drenaje, ponga sobre él un trozo de tiesto, coloque una capa de bolitas de arcilla porosa de 2-3 cm. y llene la maceta 2/3 con tierra. Desenrolle una pasionaria de su soporte y trasplántela, apretando la tierra alrededor de sus raíces. Ponga antes un arco de alambre y enrolle los tallos de la planta.

3 Coloque el otro arco de alambre en la maceta perpendicular al anterior y átelos donde se cruzan con ataduras de plantas. Quite todas las hojas muertas o tallos feos de la planta. Trasplante la otra pasionaria y guíela sobre el arco libre, dejando unos tallos colgando del otro lado.

Otros soportes ornamentales

Con caña de bambú, con juncos o con alambres se pueden crear distintos soportes. Con las cañas se hacen enrejados o, más original, obeliscos. El junco es flexible y se usa para formar toda clase de arcos.

Enrejados *abajo*
Las fresas de bosque (*Fragania vesca* "Alpine") tienen frutos pequeños y constituyen un buen adorno.

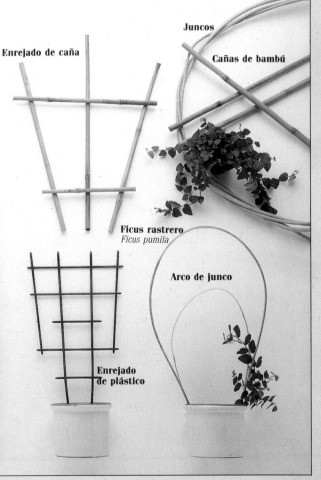

Enrejado de caña

Juncos

Cañas de bambú

Ficus rastrero
Ficus pumila

Arco de junco

Enrejado
de plástico

Cestos colgantes 1

Todos hemos visto cestos colgantes en terrazas, miradores o porches, pero pocas veces se utilizan en interiores. Cuando elija un cesto para colgarlo en el interior, piense bien dónde va a ir colocado: un cesto de alambre sólo sirve para una habitación con el suelo a prueba de agua, como una solana. Una posibilidad práctica, aunque menos atractiva, es una maceta de plástico con doble fondo, un tubo para regar y un indicador de nivel de agua, o bien un tipo de maceta que incluya un plato debajo. Pero nada le impide utilizar una maceta de terracota o un cesto de mimbre si trenza usted las cuerdas del soporte, o usar una maceta de pared de un material adecuado.

Es importante fijar bien el cesto porque pesará bastante cuando esté húmedo. La cadena o la cuerda del soporte irá fijada a un gancho firmemente anclado al techo, no en la escayola.

Cuando decida el esquema de plantación del cesto, recuerde que deberá adaptarse al decorado. Limítese a un tipo de planta si el decorado de la habitación no es muy sencillo. Para exteriores puede permitirse más variedad en el color, pero conviene elegir especies que resistan el calor y la sequedad del viento.

Plantación de un cesto de alambre

Lo bueno de un cesto de alambre es que, una vez establecidas las plantas, se convierte en una masa esférica de flores o follaje. Aquí he creado el efecto de una gran bola de flores plantando unas campanillas blancas y azules. Estas plantas florecen continuamente de agosto a noviembre si se mantienen húmedas y en ambiente templado, por lo que la solana les va estupendamente.

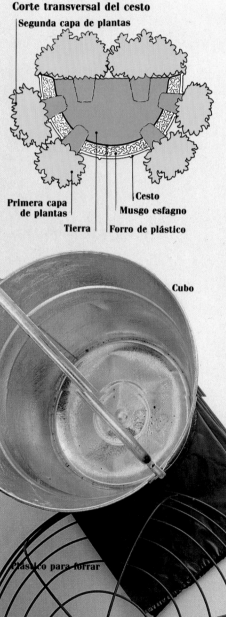

Corte transversal del cesto

Segunda capa de plantas

Primera capa de plantas

Tierra

Cesto
Musgo esfagno
Forro de plástico

Cubo

Plástico para forrar

Cesto de alambre

Una solana cuajada de tiestos colgantes

Esta solana es excelente para colgar en ella una colección de cestos. Un vistoso cuerno de alce (*Platycerum bifurcatum*) constituye el punto focal del escenario. Está flanqueado a la izquierda por un miramelindo (*Impatiens* sp.) y por un ciso (*Cissus rhombifolia*) en un cesto de mimbre y a la derecha por varias cintas (*Chlorophytum comosum* "Vittatum"). Observe los cestos de mimbre para pared, uno con flores secas, el otro con un ciso.

Montaje del arreglo

1 Apoye el cesto sobre el borde de un cuenco o cubo de fondo plano. Fórrelo con una capa de 5 cm. de musgo esfagno húmedo. Corte un disco de plástico para ponerlo dentro, con un reborde de 10 cm. Haga unos orificios en círculo a 5 cm. del fondo.

2 Tendrá que dividir en dos las plantas mayores para que quepan por los orificios. Primero riegue las plantas antes de sacarlas de los tiestos; luego, sosteniéndolas con ambas manos, meta los pulgares por el centro de la tierra y divida la planta. Plántelas en el cesto desde fuera, empujando las raíces a través del musgo y de los orificios del plástico

4 Rellene los huecos de arriba con plantas de flor azul y, cuando esté terminado el cesto, vuelva hacia el interior el reborde de plástico. Riegue bien el cesto antes de colgarlo de las cadenas en un lugar soleado.

PLANTAS
Microclima 4
Fresco, soleado

Campanillas
Campanula isophylla
(ver p. 191)

3 Meta una fila de plantas alrededor del fondo del cesto, rellene con una capa de tierra apretándola bien en torno a las plantas y luego coloque más plantas en otra fila alrededor del cesto para tapar los huecos entre las plantas. Arriba ponga unos ejemplares mayores, blancos.

Equipo y materiales

Tijeras

Tierra para macetas
a base de turba

Desplantador

Musgo esfagno

Cestos colgantes 2

Plantación de un cesto de mimbre

Los cestos colgantes ponen una nota de frescor y color en una habitación, sobre todo cuando el espacio en el suelo es limitado. Piense bien dónde colgar el cesto y elija las plantas según el efecto decorativo que desee, teniendo en cuenta que las plantas deberán amar el ambiente y ser compatibles con sus condiciones. El recipiente utilizado deberá armonizar con los colores naturales de las plantas. Creo que un cesto de mimbre va muy bien con el adorno que he elegido de helechos en una agrupación de contraste entre formas y hojas.

Equipo y materiales

Cesto de mimbre

Almohadilla de espuma

Papel de aluminio

PLANTAS
Microclima 2 Cálido, sol filtrado
Microclima 3 Cálido, semisombra

Bolita de arcilla

Desplantador

Esparraguera
Asparagus setaceus
(ver p. 183)

Tierra a base de turba

Carbón vegetal

Esparraguera
Asparagus densiflorus
"Sprengeri" (ver p. 191)

Helecho
Nephrolepsis exaltata
"Bostoniensis" (ver p. 170)

Guzmania
Guzmania lingulata
(ver p. 174)

Eptéride
Pteris cretica
(ver p. 183)

**Helecho
nido de ave**
Asplenium nidus
(ver p.173)

Culantrillo
Adiantum raddianum (ver p. 183)

Musgo esfagno

El arreglo terminado
La adición final de las guzmanias crea una mancha de color y da cohesión al adorno con el entorno al repetir el rojo de las amapolas del cuadro. Una vez terminado el adorno floral, pasé las cuerdas de colgar alrededor del cesto y lo colgué del techo ante una ventana orientada al norte. Es buena idea utilizar un gancho de tipo universal para poder girar el cesto y asegurar a las plantas la exposición a la luz.

Montaje del arreglo

1 Forre el cesto con papel aluminio para que no se pudra y coloque encima la almohadilla de espuma, recortando el sobrante. Coloque unas piedrecitas a un lado del cesto para dar más altura a las plantas del fondo. Ponga una capa de bolitas de arcilla porosa.

2 Rellene el cesto con tierra de turba añadiendo un puñado de carbón vegetal para que la tierra no se vuelva ácida. Deje suficiente espacio arriba para regar. Coloque la primera planta donde se encontraban las piedrecitas: utilice una esparraguera de delicados frondes para dar altura al arreglo.

3 Ahora conviene planear el resto del arreglo colocando las plantas, en sus tiestos, hasta dar con el diseño más satisfactorio. Aquí he colocado dos esparragueras colgantes a cada lado de la anterior esparraguera de helecho.

4 Para dar más importancia a la parte trasera, ponga dos helechos a cada lado de la esparraguera de helecho. Cuando los plante, inclínelos ligeramente de forma que sus frondes se inclinen sobre los bordes del cesto.

5 Para rellenar la parte delantera, ponga un culantrillo y una eptéride. Los delicados frondes del culantrillo y los arqueados y poco corrientes de la eptéride dan una mayor variedad de formas y colores.

6 Al colocar un nido de ave a la izquierda se establece un agradable contraste entre las anchas bandas de sus hojas y los frondes plumosos de su alrededor. Por último, incorpore dos guzmanias, tape la tierra visible con musgo húmedo y riegue bien antes de colgar.

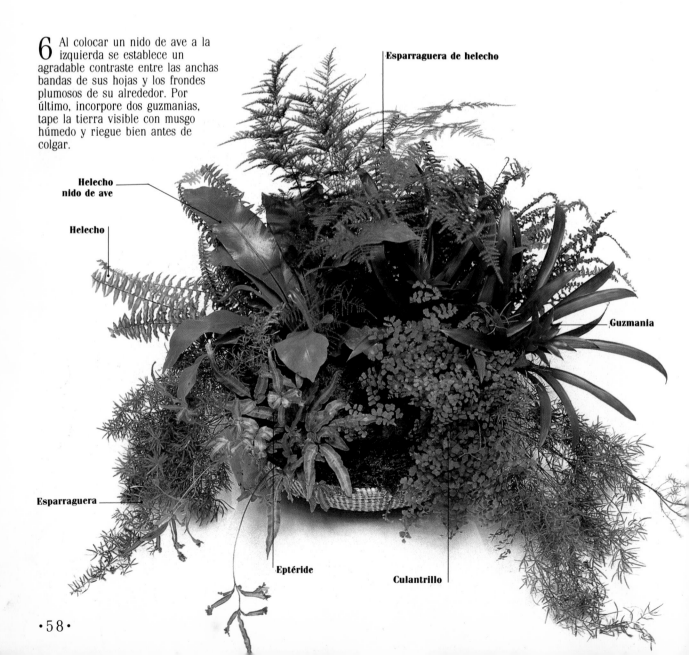

Esparraguera de helecho

Helecho nido de ave

Helecho

Guzmania

Esparraguera

Eptéride

Culantrillo

Cultivo de bulbos en interior

Una masa de bulbos de floración temporal constituye un bonito grupo, de llamativo color. La mayoría de los bulbos pueden cultivarse en recipientes sin orificio de drenaje, o en tiestos improvisados. Plántelos en soperas, en ensaladeras, en jarros de porcelana o cristal con tierra de macetas o cultívelos en guijarros y agua.

Cuando se cultivan bulbos de jardín dentro de casa hay que hacerles pasar un "invierno" artificial antes de que florezcan. No florecerán si no se dejan en lugar fresco (de 6 a 8 grados) y oscuro varios días. Se pueden comprar bulbos "preparados" que no necesitan dejarse en lugar oscuro (aunque sí fresco), pero son más caros. Compre los bulbos en cuanto los vea a la venta —normalmente a primeros de otoño— y plántelos inmediatamente. Conviene comprar varios tipos para ir sustituyéndolos conforme se vayan marchitando. Plante unos cuencos de crocos tempranos que pueden ser blancos, amarillos, color bronce, malvas o morados. Plante unos jacintos por su suave aroma y por sus grandes flores. Elija narcisos por sus colores frescos y lirios y tulipanes por su forma.

Bulbos en el alféizar *arriba*
Amarilis (*Hippeastrum* híbrido), narcisos (*Narcissus* híbridos) y jacintos (*Hyacinthus orientalis* híbridos) bordean la ventana. Es un buen lugar para situar los bulbos ya que cuanto más fresca sea la ubicación, más durarán las plantas.

Crocos en un cesto *abajo*
Una masa de bulbos y de hojas derramándose sobre el borde de un cesto es de sorprendente belleza. Aquí el resplandor de los crocos blancos (*Crocus* híbridos) se entremezcla con el gracioso follaje del Scirpus (*Scirpus cernuus*).

Cultivo de bulbos en interior 2

Aunque se pueden comprar los bulbos en la floristería, existe tal variedad de híbridos que es aconsejable hojear un catálogo de especialista antes de elegir los que más le gusten por su color y su forma. Los narcisos tienen un color fresco y un delicado perfume; algunas especies, como el *Narcissus* "Cragford" que he utilizado aquí, pueden cultivarse en grava o guijarros en lugar de tierra o fibra para bulbos. Plántelos en recipientes de cristal

que permiten ver la textura de la grava. Si planta los bulbos de narciso en octubre y los deja "invernar" como se indica abajo, florecerán en Navidad.

Los bulbos de interior que florecen en primavera o en verano incluyen el amarilis (*Hippeastrum* híbrido) con sus grandes flores en forma de trompeta, y varios lirios, como el blanco de Pascua, tan fragante (*Lilium longiflorum*).

Equipo y materiales

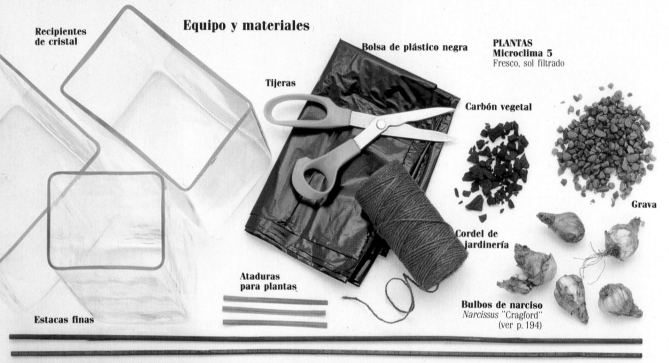

Recipientes de cristal

Bolsa de plástico negra

PLANTAS
Microclima 5
Fresco, sol filtrado

Tijeras

Carbón vegetal

Grava

Cordel de jardinería

Ataduras para plantas

Bulbos de narciso
Narcissus "Cragford"
(ver p. 194)

Estacas finas

Montaje del arreglo

1 Mezcle algo de grava con unos 20 trocitos de carbón, una vez lavada la grava para quitarle el polvo que podría empañar el agua. Llene con ello el recipiente hasta una altura de unos 3/4 y empiece a plantar los primeros bulbos, haciendo unos hoyitos con los dedos para colocar cada bulbo.

2 Coloque los bulbos en su sitio de forma que sobresalga la parte puntiaguda de la grava. Podrá poner unos nueve bulbos en un recipiente como éste, sin que se toquen los bulbos. Rellene los espacios con más grava y eche agua que llegue cerca de la parte inferior de los bulbos.

3 Si utiliza bulbos preparados, pueden crecer a la luz, pero si no, tendrá que dejarlos en la oscuridad. Para ello corte por la mitad una bolsa de plástico negra y átela al recipiente y déjelo todo en lugar fresco y oscuro. Mire los bulbos al cabo de cuatro semanas por si necesitan más agua.

4 De ocho a diez semanas más tarde se verán unos brotes de 1-2 centímetros y podrán sacarse los bulbos a la luz. Una vez los narcisos hayan alcanzado su altura máxima, habrá que sujetar los tallos y hojas más altos. Ate las hojas dobladas o los tallos arqueados a estacas verdes con ataduras para plantas. Puede usar las estaquillas al principio para sujetar los tallos y hojas según crezcan.

5 A los narcisos no les gustan las habitaciones caldeadas. Si las temperaturas son altas, los tallos crecen demasiado y las hojas se vuelven tiernas y lacias. Cuando se hayan marchitado las flores, córtelas y plante los bulbos en exterior.

Otros arreglos con bulbos en interior

Es preferible plantar flores de un solo color en cada recipiente porque las de distinto color pueden florecer más tarde. Los bulbos de jacinto (*Hyacinthus orientalis* híbrido) es más seguro plantarlos de uno en uno. Una vez crecidos los brotes, agrúpelos según su estado de desarrollo.

Jacintos en plena floración *izquierda*
Los jacintos tienen cabezuelas florales grandes y, cuando se plantan en grupos compactos, resultan muy llamativos.

Tiestos de narcisos *arriba*
Un alegre adorno floral de narcisos (*Narcissus* sp.) en tiestos de barro. Se han plantado semillas de gramíneas arriba para decorar.

Jardineras en las ventanas 1

Las jardineras se suelen utilizar como maceteros de exterior, pero no hay razón que impida utilizarlas en interiores, siempre que se sitúen ante una ventana y no molesten su apertura. Existen muchos tipos de jardineras: el plástico es un material ligero y barato que sirve tanto para interior como para exterior y, si se llena de plantas colgantes, apenas si se verá entre el verdor; con la fibra de vidrio se hacen estupendas imitaciones de plomo y piedra y es muy ligera aunque algo cara; la piedra siempre es bonita, pero muy pesada para un alféizar y es preferible ponerla en el suelo; la terracota va bien en casa de época y en interiores elegantes; la madera es un material bueno para jardineras de exterior, ya que se puede cortar a la medida y, si se le pone por dentro un recipiente de zinc que se pueda sacar, es fácil plantar en ella flores de estación. La jardinera tendrá orificios en el fondo para evitar que se acumule el agua ácida pudriendo las raíces. Las jardineras de madera, de piedra y de terracota tienen ya orificios perforados y las de plástico vienen preparadas para terminar de perforarlas con un destornillador. Ponga siempre un plato debajo de la jardinera para recoger el agua sobrante. Independientemente de que la jardinera esté en interior o exterior, elija una honda y práctica para que la tierra no se seque demasiado deprisa, aunque en tiempo de calor tendrá que regarla con frecuencia. Si la jardinera está en alto con peligro de caer y causar daños, fíjela con una abrazadera a cada lado que irá sujeta a los fraileros o a la ventana. No ponga nunca jardineras en un alféizar flojo o deshecho.

Tipos de jardineras

El material tendrá que combinar con el estilo de la casa —si va a ir por fuera— y con el estilo de la habitación, si va a ir en interior. En cualquier caso, es preferible una jardinera baja en la que se vean bien las plantas. Si utiliza una cajonera de madera a la medida, puede pintarla para coordinarla con el color de las paredes. La elección de las plantas dependerá de la estación y de la orientación de la ventana.

Cajonera de madera de cedro *izquierda*
Esta cajonera honda cabe holgadamente en el alféizar. Se han plantado en ella unos geranios rojos (*Pelargonium hortorum* híbridos) que florecerán durante casi todo el año y destacarán poderosamente ante el ocre de la pared.

Cajonera de madera pintada *abajo*
Esta jardinera casi desaparece bajo la lobelia morada (*Lobelia erimus pendula*) que cuelga sobre ella. Unas primaveras de color rosa fuerte (*Primula obconica*) y unas margaritas (*Chrysantemum frutescens*) completan el conjunto veraniego enmarcado por una preciosa baranda de hierro forjado.

Jardinera de latón
arriba
El brillo del latón de esta jardinera de interior destaca ante la austera ventana blanca. Se han plantado en ella exacum (*Exacum affine*) cuyos estambres dorados repiten el color del latón. También podrían plantarse unas begonias de hojas color bronce (*Begonia semperflorens-cultorum*) o miramelindos (*Impatiens wallerana* híbridos), crisantemos de color rojizo (*Chrysanthemum morifolium* híbridos) o una colección de cóleos de gran riqueza cromática (*Coleus blumei*).

Plantación de una jardinera de interior

Lo primero es pensar qué tipo de plantas irán bien con la luz de la ventana y elegir aquéllas que tengan unas mismas exigencias. Para este grupo de verano he elegido una jardinera de plástico sencilla y como plantas unas achimenes rosas y moradas y una tradescantia de rayas rosas que repiten el color de las flores. También podrían elegirse bulbos o hierbas para esta jardinera y, en invierno junquillos.

Montaje del arreglo

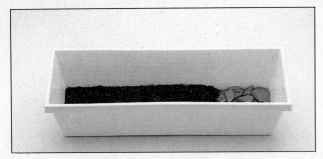

1 Ponga en la jardinera una capa de cascotes pequeños boca abajo para que el agua escurra sobre ellos (si no tiene trocitos de tiesto, en un vivero se los regalarán). Añada una capa de 5 cm. de tierra para macetas, poniendo algo más detrás para subir la altura de las plantas.

2 Coloque las plantas en la jardinera para estudiar el efecto y disposición hasta dar con un arreglo que le guste. Empiece por plantar seis achimenes morados a lo largo de la jardinera, dejando espacio entre ellos para las variedades rosas y para la tradescantia.

3 Ponga la tradescantia en el centro de la jardinera, dejando colgar algunos tallos por delante y enroscando los otros por entre los achimenes. Por último rellene los espacios con los achimenes rosas y con otra tradescantia.

El arreglo terminado
Las dos clases de plantas gustan de un lugar soleado, como una ventana orientada al mediodía. Los achimenes florecerán de junio a octubre y, al crecer, irán colgando sus ramas sobre el borde de la jardinera.

Equipo y materiales

PLANTAS
Microclima 1
Cálido, soleado

Cascotes

Tradescantia
Tradescantia fluminensis
"Variegata"
(ver p. 189)

Tierra a base de mantillo

Achimenes
Achimenes grandiflora
(ver p. 181)

Jardinera y bandeja de recogida

Trasplantador

Tijeras de podar

Jardineras en las ventanas 2

Plantación de una jardinera de exterior

En invierno es cuando se añora el verde y las flores llenas de color. Para mejorar las vistas desde su ventana, sobre todo si vive en ciudad, ponga en la jardinera plantas de bayas y de hoja perenne. La jardinera que he seleccionado requiere protección contra las heladas ya que el capsicastro y los crisantemos no son muy resistentes; póngala en una ventana que le permita entrar la jardinera en noches frías, o bien ponga la jardinera en interior, en lugar fresco.

Montaje del arreglo

1 Forre la jardinera con una capa de 3 centímetros de bolitas de arcilla (o de cascotes o de grava) para proporcionarle buen drenaje. Ponga una capa de tierra para macetas encima hasta una altura de unos 6 cm.

2 Con las plantas aún en sus tiestos, estudie la composición poniendo el capsicastro en el centro y los crisantemos en los extremos. Ponga las hiedras en la jardinera para estudiar dónde quedan mejor los frondes.

3 Saque las plantas de sus macetas y quite el exceso de tierra. Coloque en el centro dos capsicastros y plante los crisantemos a cada lado. Deje colgar las ramas de cuatro hiedras por delante de la jardinera. Apriete la tierra alrededor de las plantas y riegue bien.

Crisantemo
Chrysanthemum morifolium híbrido (ver p. 181)

Equipo y materiales

Bolitas de arcilla

Trasplantador

Tierra a base de mantillo

Hiedra
Hedera helix híbrida (ver p. 190)

Jardinera de terracota

PLANTAS
Microclima 4
Fresco, soleado
Microclima 5
Fresco, sol filtrado

Capsicastro
Solanum capsicastrum
(ver p. 180)

Otras ideas para jardineras

Además de utilizar jardineras se pueden colocar tiestos sobre baldas de cristal, o de metacrilato, o de madera forrada de metal. La elección de las plantas dependerá de la orientación de la ventana. Ponga plantas grasas o cactos y especies tropicales en una ventana orientada al sur. Plantas de flores en ventanas orientadas al este o al oeste y plantas que gusten de la luz indirecta en las orientadas al norte. También puede construir un mirador sobre una ventana para crear un peqeño invernadero.

Estantes con plantas
derecha
Unas hileras de plantas sobre una baldas de cristal tapan las vistas pero constituyen a su vez un panorama atractivo. Si se utiliza un mismo tipo de recipiente para todas las plantas se introduce una sensación de orden en medio de la multitud. La mayoría de las plantas en este caso son cactos y suculentas que, en exteriores, se utilizan para pleno sol. Las plantas de hojas matizadas, como el hipoestes (*Hypoestes phyllostachya)* del estante inferior, también gustan de la luz que intensifica el color de sus hojas.

Un invernadero en miniatura *abajo*
A las plantas les va bien estar agrupadas y, si además disfrutan de buena luz, crecen rápidamente. En un mirador, como éste, hay que proporcionarles algo de sombra para tamizar el sol del verano, asegurarles buena ventilación y aumentar la humedad, sobre todo en días de calor. Para ello se colocan las macetas sobre bandejas con guijarros húmedos.

Un jardín en una botella

Disco de papel

Embudo

Botella de vidrio

Los jardines en botellas se benefician de buenas condiciones para el crecimiento de las plantas, como un ambiente húmedo, por lo que es aconsejable utilizar especies de crecimiento lento para tener un buen jardincito durante un año o más. Por tentador que sea plantar violetas africanas (*Saintpaulia híbrida*), no es buena idea ya que en cuanto se marchitan las flores, la planta no resulta muy bonita. Es preferible crear un efecto de color con plantas de hojas variegadas y montar un grupo a base de contrastes de forma y textura. Sirve cualquier tipo de botella, siempre que se puedan introducir las plantas por el cuello. Si la botella es de vidrio coloreado, impedirá el paso de parte de la luz y, para compensar, tendrá usted que situarla en lugar más iluminado.

Culantrillo
Adiantum raddianum
(ver p. 183)

Musgo esfagno

Bolitas de arcilla

Tierra a base de turba

Carbón vegetal

Equipo y materiales

Desplantador pequeñito

Esponja

Carrete

Fitonia enana
Fittonia verschaffeltii argyroneura ''Nana''
(ver p. 193)

Tenedor

Cuchara

Fitonia
Fittonia verschaffeltii
(ver p.193)

Montaje del arreglo

Culantrillo australiano
Adiantum hispidulum
(ver p. 193)

PLANTAS
Microclima 3
Cálido, semisombra

1 Corte un disco de papel del mismo tamaño que la zona de plantación de la botella y estudie el arreglo, situando las plantas más altas al fondo y las bajas delante.

2 Vierta una capa de 3 cm. de bolitas de arcilla en la botella con un embudo de papel. Añada carbón vegetal y llene la boella con 5 a 7 cm. de tierra de turba.

3 Suba la tierra hacia el fondo de la botella para dar más altura al grupo. Utilice una cuchara para alisar la tierra y haga un agujero en la parte alta para las raíces de la primera planta.

4 Saque del tiesto el primer culantrillo y sacúdalo para que caiga la tierra sobrante. Pinche el tenedor en el cepellón y sitúe la planta en el agujero. Suelte la planta, tape las raíces y apriete la tierra.

5 Plante otro culantrillo al fondo del grupo y luego un culantrillo australiano para darle variedad. No ponga las plantas demasiado juntas, deje unos 3 centímetros de separación para que puedan crecer.

CLAVE DE LAS PLANTAS

Culantrillo
Culantrillo australiano
Fitonia enana
Tierra de turba
Carbón vegetal
Bolitas de arcilla
Fitonia

6 Coloque las fitonias enanas delante. Sus hojas con nerviaciones plateadas ofrecen un bonito contraste con los delicados frondes verdes de arriba. Luego, para dar un punto focal al arreglo y añadirle color, plante en el centro una fitonia con nerviaciones rosas. Por último decore los espacios vacíos con musgo esfagno y riegue el jardín con una taza de agua que verterá sobre el cristal. Se puede tapar con un corcho para conservar la humedad, pero el cristal se empañará.

Un jardín en un terrario

Los terrarios son urnas de cristal que ofrecen el mismo ambiente húmedo que las botellas, ya que la mayor parte de la humedad liberada por las hojas se condensa en el interior de la urna y vuelve a tierra. Como es más fácil despuntar y sacar las plantas de un terrario que de una botella, se pueden utilizar plantas de crecimiento rápido como los musgos e hipoestes de la página siguiente. Pueden plantarse así mismo especies de flor como la gloxinias miniatura (*Sinningia pusilla*), que se sustituyen cuando marchitan. Aquí he utilizado un terrario de cristal emplomado que parece un vivero en miniatura, lo que me sugirió la utilización de palmeras para formar el fondo del arreglo.

Equipo y materiales

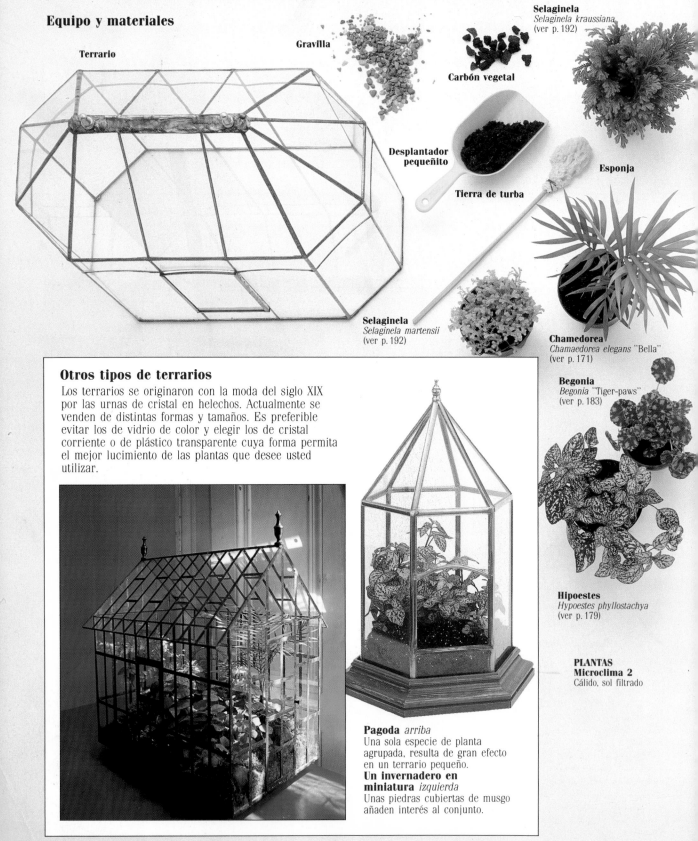

Terrario

Gravilla

Carbón vegetal

Selaginela
Selaginela kraussiana
(ver p. 192)

Desplantador pequeñito

Tierra de turba

Esponja

Selaginela
Selaginela martensii
(ver p. 192)

Chamedorea
Chamaedorea elegans "Bella"
(ver p. 171)

Begonia
Begonia "Tiger-paws"
(ver p. 183)

Hipoestes
Hypoestes phyllostachya
(ver p. 179)

**PLANTAS
Microclima 2**
Cálido, sol filtrado

Otros tipos de terrarios

Los terrarios se originaron con la moda del siglo XIX por las urnas de cristal en helechos. Actualmente se venden de distintas formas y tamaños. Es preferible evitar los de vidrio de color y elegir los de cristal corriente o de plástico transparente cuya forma permita el mejor lucimiento de las plantas que desee usted utilizar.

Pagoda *arriba*
Una sola especie de planta agrupada, resulta de gran efecto en un terrario pequeño.
Un invernadero en miniatura *izquierda*
Unas piedras cubiertas de musgo añaden interés al conjunto.

Montaje del arreglo

1 Ponga en el fondo del terrario 2 cm. de gravilla, distribuya por encima el carbón y luego añada una capa de 5 cm. de tierra húmeda. Ponga algunas de las plantas elegidas dentro del terrario para planificar el arreglo.

2 Haga un hoyo y plante la chamedorea más alta, extendiendo las raíces horizontalmente y presionando suavemente la tierra a su alrededor. Eso no dañará la planta pero retardará su crecimiento.

3 Plante otra chamedorea al fondo del terrario, a la izquierda. Luego, debajo de ella, ponga una begonia junto a una selaginela que armonice con el verde brillante de las hojas de la begonia.

CLAVE DE LAS PLANTAS

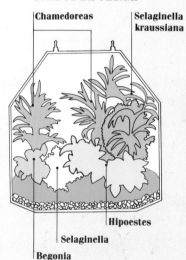

Chamedoreas

Selaginella kraussiana

Hipoestes

Selaginella

Begonia

4 Ponga otra selaginella en la parte delantera y otra kraussiana detrás de la primera chamedorea para darle más masa. Luego rellene los espacios alrededor de la palmera con hipoestes y decore la tierra desnuda con gravilla. Rocíe las plantas y la tierra y cierre el terrario.

Limpieza del terrario
Utilice una esponjita sujeta a una caña para limpiar la condensación o las algas que se formen por dentro del cristal.

Cactos y plantas grasas

Los cactos y las plantas grasas requieren condiciones semejantes y pueden plantarse juntos en un paisaje desértico en miniatura. Como no tienen sistemas de raíces, les bastan recipientes llanos. Si éstos no tienen orificio de drenaje, fórrelos con material poroso para evitar que se pudran las raíces y riegue las plantas con menos frecuencia de la recomendada en la *Guía de Plantas.*

Agave reina
Agave victoriae-reginae
(ver p. 200)

Bonete
Astrophytum myriostigma
(ver p. 198)

Equipo y materiales

Arena gruesa

Desplantador

Grava

Tierra a base de mantillo

PLANTAS Microclima 4
Fresco, soleado

Mamilaria de borla
Mammillaria bocasana
(ver p. 199)

Plato de terracota

Montaje del arreglo

Mamilaria
Mammillaria sp.
(ver p. 199)

1 Forre el plato con 3 cm. de grava. Mezcle la arena en la proporción de una parte de arena por dos de mantillo. Extienda una capa de 3 cm. sobre la grava.

2 Sin sacar las plantas de los tiestos, colóquelas para estudiar su ubicación. Piense en utilizar algunos guijarros decorativos sobre la tierra.

Papel de embalar

3 Doble un trozo de papel y enróllelo en torno al cacto tirando para sacarlo del tiesto que sujetará con la otra mano.

4 Saque del tiesto el ágave y plántelo en la parte de detrás. Plante los dos bonetes y las mamilarias, distribuyendo la tierra con cuidado a su alrededor.

Acabados decorativos

En casi todas las floristerías y viveros disponen de un surtido de piedrecitas, cantos y grava para decorar la superficie de los tiestos. Los trocitos de mármol se le pueden pedir a un marmolista y en las tiendas de acuarios disponen de toda una selección de cantos rodados. Las superficies cubiertas de guijarros y grava van mejor con los cactos y las plantas suculentas porque recuerdan el hábitat árido o semiárido de estas plantas, pero pueden probarse otras cubiertas.

Guijarros

Caracolas

Trozos de vidrio azules

Piedra caliza

Trocitos de vidrio verdes

Decoración de un jardín de cactos
Una superficie grande de tierra entre las plantas resulta sosa. Cúbrala con trocitos de piedras y con guijarros de formas atractivas, a modo de rocas, y tendrá un paisaje en miniatura de aspecto árido, muy adecuado para estas plantas del desierto.

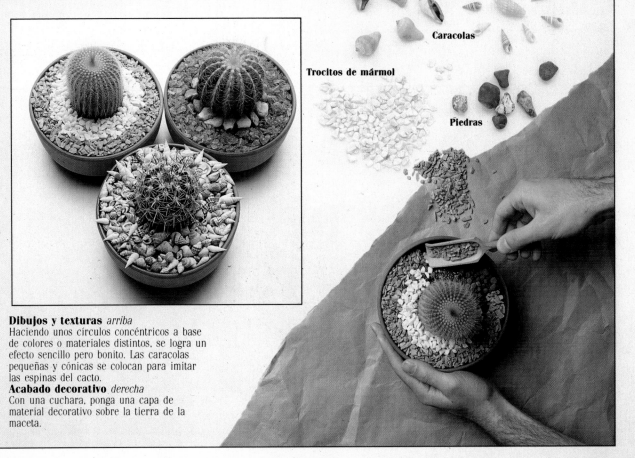

Caracolas

Trocitos de mármol

Piedras

Dibujos y texturas *arriba*
Haciendo unos círculos concéntricos a base de colores o materiales distintos, se logra un efecto sencillo pero bonito. Las caracolas pequeñas y cónicas se colocan para imitar las espinas del cacto.

Acabado decorativo *derecha*
Con una cuchara, ponga una capa de material decorativo sobre la tierra de la maceta.

Jardines de agua

"Hidrocultivo" es un término relativamente nuevo para designar una antigua práctica de cultivar plantas en un recipiente lleno de agua y de agregado al que se incorporan elementos líquidos. Existen recipientes especiales (ver pp. 260-1) pero se puede utilizar uno bonito de cristal.

Es preferible usar plantas que ya hayan echado raíces en agua antes de pasarlas a este nuevo entorno, ya que las raíces que se desarrollan en el agua son distintas de las que se desarrollan en tierra. Se pueden comprar plantas "preparadas", pero se pueden usar esquejes de plantas de tallo tierno que hayan echado raíces en agua. Si se pasa una planta de tierra a agua, habrá que esperar a que las raíces antiguas sean sustituidas por otras grasas. Este proceso tarda unas 8 a 12 semanas y, durante este tiempo, habrá que encerrar la planta en una bolsa de plástico para conservarle la humedad.

Equipo y materiales

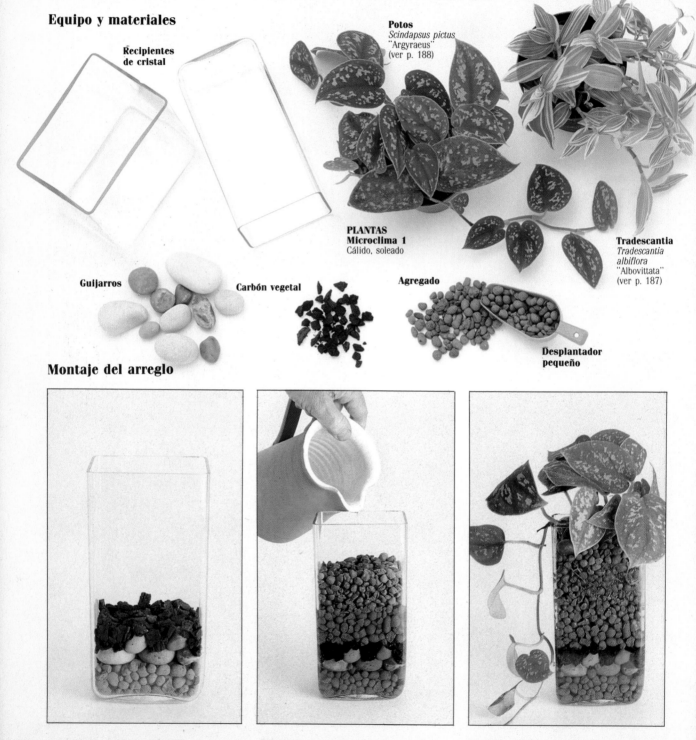

Recipientes de cristal

Potos
Scindapsus pictus "Argyraeus" (ver p. 188)

PLANTAS Microclima 1
Cálido, soleado

Tradescantia
Tradescantia albiflora "Albovittata" (ver p. 187)

Guijarros

Carbón vegetal

Agregado

Desplantador pequeño

Montaje del arreglo

1 Ponga en el recipiente 2-3 cm. de agregado lavado. Coloque encima una capa de guijarros y añada unos trozos de carbón para que el agua se mantenga dulce.

2 Llene el recipiente con agregado hasta los 2/3. Vierta agua suficiente para llenar el recipiente hasta la tercera parte y deje que el agregado absorba agua.

3 Coloque la planta en el recipiente y eche agregado alrededor de las raíces. Si trasplanta a partir de tierra, lave bien las raíces para quitarla bien.

El arreglo terminado
Se han plantado un potos y una tradescantia en agregado decorado con guijarros formando capas de diferente textura en los recipientes transparentes. Las plantas se alimentan porque se les añade abono en polvo, o una bolsita que libera los nutrientes en el agua conforme se necesitan (ver p. 260).

Otros arreglos

Casi todas las plantas crecen bien en hidrocultivos. Es una técnica que presenta varias ventajas sobre los métodos convencionales: es ideal para pisos porque no requiere manejo de tierra; ensucia menos; el riego y el abono son más sencillos; el crecimiento de la planta es más vigoroso; y las plantas no están expuestas a las plagas y enfermedades de que es portadora la tierra.

Un jardín-huerto
arriba
La batata *(Ipomoea batatas)* se cultiva por sus tubérculos comestibles; aquí la raíz crece en agua y de ella brotan unas hojas muy decorativas en forma de corazón.

Un jardín oriental
izquierda
A este paraguas *(Cyperus* sp.) le gusta vivir en charcas en estado natural, por lo que es un candidato idóneo para el hidrocultivo. Aquí he dispuesto una capa de guijarros en la parte delantera del recipiente y he rellenado el resto con agregado.

Cuidado de los bonsai

La palabra bonsai significa literalmente "Planta en una bandeja". Es una técnica que permite convertir cualquier árbol o arbusto en un ejemplar enano limitando su crecimiento y despuntando sus raíces y sus ramas. La técnica, desarrollada por los japoneses y los chinos, se aplicó a muchos árboles resistentes, como arces, abedules, alerces y pinos. Actualmente éstos se consideran bonsai de exterior, ya que deben pasar gran parte del año fuera. No deben pasarse a una habitación calentada más que unos pocos días en invierno, pero en verano, cuando las temperaturas del interior son semejantes a las del exterior, se pueden dejar dentro de casa. Más recientemente se ha creado el bonsai "de interior": son ejemplares tropicales o semitropicales que resisten todo el año dentro de casa.

Todos los bonsai necesitan mucha luz y, como las raíces están limitadas en un recipiente muy pequeño, hay que regarlos con mucha frecuencia, sobre todo en días de calor.

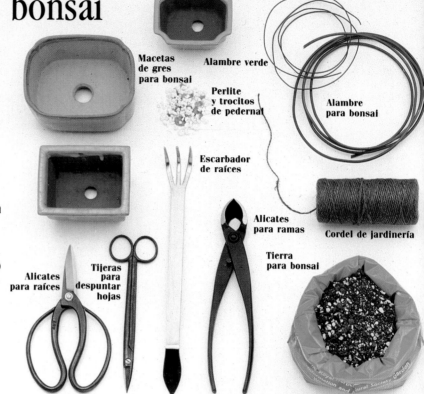

Equipo y materiales

Macetas de gres para bonsai

Alambre verde

Perlite y trocitos de pedernal

Alambre para bonsai

Escarbador de raíces

Alicates para ramas

Cordel de jardinería

Tierra para bonsai

Alicates para raíces

Tijeras para despuntar hojas

Arboles de interior y de exterior

Los bonsai se pueden cultivar a partir de semilla o de esqueje o se pueden comprar como plantas jóvenes y maduras. Si se cuidan bien, llegan a vivir muchos años; su precio depende de la edad y de la complejidad de la forma del árbol. Pueden cultivarse en macetas llanas, a prueba de heladas, con grandes orificios de drenaje que se venden en gran variedad de formas y en colores lisos y suaves que no distraen la atención del árbol.

Un bonsai de exterior
Este arce japonés (*Acer palmatum* "Dissectum") tiene un tronco doble retorcido y un gracioso porte erguido. Las hojas adquieren este precioso color rosa cobrizo en otoño.

Un bonsai de interior
Este ficus *(Ficus retusa)* tiene 15 años y su tronco ha emitido unas raíces que le dan un aspecto interesante. Los bonsai deben situarse ante una ventana al este o al oeste.

Guía y despunte

Los japoneses tienen muchos estilos diferentes de bonsai, cuyos nombres varían según la forma y la inclinación del tronco. Se puede guiar el crecimiento con alambres y despuntando las ramas y las hojas. Para atar las ramas, es preferible utilizar un alambre especial para bonsais, importado, muy duro, con el que se sujetan firmemente las ramas para guiar su crecimiento. La guía y despunte deben hacerse a principios de la primavera, antes de que aparezcan los brotes. El despunte de las hojas puede hacerse durante toda la época vegetativa, lo que favorecerá el crecimiento de hojas más pequeñas, en proporción con el árbol.

Formas complementarias
izquierda

Antes de empezar a guiar y despuntar el árbol, decida la forma que desea hacerle adoptar. Si quiere situarlo junto a otro arbolito, póngalos juntos. Aquí, el más pequeño tendrá que adoptar la forma de abanico con la parte superior achatada para complementar al ejemplar más alto de detrás.

1 Pase el alambre en torno al tronco del árbol y déle la forma que desea para la rama. Fije a él la rama con alambre de jardín más fino.

2 Despunte la rama casi hasta el punto en que está atada. Corte justo por encima de la axila de la hoja ya que ahí se desarrollará la nueva yema de crecimiento.

3 Siga despuntando el árbol, podando todas las ramas sobrantes y cortando por la mitad las ramas más altas. Recorte todos los tallos y, donde haya varias yemas juntas, deje solamente una.

Despunte de las raíces y trasplante

Un bonsai establecido necesita un trasplante cada dos o tres años para renovar la tierra y limitar las raíces. No habrá que pasarlos a una maceta mayor, ya que eso fomentaría su crecimiento. Utilice una tierra especial a base de mantillo bien aireada y rica para permitir un buen crecimiento. Si desea despuntar los árboles al tiempo que sanea la tierra, deje pasar unas tres semanas entre cada operación para que la planta se recupere.

1 Saque la planta de la maceta. Quite el sobrante de tierra con el escarbador o con un tenedor de cocina, trabajando despacio.

2 Despunte las raíces con unos alicates especiales, cortando aproximadamente la mitad del largo y quitando las raíces dañadas.

3 Ponga en la maceta una capa de perlite y pedernal. Ate las raíces con cordel de jardinería y pase los extremos de éste por los orificios de drenaje para afianzar la planta.

·3·

ADORNOS CON FLORES CORTADAS

Adornar la casa con flores cortadas proporciona una alegría especial; se consigue inmediatamente un frescor que las plantas de interior no logran proporcionar. Mucho se ha escrito sobre las técnicas de los arreglos florales pero, aparte del *ikebana* japonés, en el que las diferentes combinaciones de flores tienen significados simbólicos, no se aprende a hacer un ramo siguiendo una serie de normas.

La belleza de un arreglo está en las propias flores, y la forma de disponerlas debe resaltar sus cualidades inherentes en lugar de imponer una estructura formal que contradiga su crecimiento natural. Personalmente, prefiero los arreglos sencillos, informales, que permitan apreciar las formas y las texturas naturales, los colores de las flores. Aunque el arreglo floral no se puede aprender sistemáticamente, con la práctica y la experiencia se descubren cualidades en las diferentes flores y hojas y se va adquiriendo el arte de colocarlas. El diseño de un arreglo floral depende de una apreciación de la forma, del color y de la textura y de una capacidad de orquestar esas cualidades para crear un grupo armonioso.

Piense siempre en la ubicación del arreglo antes de elegir las flores y, al mismo tiempo, decida si va a ser un adorno llamativo para una ocasión especial, o un arreglo informal, de diario. Estas consideraciones determinarán el tamaño, la forma de conjunto y el esquema de color del arreglo y le ayudarán a combinar éste con su entorno.

Un sencillo adorno de orquídeas
El color vibrante de estas orquídeas (*Phalaenopsis* híbridas) destaca junto al negro del jarrón. La línea escueta de éste realza al mismo tiempo la sofisticada forma de las flores.

La rueda de los colores

El éxito de un arreglo floral depende de saber apreciar el color. La aptitud para mezclar colores se adquiere con la práctica y, experimentando con los colores, logrará usted desarrollar la capacidad de utilizarlos. También conviene tener unas nociones de la teoría del color. Aquí se ha dispuesto una selección de flores y hojas con los colores siguiendo el espectro —lo que se llama la rueda de los colores.

Esquemas de color triangulares

El anaranjado, el violeta y el verde son colores secundarios producidos por la mezcla a partes iguales de dos colores primarios a cada lado de ellos en la rueda. Utilizados juntos, forman un esquema triangular, ya que están equidistantes en la rueda de colores. Se pueden poner juntos el rojo, el azul y el amarillo para lograr una combinación triangular fuerte, o para lograr un efecto más sutil, se usan tonalidades de naranja, violeta y verde.

AZUL
Primario

VERDE
Secundario

AMARILLO
Primario

La rueda de colores

La rueda se compone de colores primarios y secundarios y cada segmento de color representa toda una gama de matices (el color más blanco), sombreados (el color más negro) y tonalidades (el color más gris).

Esquemas de color complementarios

Cada color secundario es el complementario del primario no utilizado en su composición. Por ejemplo, el violeta, que se forma con rojo y azul, es el complementario del amarillo. Utilice dos colores complementarios, en una variedad de sombreados y tonalidades, como tema de un arreglo floral.

VIOLETA
Secundario

Esquemas de colores análogos

Los colores análogos, o emparentados, son colores armónicos de secciones adyacentes de la rueda. Un rojo fuerte, un naranja y un amarillo pueden resultar excesivamente llamativos juntos, por lo que conviene utilizar tonalidades y matices de cada color para dar suavidad al esquema. Los esquemas monocromáticos utilizan varias tonalidades del mismo color y con ellos se logran arreglos muy sofisticados con flores y hojas solamente grises o verdes.

ROJO
Primario

ANARANJADO
Secundario

CLAVE DE LAS PLANTAS

Clavel · Rosa · Crisantemo · Lirio · Margarita · Crisantemo · Rosa · Narciso · Ciprés · Helecho · Lirio · Brodiaea · Jacinto · Estátice · Anémona

Cortar y preparar las flores

Es importante tener presente que cuando se corta una flor ésta sigue viviendo y creciendo. El mejor momento para cortar las flores es por la mañana, cuando más jugo tienen. Si no se puede, se cortan al anochecer, cuando la planta ha estado fabricando nutrientes todo el día y le ha proporcionado a la flor reservas que le ayudarán a sobrevivir en el jarrón. Una vez cortada la flor, abra los tallos y sumérjalos

en agua abundante y luego déjelos unas horas en lugar fresco.

Cuando elija flores en la floristería, vea que los pétalos estén firmes, de color fuerte, y las hojas estén verdes sin visos de marchitarse. Una buena forma de conocer el estado de las flores es mirar sus estambres: si se ven duros, eso indica que la flor acaba de abrirse.

Corte de los tallos tiernos

Cuando se deja sin agua una flor recién cortada, los tubos que transportan los jugos se cierran. Para que el tallo tierno absorba agua, córtelo lo más limpiamente posible con un buen cuchillo o tijeras de florista. Si no tiene que cortar muchos tallos, hágalo dentro del agua para que empiece a circular agua y no aire por el tallo.

1 Corte el tallo en un ángulo de 45 grados para aumentar la superficie expuesta al agua. De ese modo también se evita que el tallo apoye entero en el fondo del jarrón, impidiendo el paso del agua.

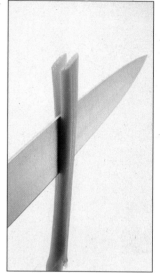

2 Haga una incisión vertical de unos 5 centímetros para aumentar la superficie de absorción del agua. Sumerja los tallos cortados en abundante agua antes de hacer el arreglo. Así se llenarán de agua y durarán más.

Corte de los tallos leñosos

Los tallos leñosos de flores y hojas se cortan con tijeras de podar en un ángulo de 45 grados. Si el tallo fuera muy duro, se quita también la corteza de la base del tallo. No golpee con un martillo los tallos, porque eso reduce su capacidad de absorber agua. Quite todas las hojas que queden bajo el agua.

1 En el caso de tallos muy leñosos, como rosas (*Rosa* sp.), lilas (*Syringa* sp.) y arbustos de hoja, pele unos 5 centímetros de corteza, con un cuchillo afilado.

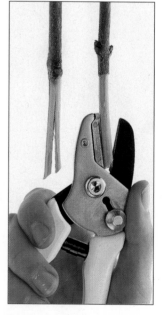

2 Haga una incisión de 5 centímetros con tijeras de podar o cuchillo para aumentar la superficie de absorción del agua.

Taponar tallos sangrantes

Los narcisos, las euforbias, las amapolas *(Papaver* sp.) y otras muchas plantas pierden jugo por los cortes, un jugo pegajoso o lechoso. Esta pérdida de savia significa pérdida de nutrientes para la flor. Si se produce dentro del agua, se taponan los conductos de agua de la flor y se fomenta la aparición de bacterias. Conviene acondicionar las flores que sangran antes de usarlas en un adorno.

1 Selle los cortes sangrantes primero cortándolos en ángulo y luego metiéndolos en agua hirviendo o exponiéndolos a una llama durante 30 segundos. Eso no les impedirá absorber agua.

2 Ponga los tallos tratados solos en agua templada hasta que dejen de sangrar. Luego se pueden utilizar con las demás flores.

Consejos útiles

● Para prolongar la vida de las flores con tallo hueco, como las espuelas de caballero *(Delphinium* sp.) o el amarilis *(Crinium* sp.) llene de agua cada tallo y tape la abertura con algodón.

● Refuerce los tallos débiles metiéndolos en agua templada con una solución acondicionadora de florista. Déjelos en lugar oscuro donde apenas haya pérdida de humedad por transpiración.

● Acondicione el follaje joven sumergiéndolo por completo en agua durante dos horas antes de hacer el adorno.

● Para quitar las espinas de las rosas, frote los tallos enérgicamente con el dorso de unas tijeras. Las rosas se manejan mucho mejor sin espinas.

● Añada una o dos gotas de lejía al agua del florero para evitar el desarrollo de bacterias. Disuelva una cucharadita de azúcar en agua templada para proporcionar a las flores glucosa.

● Añada agua todos los días al florero. Verá que algunas flores, como las dalias *(Dahlia* híbrida), los áster *(Aster novi-belgii)* y los alhelíes *(Matthiola incana)* descomponen el agua muy rápidamente, por lo que conviene cambiársela todos los días.

● Quite inmediatamente las flores que empiecen a marchitarse, ya que desprenden un gas etileno que marchitaría a las demás flores.

● Sitúe sus arreglos lejos de la luz del sol, del calor y de las corrientes de aire. Acortarían la vida de las flores al aumentar su transpiración.

● Rocíe las flores a diario con agua tibia. Así durarán más tiempo.

Burbujas de aire

Si las flores han pasado fuera del agua cierto tiempo, es posible que haya quedado alguna burbuja de aire en los tallos. Esas burbujas impiden el paso del agua por el tallo y la flor, sin agua, se marchita prematuramente.

Preparación de los tulipanes

Los tulipanes forzados *(Tulipa* sp.) tienen tallos tiernos que se doblan de forma poco atractiva, dificultando el arreglo. Se pueden enderezar envolviéndolos en papel y metiéndolos en agua que contenga una solución acondicionadora.

Pinchar una burbuja
Para liberar el aire atrapado, esterilice una aguja sobre una llama y pinche con ella el tallo justo por debajo de la flor.

1 Una vez cortados los tallos y hechas las incisiones, quite algunas de las hojas y envuelva los tallos en papel de embalar, de periódico o tela encerada como la de los floristas que se conserva rígida en el agua.

2 Ponga los tulipanes en agua templada varias horas. Para ayudar al proceso y fortalecer los tallos, añada al agua una solución acondicionadora especial de floristas que contiene azúcar y un bactericida.

Soportes para adornos florales

Tela metálica

La tela metálica arrugada es un buen soporte para tallos, sobre todo leñosos, y para flores pesadas. Puede utilizarse sola —y es el mejor anclaje para flores que deban ponerse en agua— o bien con espuma plástica para un mayor soporte. Puede comprar tela metálica por metros en distintos gruesos: utilice la más fina para tallos finos y la de más abertura para flores y tallos más robustos. Si necesita sujetar uno o varios tallos muy pesados, fíjelos con una horquilla pegada al fondo del recipiente con arcilla adhesiva y usando además la tela metálica si fuera preciso.

1 Corte un trozo de tela metálica con alicates para hacer un cuadrado varias veces mayor que la apertura del recipiente. Puede usar recipientes de cocina, como este cuenco resistente al agua, para meterlos dentro de otro más decorativo, como una cesta de mimbre.

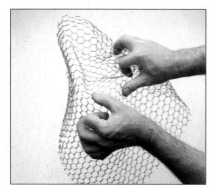

2 Arrugue la tela metálica con las manos, dándole forma para que quepa en el cuenco y quede una superficie desigual. Cuide de no arañarse con los bordes.

3 Meta la tela metálica en el recipiente. Si el arreglo floral va a ser grande, conviene fijar la tela pasando unos alambres o unas tiras de cinta adhesiva incolora sobre ella uniéndola al recipiente.

4 Ponga el cuenco con la alambrada dentro de la cesta y pase los primeros tallos por las capas de tela metálica para sujetarlos.

Espuma de plástico

La espuma de plástico que absorbe agua es otra buena base para sujetar las flores en cualquier ángulo. Se encuentra en el mercado en distintas formas y tamaños: ladrillos o bloques grandes para ramos importantes y cilindros y cubos menores para ramos pequeños. La espuma se usa entera o recortada para ajustarla a cualquier recipiente. Habrá que remojarla en agua media hora antes de usarla, ya que si no chuparía toda el agua de las flores una vez colocadas. Si tiene usted que sujetar flores pesadas o de tallo largo, tendrá que fijar el plástico al fondo del recipiente con cinta adhesiva. Un bloque de plástico sirve para varias veces.

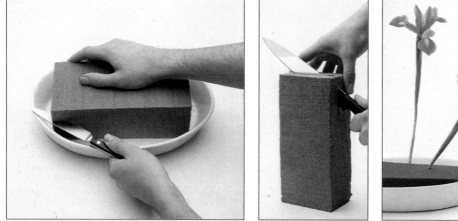

1 Ponga el plástico en el recipiente. Para un adorno floral pequeño (que verá terminado en la página 85), recorte la espuma a ras del borde del recipiente. Si va a sujetar algunos tallos oblicuos para que apunten hacia abajo, deje que la espuma sobresalga unos centímetros sobre el borde del recipiente.

2 Una vez remojada la espuma en agua, inserte los tallos hundiéndolos con cuidado en el plástico. Rellene de agua el recipiente una vez terminado el ramo.

Principios de los adornos 1

¿Por dónde se empieza un arreglo floral? En primer lugar, piense dónde va a ir el arreglo y piense en su mente el escenario. Estudie cómo va a estar iluminado y desde qué ángulo se va a ver. Luego piense en el recipiente adecuado al lugar elegido. Los recipientes pueden ser desde un cuenco de cocina, una jarra o un cesto hasta jarrones de todas clases, formas y materiales. Antes de empezar a montar el arreglo, piense en la forma de las flores, en su textura, en su color y haga un dibujo basado en una figura sencilla. Prepare y acondicione las flores como se indicaba en las pp. 80-1, y elija los primeros tallos para formar el esqueleto básico del arreglo. Luego vaya rellenando la figura, colocando abajo las flores y hojas de mayor tamaño y las más esbeltas arriba. Coloque en el centro lo más llamativo.

Un ramo grande e informal *derecha*
Para un ramo grande, evite seguir una figura con excesivo rigor y deje que se luzcan las formas naturales de las flores. Aquí he dibujado la figura de conjunto con hojas, lilas blancas *(Syringa* sp.) y gipsófila *(Gypsophila paniculata),* y he añadido unas flores para dar interés focal.

Una figura triangular

Llene el jarrón de espuma plástica o de tela metálica. Primero forme el vértice del triángulo y la figura de conjunto de los dos lados con crisantemos *(Chrysantemum* híbridos). Luego destaque la forma con acebo *(Ilex aquifolium),* eligiendo unas ramas que tengan una disposición adecuada y bayas vistosas. Añada unas flores cónicas de leche de gallina *(Ornithogalum thyrsoides)* para dar forma al conjunto y coloque unos crisantemos grandes que sirvan de punto focal.

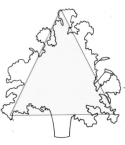

CLAVE DE LAS PLANTAS

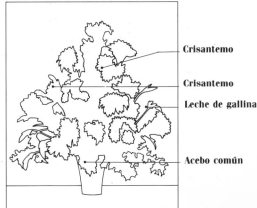

Crisantemo

Crisantemo

Leche de gallina

Acebo común

Principios de los adornos 2

Ramo circular

Esta forma de arreglo va bien a todas las flores silvestres. Ponga espuma de plástico dentro del jarrón nivelándola con el borde. Dibuje la forma con gipsófila *(Gypsophila paniculata)* y luego insista en ella con lilas blancas *(Syringa sp.)*. Luego añada unos crisantemos en forma de margarita, blancos, *(Chrysantemum híbridos)*, unos lirios anaranjados y unas alstroemerias *(Alstroemeria sp.)* rosas y verdes.

CLAVE DE LAS PLANTAS

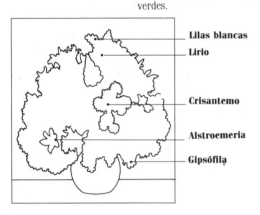

- **Lilas blancas**
- **Lirio**
- **Crisantemo**
- **Alstroemeria**
- **Gipsófila**

Ramo semicircular

El recipiente de línea ligeramente romboidal y las ramas desnudas sugerían un ramo sobrio y moderno. Meta tela metálica por el cuello del jarrón y déjela abrirse ligeramente y sobresalir un poco para poder insertar unos tallos oblicuamente. Dibuje la línea semicircular con las ramas, haciendo que una de ellas baje por delante. Coloque luego los tallos de orquídeas siguiendo las líneas de las ramas.

CLAVE DE LAS PLANTAS

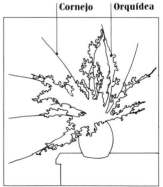

| Cornejo | Orquídea |

Ramo vertical

CLAVE DE LAS PLANTAS

Lirio blanco

Hojas
de lirio

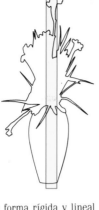

La forma rígida y lineal
del lirio *(Iris* sp.) y del
recipiente vertical sugirió
este arreglo de estilo
oriental; también iría bien
con gladiolos *(Gladiolus*
híbridos). Llene el jarrón
de espuma que sobresalga
unos 3 centímetros e
inserte un tallo que fije
la altura, colocando los
demás a diferentes
alturas.

Ramo triangular bajo

De nuevo he utilizado lirios para este arreglo floral
horizontal. Establezca las grandes líneas laterales con
flores azules, añadiendo hojas de lirio. Acorte los tallos de
los lirios blancos e insértelos en el centro, variando las
alturas para darles mayor interés.

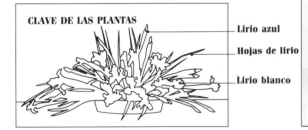

CLAVE DE LAS PLANTAS

Lirio azul

Hojas de lirio

Lirio blanco

Adorno floral de primavera

Los narcisos son flores sencillas, sin sofisticación, que deben montarse sin complicaciones; no combinan bien con otras flores en ramos elaborados. Me gusta hacer con ellas ramos curvando sus tallos hacia los lados, recordando su forma natural de crecimiento en manojos. Ponga muchas flores en un cesto de mimbre e incluya algunas de sus hojas para dar mayor naturalidad al arreglo. Coloque éste en una mesa auxiliar o en un centro en una cocina rústica. Si sitúa el ramo en lugar fresco, las flores durarán mucho más.

Montaje del arreglo

Tela metálica

Equipo y materiales

Cesto de mimbre

Cuenco de cocina

1 Ponga un cuenco de cocina dentro de un cesto de mimbre circular y corte un bloque de espuma para que quede a ras del borde. Corte un buen trozo de tela metálica, arrúguela formando picos y fíjela al borde del cesto.

Junquillos
Narcissus
"Barrii"

Narcisos grandes
Narcissus "Fermoy"

Narcisos pequeños
Narcissus
"Soleil d'Or"

Narcisos grandes
Narcissus
"Armada"

Espuma de plástico

Tijeras de florista

Alicates para cortar alambre

Narcisos
Narcissus
"Golden Harvest"

Junquillos
Narcissus
medioluteus
híbridos

Narcisos grandes
Narcissus
"Ice Follies"

2 Los tallos de los narcisos exudan un jugo pegajoso, por lo que deben sellarse antes de usarlos (p. 80). Empiece por crear una figura semicircular, colocando las flores con sus hojas.

3 Siga rellenando el cesto, utilizando los narcisos y hojas mayores, cortando los tallos a la altura deseada. Dé vuelta al cesto conforme trabaje para que, si va a usar el arreglo como centro, quede igual por todos lados.

4 Utilice los pequeños y delicados junquillos para rellenar los espacios. Añada más flores y hojas grandes para destacar el perfil general y dar cuerpo al arreglo; incline algunos tallos por debajo de la línea del cesto para dar al ramo una forma aún más redondeada. También puede cortar unas flores y usarlas para dar cuerpo al centro del ramo. Corte algunas mucho e insértelas alrededor del borde del cesto para disimular la tela.

Adorno floral de verano

Es tal la profusión de flores en verano que hay que pensar bien la ubicación del ramo y el efecto que se desea crear antes de cortar o comprar las flores. Aquí quise formar un arreglo ligero y vaporoso para colocar en una mesa auxiliar o en un nicho.

Elegí para crear contraste unos tonos fuertes de azul y dorado ante un fondo sutil de flores blancas y grises y de hojas verdes. Tomando la figura de un triángulo asimétrico, elegí una fuente ovalada que luego quedaría tapada por las flores.

Montaje del arreglo

1 Corte un bloque de espuma para ajustarlo sobresaliendo por encima del borde del recipiente y fíjelo con cinta adhesiva. Forme las grandes líneas de la figura con las ramas más marcadas: los cardos y la eringe seca.

2 Rellene los laterales con eucalipto y, en la parte frontal, inserte unas ramitas que cuelguen sobre el borde del recipiente. Añada las flores amarillas del hipérico para crear puntos focales de color.

Equipo y materiales

Margarita dorada
Anthemis tinctoria "E. C. Buxton"

Tijeras de florista

Tijeras de podar

Hipérico
Hypericum androsaemum "Tutsan"

Alambres fuertes

Eucalipto
Eucalyptus guniii

Margarita
Anthemis cupaniana

Aquilea amarilla
Achillea filipendulina "Coronation Gold"

Eringe
Eryngium giganteum

Fuente de horno

Agapanto
Agapanthus "Headbourne" híbrido

Aquilea blanca
Achillea sp.

Espuma de plástico

Cardo yesquero
Echinops ritro

Budleia
Buddleia davidii "White cloud"

3 Ahora destaque las áreas amarillas añadiendo varias aquileas de ese color para crear puntos focales amarillos en el centro del arreglo. Al colocar las flores tendrá que cortar los tallos al tamaño adecuado para mantener la forma general. Coloque las flores de color más fuerte justo en el centro, cortándoles el tallo tanto que la vista abarque todo el conjunto. Añada un par de ramitas de aquilea blanca para rellenar la base del arreglo.

4 Las flores más grandes irán en la base del arreglo. Utilice las flores largas y pesadas de la aromática budleia para dar cuerpo al ramo. Conforme se vaya espesando el adorno, la fuente irá quedando tapada por la delicada masa de flores y hojas.

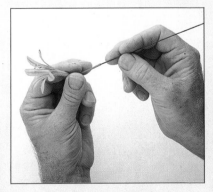

5 Como habrá que cortar los agapantos para que queden a escala de las demás flores, corte las flores una por una e inserte un alambre por el tallito.

6 Dé ligereza al arreglo con unos toques de margaritas doradas y blancas. Por último añada los agapantos ensartados en alambres concentrándolos a la derecha del adorno para equilibrar las margaritas de la izquierda.

Adorno floral de otoño

Los colores del otoño son más oscuros que los de primavera y verano. Aquí he optado por el contraste entre flores rojizas y doradas y bayas con follaje morado, iluminado por dalias escarlatas y escaramujo. Decidí hacer un arreglo horizontal destinado a verse desde arriba —sobre una mesa baja o centro— donde los frutos aumentarán el aspecto otoñal del ramo. Como podía servir de centro de mesa de comedor, tendría que ser bajo para permitir las conversaciones por encima de él, por lo que opté por un cesto de madera, cuyo color natural armonizaba con las flores, y por una fuente de vidrio refractario como recipiente impermeable.

Equipo y materiales

Cesto de madera

Fuente de vidrio

Espuma

Alambres

Tijeras de podar

Tijeras de florista

Cotoneaster
Cotoneaster sp.

Saúco
Sambucus nigra
"Aurea"

Sedum
Sedum spectable
"Atropurpureum"

Manzanas silvestres
Malus
"Golden Hornet"

Bayas de bola de nieve
Viburnum opulus
"Fructo-Luteo"

Dalia
Dahlia híbrida

Agracejo
Berberis thunbergii
"Rose Glow"

Escaramujo
Rosa sp.

Escaramujo
Rosa moyesii

Rudbeckia
Rudbeckia fulgida deami

Ligularia
Ligularia dentatum
"Desdémona"

Montaje del arreglo

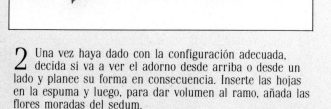

1 Corte la espuma para ajustarla a la fuente, dejándola sobresalir para poder pinchar unos tallos en horizontal. Ponga dos ramas de saúco moradas y dos hojas de ligularia redondas sobre la espuma para tener la forma general del lugar donde vaya a ir el arreglo.

2 Una vez haya dado con la configuración adecuada, decida si va a ver el adorno desde arriba o desde un lado y planee su forma en consecuencia. Inserte las hojas en la espuma y luego, para dar volumen al ramo, añada las flores moradas del sedum.

3 Añada las rubeckias doradas para dar interés focal y extienda el ramo con unas ramas de agracejo, siguiendo las líneas marcadas por el saúco. Ponga una ramita de bayas de cotoneaster delante para rellenar el hueco. Las flores y ramas que utilice deberán estar cortadas al bies y los tallos abiertos por una incisión para que puedan absorber agua. Procure que los tallos no queden a ras del borde de la fuente porque recibirían menos agua.

4 Pinche con alambre unos tallos de manzanas silvestres y añada el ramillete al adorno. Coloque unas dalias para crear unos puntos de color llamativos y repita su tono rojo con unas bayas de escaramujo a un extremo del ramo. Llene ahora el recipiente de agua fresca y colóquelo en su lugar. Tendrá que añadir agua al día siguiente porque la espuma absorbe mucha.

5 Las bayas de bola de nieve no crecen muy tupidas, por lo que tendrá que reunir unos cuantos ramitos enrollándolos con alambre. Sujete los ramitos y enrolle el alambre a su alrededor y así podrá pincharlo fácilmente en la espuma.

6 Añada unos ramilletes de bayas de bola de nieve así atados para rellenar el hueco en la parte superior delantera del adorno y realce la zona escarlata de la derecha añadiendo otro ramillete de escaramujo. Junto al ramo ponga uvas y manzanas silvestres.

Adorno floral de invierno

Las flores escasean en invierno, pero en el jardín encontrará una sorprendente cantidad de material con el que hacer ramos. Quedan aún bayas de otoño, el follaje matizado sigue en buenas condiciones, empiezan a asomar brotes en matas y árboles y, después de Navidad, aparecen las primeras flores de heléboro. Aquí he realizado un arreglo predominantemente verde, valiéndome de las diferentes formas de las hojas y añadiendo unas flores blancas y amarillas y unas bayas anaranjadas. Este ramo sencillo va bien en un jarro de barro.

Montaje del arreglo

1 Recorte los lados de un bloque de espuma plástica para que quepa en el jarro y húndalo hasta que quede nivelado con el borde. Empiece por pinchar las ramas de hamámelis y de ciprés.

Equipo y materiales

Espuma de plástico

Tijeras de podar

Jarro de barro

Prunus de invierno
Prunus subhirtella
"Autumnalis"

Heléboro
Helleborus corsicus lividus

Bola de nieve
Viburnum tinus

Lirio hediondo
Iris foetidissima

Hiedra matizada
Hedera colchica
"Paddy's Pride"

Mahonia
Mahonia sp.

Cala negra
Arum italicum
"Pictum"

Hamámelis
Hamamelis mollis

Ciprés
Cupressus glabra

Garria
Garrya elliptica

2 Sitúe una rama de mahonia en el centro del ramo y otra grande de la garria cubierta de candelillas, detrás; así fijará la altura y la configuración triangular del ramo.

3 Inserte unas flores de heléboro en el centro como punto focal, después de recortar todas las hojas inferiores y parte de las superiores. Ponga una rama de bola de nieve para rellenar el espacio detrás del ramo.

4 Ahora coloque las hojas de hiedra verdes y amarillas y ponga las bayas de lirio hediondo en la parte alta. Añada unas hojas de lirio afiladas para dar contraste a las formas más pesadas de las otras hojas y ponga una rama de prunus de invierno detrás de la de ciprés a la izquierda. Por último, incluya las hojas de cala negra, de marcado dibujo, para dar interés a la base del ramo. Este arreglo conserva su atractivo durante un par de semanas si se sitúa en lugar fresco y se llena de agua a diario.

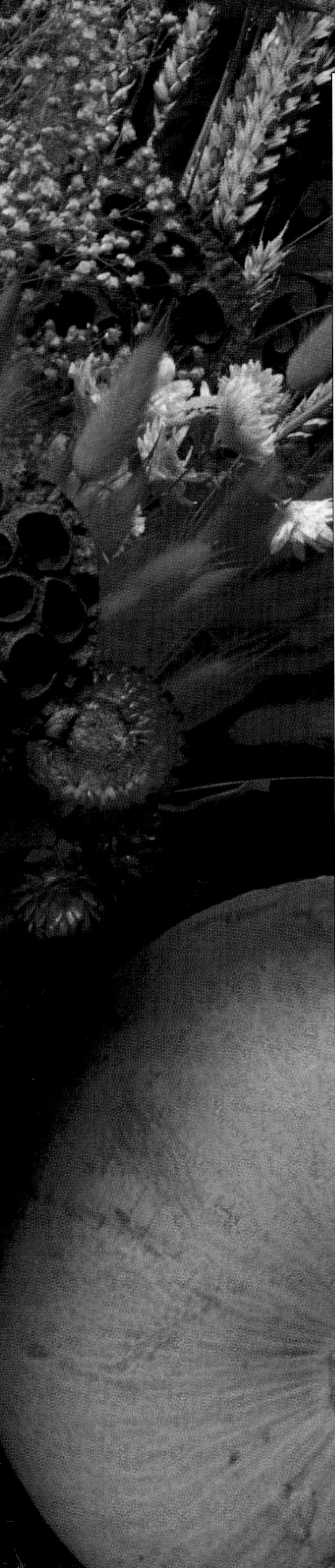

·4·
ADORNOS CON FLORES SECAS

Las plantas vivas requieren cuidados regulares y un entorno particular para crecer. La belleza y frescura de las flores cortadas se mantiene a lo sumo durante unas pocas semanas. Pero las flores secas no necesitan agua ni luz y, una vez colocadas, no se marchitan ni pierden los pétalos. Los ramos secos se colocan en cualquier ambiente y, durante todo el invierno, en que apenas se encuentran flores frescas, evocarán la exuberancia del verano.

Al igual que para las flores frescas, se aplican a cada adorno los principios de proporción y utilización del color, textura y forma.

Los recipientes también son importantes: cestos —naturales o pintados—, vasijas de terracota o jarrones de cristal sirven para presentar un ramo de flores secas. Pero no se limite a hacer ramos. Las guirnaldas y coronas son sencillas de hacer con material seco. También se puede formar un arbolito o un aromático pot-pourri cuyo perfume le traerá recuerdos de los prados en primavera o de las cálidas noches de estío. Secar las hierbas y los ramilletes de flores en la cocina también le permitirá disfrutar del aroma del verano.

Si le gustan los adornos secos, disfrute descubriendo las muchas formas que pueden adoptar.

Arreglo informal de flores secas
Una colección de flores, hierbas y semillas reunidas en un sencillo recipiente de barro cocido. El arreglo adquiere cohesión gracias al esquema de color otoñal, al tiempo que se complementa con la calabaza naranja situada junto a él.

Secado de las flores 1

Secar flores no requiere técnicas laboriosas ni un equipo costoso. Algunas plantas basta con cogerlas en el momento adecuado, atarlas en ramilletes y colgarlas para secar. Otras, dependiendo de su forma, se pueden secar de pie o tumbadas. Las flores de jardín más delicadas, o las que podrían perder color al secarse al aire, se ponen en una caja que cierre bien y se tapan con un secante adecuado.

Aunque las técnicas de secado de plantas no son complicadas, observará que, por mucho cuidado que se ponga en el empeño, los resultados variarán de un año a otro, ya que las condiciones climáticas influyen sobre el proceso. Recoja las flores solamente en tiempo seco y empiece cuanto antes el proceso de secado. Evite dejar las flores bajo el sol directo, ya que perderían color.

Secado al aire

Esta técnica es válida para la mayoría de las flores, hierbas y semillas. Dispóngalas en ramilletes, colgando las flores grandes, como las hortensias *(Hydranges* sp.) de una en una para que no se toquen. Compruebe al cabo de uno o dos días si las de tallo carnoso, como las espuelas *(Delphinium* sp.) se secan. Si no, aplíqueles calor moderado.

Secado en ramillete

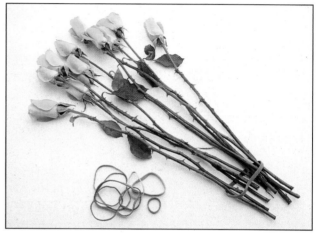

1 Quite las hojas de los tallos hasta llegar a la flor, a no ser que formen una roseta natural en torno a ésta, como las de la flor de paja *(Helichrysum bracteatum)* en cuyo caso se dejan para que el tallo no quede desnudo.

2 Ate las flores con goma elástica para que no se deshaga el ramillete al contraerse los tallos. No haga ramilletes demasiado grandes porque las flores del centro no llegarían a secarse y quedarían mohosas.

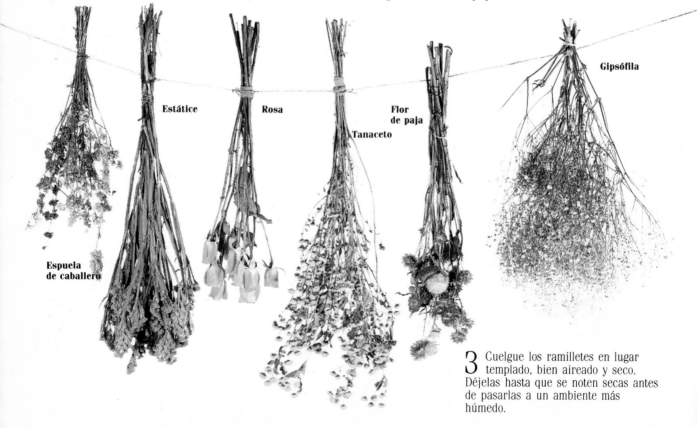

Espuela
de caballero

Estátice

Rosa

Tanaceto

Flor
de paja

Gipsófila

3 Cuelgue los ramilletes en lugar templado, bien aireado y seco. Déjelas hasta que se noten secas antes de pasarlas a un ambiente más húmedo.

Secado en vertical

La mayoría de las flores que se pueden secar colgadas boca abajo, también se secan de pie. Use este método para flores o hierbas delicadas, ya que se conservarán mejor. Déjelas en un poco de agua hasta que la hayan absorbido y se vuelvan crujientes al tacto.

Secado en horizontal

La mayoría de las semillas, hierbas y vainas se secan en cajas abiertas o sobre papel de periódico o de embalar.

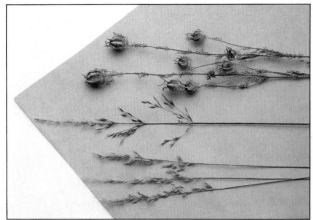

Conservación en secantes

Este proceso es algo más complicado, pero conviene utilizarlo para flores más delicadas y para rosas, que pierden parte de su color con el secado al aire. Se necesita un recipiente que cierre bien. Tendrá que tener un tamaño adecuado para las flores solamente, ya que luego éstas se pinchan en alambres.

1 Ponga en la caja un espesor de 3 cm. de bórax y alúmina a partes iguales. Puede usar arena de plata y cristales de gel de sílice, calentando la mezcla para suprimir la humedad.

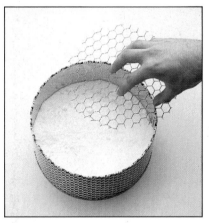

2 Corte un trozo de tela metálica que ajuste a la caja y colóquela sobre la capa de secante. En ella se sujetarán de pie las flores.

3 Tome una flor, como una gerbera (Gerbera sp.) y córtele el tallo dejando unos 2 centímetros bajo la flor para luego insertar el alambre una vez seca.

4 Coloque las flores sobre la tela metálica, procurando que no se toquen. Junte las flores de un mismo tipo para que estén listas a la vez.

5 Añada más polvo secante, tamizándolo sobre las flores para no dañarlas. Cúbralas con unos 2 centímetros de polvo.

6 Cierre bien la caja y déjela sin moverla en lugar cálido y seco de cuatro a catorce días, según la densidad de las flores.

Secado de las flores 2

Conservación en glicerina

Es más un método de conservación que de secado, que puede emplearse con ramas de hojas, bayas y hojas grandes. También es adecuado para flores en racimo como las digitales *(Digitalis* sp.). Los tallos se sumergen en una mezcla de glicerina y agua casi hirviendo y se dejan hasta que han absorbido la suficiente solución, es decir, una semana para las hojas finas y de 6 a 8 semanas para las hojas gruesas. Cuando aparecen sobre ellas gotitas de glicerina es que ya han absorbido suficiente y se retiran y limpian, ya que un exceso de absorción las marchitaría. Cuando crea que el extremo de las ramas o de las hojas grandes no va a recibir bastante solución, sumérjalas enteras en un baño de glicerina y agua.

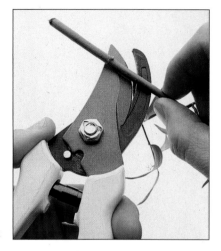

1 Elimine las hojas bajas de los tallos con tijeras. Córtelas en ángulo de 45° y, si son leñosos, quíteles la corteza, dándoles una incisión de 5 cm. para que absorban la solución.

2 Mezcle una parte de glicerina con dos de agua casi hirviendo en un recipiente estrecho y remueva enérgicamente la solución.

3 Pase la solución a un recipiente resistente al calor y vertiendo unos 10 centímetros para que se cubra la parte preparada de los tallos.

4 Meta los tallos en la solución y pase el recipiente a una habitación fresca y oscura hasta que las hojas absorban la suficiente glicerina.

Prensado

La mayoría de las hojas —incluidos los helechos, las matas de color gris y los arces *(Acer* sp.)— se pueden secar prensándolas. Las hojas grandes y los helechos precisan sólo una pequeña presión porque si no quedarían demasiado quebradizos. Una vez cubiertos con papel secante o periódico, se ponen bajo una alfombra o una colchoneta y se dejan secar aproximadamente una semana. Las hojas más pequeñas, brácteas y flores silvestres pequeñas se ponen en una prensa y se dejan dos semanas.

Dos métodos de prensar hojas
Ponga las hojas grandes entre papel secante y las pequeñas y las flores entre las láminas absorbentes de una prensa para flores.

Un pot-pourri

Literalmente, *pot-pourri* significa "olla podrida": el método original consistía en mezclar pétalos con sal y dejarlos fermentar para que liberaran un fuerte aroma. Aunque su perfume es más sutil, los pot-pourris secos son más fáciles de hacer.

Pétalos de rosa
Rosa sp.

Espuela de caballero
Delphinium consolida

Pétalos de rosa para decorar

Bayas de enebro

Trébol
Trifolium agrarium

Hojas de laurel
Laurus nobilis

Esencia de pot-pourri

Corteza de limón seca

Eringe marina
Egyngium maritimum

Raíz de lirio molida

Hojas de geranio de olor
Pelargonium crispum

Espuela de caballero
Delphinium consolida

Lavanda
Lavándula sp.

1 Seque los pétalos, hojas y corteza de limón sobre una superficie que permita la circulación del aire por entre ellos. Tardarán unos diez días.

2 Mezcle los pétalos con las hojas. Desmenuce la corteza de limón e incorpórela junto con las especias y unas gotitas de esencia.

3 Añada flores y pétalos de rosa secados en bórax. Cierre bien el recipiente y déjelo seis semanas, sacudiéndolo de cuando en cuando.

Ingredientes para el pot-pourri
Se han rellenado unos saquitos con flores y hojas secas de los cuencos de terracota. Esos cuencos contienen algunos de los ingredientes más usuales del pot-pourri. La lavanda tiene un fuerte aroma y forma parte de muchos pot-pourris. Las rosas de té suelen usarse como base y se puede añadir la flor entera, como aquí, para decorar. Los nazarenos (*Muscari* sp.) de intenso color azul, animan bien un pot-pourri.

Colocación de flores en un cesto

El lugar donde haya decidido poner el adorno floral le sugerirá el tamaño y formas más adecuados de éste. He elegido un alféizar en el que las flores quedarían bellamente enmarcadas por la ventana. Para un arreglo floral de este tipo, que no se verá desde todas partes, opté por una configuración triangular asimétrica.

Decidí utilizar azules, blancos, cremas y amarillos añadiendo unos cereales y unas bolsas de semillas para dar sustancia y textura al conjunto. Hay que dejar que el arreglo refleje el crecimiento natural de las flores. Aquí la graciosa curva de la cebada llega hasta el alféizar, contrastando con la línea erguida del trigo que perfila el triángulo.

Equipo y materiales

Cesto

Espuma de plástico

Cuchillo

Tijeras de florista

Alambres

Musgo seco

Trigo
Triticum vulgare

Espuela de caballero
Delphinium consolida

Estátice blanca
Limonium sinuatum

Cebada
Hordeum vulgare

Helipterum
Helipterum roseum

Siempreviva
Limonium latifolium

Estátice azul
Limonium sinuatum

Gipsófila
Gypsophila paniculata

Semillas de amapola
Papaver sp.

Alquimila
Alchemilla mollis

Mahonia
Mahonia aquifolium

Eringe
Eryngium maritimum

Avena
Avena sp.

Rosa
Rosa sp.

Brezo
Erica sp.

Flor de paja
Helichrysum bracteatum

Semillas de nigella
Nigella damascena

Gipsófila teñida
Gypsophila paniculata

El arreglo terminado
Este ramo ligero y delicado armoniza con la pequeña ventana y sus visillos de encaje y cortinas de color neutro. Estudie bien la decoración de la habitación antes de seleccionar las flores y el recipiente para que el color y estilo del ramo combinen bien con su entorno.

Montaje del arreglo

1 Corte el bloque de espuma para el centro del cesto y corte otros dos trozos para cada lado. Apriete bien la espuma y recorte los bordes con un cuchillo. Corte unos alambres en tres y dóblelos en forma de horquilla. Tape la espuma con musgo seco fijándolo con las horquillas. Pinche el trigo para establecer la configuración del ramo.

2 Una vez fijada la altura usando como guía el cesto (será un tercio de la altura total), empiece a dar forma al ramo con la siempreviva. Cuando corte la espuma asegúrese de que sobresale del cesto para poder pinchar algunas flores hacia abajo.

3 Introduzca el color y el tono con espuelas y estátices azules a la izquierda y estátices blancas a la derecha. Ponga unas cuantas flores azules hacia la derecha que sirvan de unión entre ambos lados.

4 Alargue la forma general con cebada y helipterum reunido con alambre en ramilletes (ver p. 110). Añada la alquimila y la gipsófila y coloque las semillas de amapola y la eringe en el centro para dar interés focal.

5 Distribuya por todo el ramo unas semillas de nigella y rellene los espacios con avena para dar volumen al grupo. Termine de llenarlos con los elementos más oscuros: mahonia, gipsófila teñida y brezo. Añada las rosas y las flores de paja que deberán ir ensartadas en alambre para resultar más resistentes. Luego, una vez situado el arreglo en su sitio, retírese unos pasos y rectifique las líneas si hiciera falta.

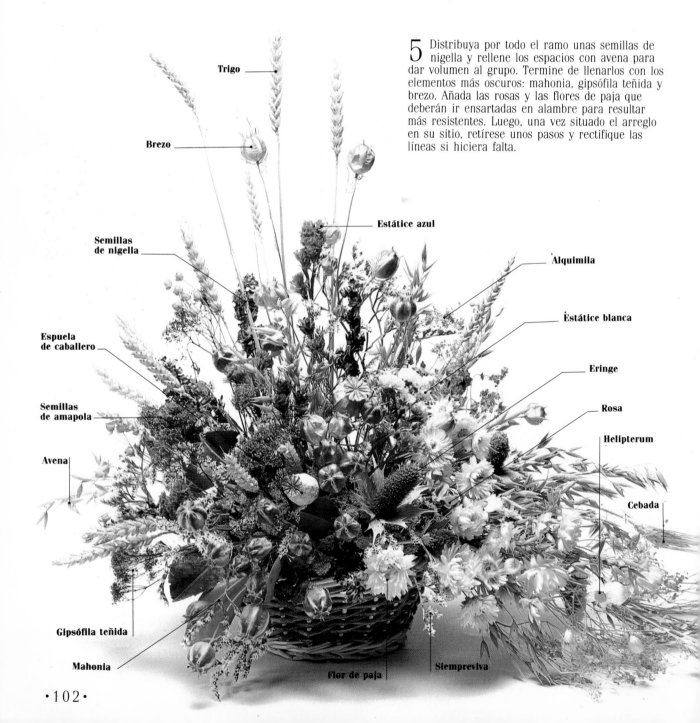

Trigo

Brezo

Semillas de nigella

Estátice azul

Alquimila

Éstátice blanca

Espuela de caballero

Eringe

Semillas de amapola

Rosa

Helipterum

Avena

Cebada

Gipsófila teñida

Mahonia

Flor de paja

Siempreviva

Otras ideas para adornos

Existe una infinidad de variaciones sobre
arreglos con flores secas. Para ramos
informales utilice cestos de cualquier tipo,
o jarros de barro como recipientes. Pruebe
a llenar un cesto grande de hierbas,
semillas y cereales en tonos cremas, beiges y
verdes muy claros, insertando los tallos
oblicuamente para que las flores parezcan
irradiar del centro. También puede llenar
con ramilletes una jarra de barro.

Tonos neutros *abajo*
Un recipiente alto con flores hace resaltar una mesa
redonda, y el cristal esmerilado disimula tallos y
alambres. Aquí los colores neutros de los jarrones no
hacen sombra a las delicadas flores de la siempreviva
(Limonium latifolium) de la derecha ni del ajo
silvestre *(Allium* sp.) de la izquierda.

Naturaleza muerta
arriba
Coloque unas hortensias
secas *(Hydrangea
macrophylla)* en un
recipiente muy sencillo y
la sutileza de su color y
de su textura bastará
para hacer un arreglo
floral muy atractivo. Los
higos, uvas y granadas
completan la naturaleza
muerta.

Grupos informales
izquierda
Unos ramilletes de flores
en cestos pueden resultar
de gran efectividad en un
marco adecuado. Aquí los
tonos neutros y las
texturas rugosas de las
semillas de nigella
(Nigella damascena) y de
amapola *(Papaver* sp.)
combinan bien con el
trenzado del cesto. Las
vainas de semilla repiten
las texturas de los cestos.

Arboles de flores secas

Los árboles de flores secas son más fáciles de hacer de lo que imagina y, una vez dominadas las técnicas básicas, puede usted probar con distintos tipos y formas. Aquí he utilizado flores rosas, azules y blancas y semillas color barquillo para hacer un árbol ligero y delicado.

Equipo y materiales

Espuela azul
Delphinium consolida

Espuela rosa
Delphinium consolida

Siempreviva
Limonium latifolium

Molucella
Molucella laevis

Estátice azul
Limonium sinuatum

Semillas de amapola
Papaver sp.

Ammobium
Ammobium sp.

Helipterum
Helipterum roseum

Flor de paja
Helichrysum bracteatum

Alicates

Cinta

Gipsófila
Gypsophila paniculata

Estátice rosa
Limonium sinuatum

Maceta de plástico

Bola de espuma de plástico

Alambres

Eringe
Eryngium maritimum

Caña de bambú

Cantos

Musgo fresco

Yeso para interiores

Montaje del arreglo

1 Tome una maceta de plástico de 12 cm. de diámetro, fórrela de aluminio y llénela de piedras para fijar la caña de bambú, de unos 35 cm. de alto. Rellene la maceta de yeso.

2 Pinche la bola de espuma en la caña asegurándose de no llegar más que a la mitad de la bola. Apriete el mango alrededor de la bola.

3 Fije el musgo a la bola con horquillas hechas cortando los alambres y doblándolos. Al trabajar, tenga cuidado de no apretar demasiado entre la bola de espuma.

4 Empiece a dar forma con la espuela y la estátice azules. Verá que tiene que romper los tallitos de las flores para adaptar su tamaño al del arbolito.

5 Rompa unos tallitos de siemprevivas y póngalos donde se vean. Con alambre haga unos ramilletes de ammobium y vaya tapando con ellos la superficie del árbol. Rellene con estátice y espuela rosas.

6 Añada las flores de paja y el helipterum rosa para rellenar algunos huecos. Con las semillas de amapola, la eringe y unas molucellas dé textura al conjunto, y por último añada unas ramitas de gipsófila para suavizar el perfil.

7 Ponga el árbol en una maceta blanca y añada musgo y unas flores sobre la base de piedras. Puede dejar la caña de bambú como está o decorarla con cinta. Tome dos tiras de cinta, péguelas arriba de la caña y enróllelas hacia abajo, fijándolas al final con cinta adhesiva.

Otros tipos de árboles de flores secas

Para lograr un árbol muy bonito de estilo rústico, fórmelo con aquilea amarilla *(Achillea filipendula)* y use una maceta de terracota. Para crear un tipo de árbol muy distinto, tome una rama de forma atractiva y decórela con flores de textura rugosa, cereales y semillas en tonos cremas, ocres y verdes.

Un árbol para Navidad
La forma básica de este árbol es la misma que antes explicábamos. En lugar de flores, he cubierto la base de espuma con piñas de pino y he añadido unas frutas artificiales para darle un color y un aspecto más festivos.

Decoración de un cesto de pot-pourri

El arte del pot-pourri está conociendo un nuevo auge. Se encuentran ya distintas variedades en el comercio, pero también puede usted crear el suyo siguiendo las instrucciones de la página 99. Los pot-pourris se valoran no sólo por su suave perfume sino también por su color y por la textura de los pétalos secos de que se compone. Póngalo en un cesto bonito y decórelo con flores secas y tendrá un arreglo floral oloroso y decorativo. Si desea dar un toque especiado a la fragancia del pot-pourri ponga en el centro una naranja con clavos o bien decore la naranja con cinta y cuélguela o perfume con ella un armario.

Equipo y materiales

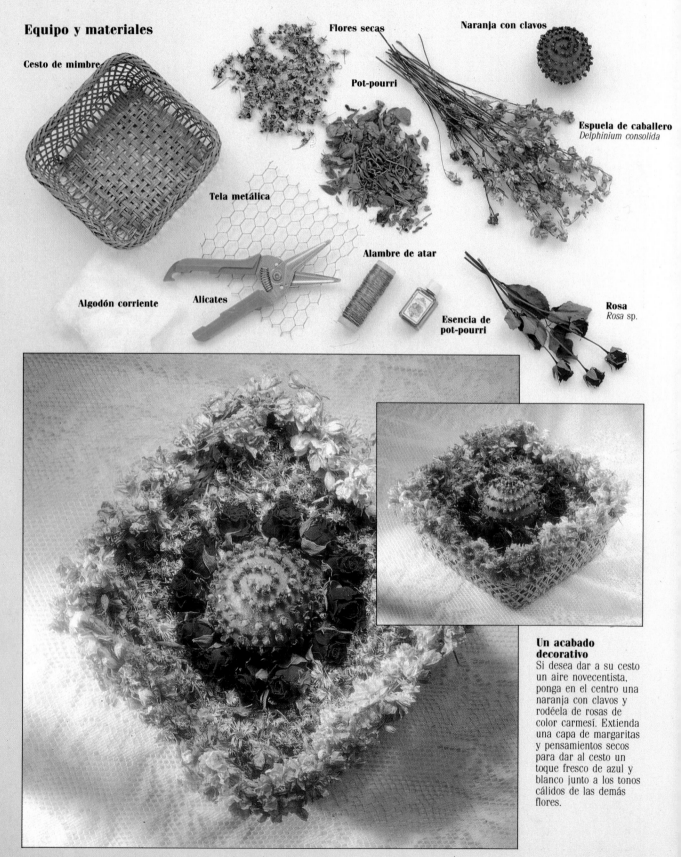

Cesto de mimbre

Flores secas

Naranja con clavos

Pot-pourri

Espuela de caballero
Delphinium consolida

Tela metálica

Alambre de atar

Algodón corriente

Alicates

Esencia de pot-pourri

Rosa
Rosa sp.

Un acabado decorativo
Si desea dar a su cesto un aire novecentista, ponga en el centro una naranja con clavos y rodéela de rosas de color carmesí. Extienda una capa de margaritas y pensamientos secos para dar al cesto un toque fresco de azul y blanco junto a los tonos cálidos de las demás flores.

Montaje del arreglo

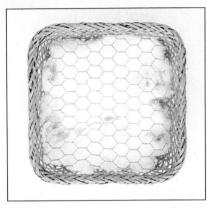

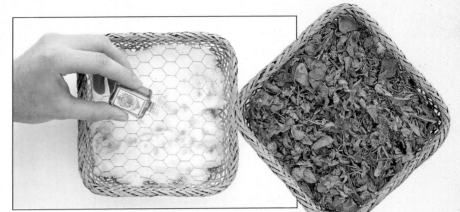

1 Ponga en el cesto una capa fina de algodón. Corte un trozo de tela metálica para que quepa en el cesto apoyando sobre el algodón. Así el pot-pourri se mantendrá seco y no se pondrá mohoso, al circular el aire por debajo.

2 Eche unas gotitas de esencia de pot-pourri comprada (quizá tenga usted su propia esencia destilada de flores frescas) para destacar las fragancias naturales. Llene el cesto hasta los dos tercios con un pot-pourri de pétalos de rosa, lavanda, geranios de olor, corteza de limón seca y raíz de lirio molida (ver p. 99).

3 Para hacer la guirnalda, tome tres ramitas de espuela y átelas con el alambre finito. Coloque los tallos de forma que las flores queden distribuidas a lo largo de la guirnalda y vaya enrollando el alambre sobre los tallos cuidando de no dañar las flores.

4 Siga haciendo la guirnalda hasta que tenga un largo suficiente para cubrir el borde del cesto. En lugar de espuela rosa puede poner espuela azul mezclada con flores de paja rojas o flores de xeranthemum.

5 Como la guirnalda es flexible, déle la forma del cesto y sujétela con alambre. En la página anterior verá cómo dar un acabado decorativo con flores secas azules y blancas y una naranja con clavos.

Naranja con clavos de olor

Tome una naranja —mejor amarga— y, si piensa colgarla luego, ponga cinta adhesiva para indicar dónde van a ir las cintas. Pinche los clavos todo alrededor de la naranja y pásela luego por la canela y raíz de lirio. Déjela en lugar oscuro y ventilado durante varias semanas.

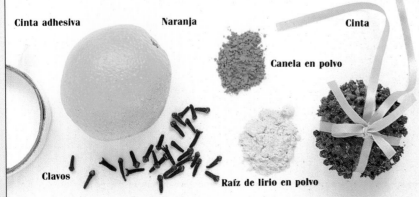

Cinta adhesiva   Naranja   Cinta

Canela en polvo

Clavos   Raíz de lirio en polvo

Pinchar los clavos *arriba*
Pinche los clavos de olor en la naranja dejando entre uno y otro el espacio de un clavo.

Coronas

Las coronas de flores y hojas secas tienen muchas aplicaciones. Se pueden colgar en una puerta, en una pared, o del techo, o sobre una mesa, como centro. Aquí he realizado una corona de textura rugosa con castañas marrones y hierbas de colores neutros, animadas con flores de tonos cálidos, amarillo, anaranjado y rojo.

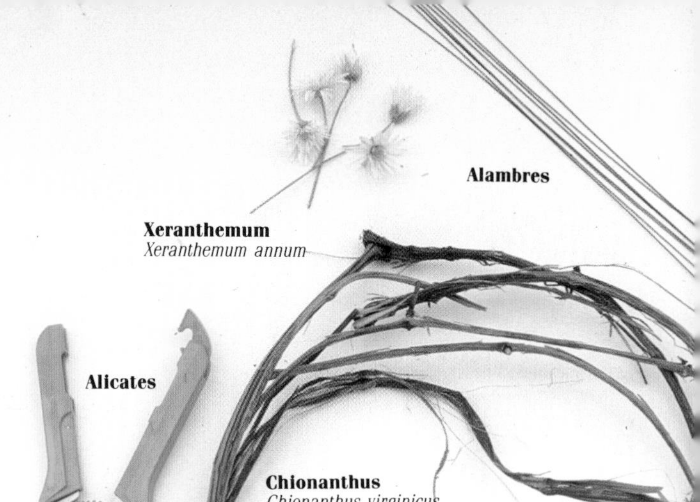

Equipo y materiales

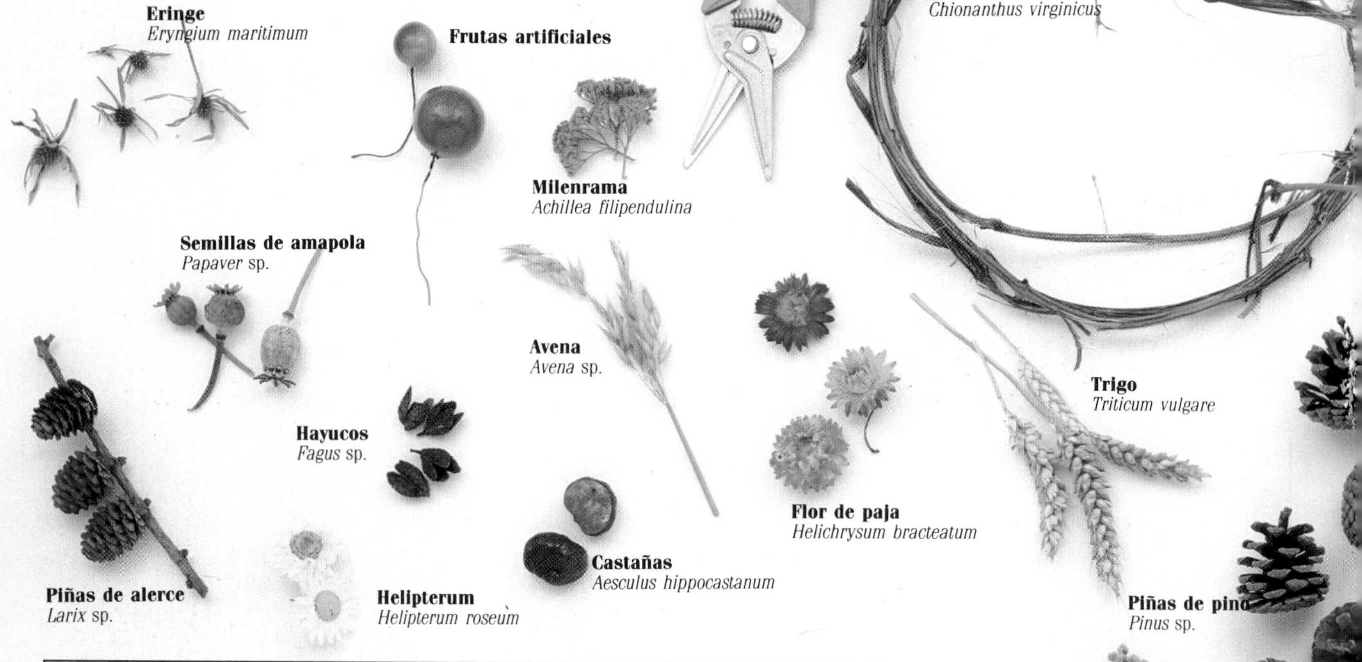

Xeranthemum
Xeranthemum annum

Alambres

Alicates

Chionanthus
Chionanthus virginicus

Eringe
Eryngium maritimum

Frutas artificiales

Milenrama
Achillea filipendulina

Semillas de amapola
Papaver sp.

Avena
Avena sp.

Trigo
Triticum vulgare

Hayucos
Fagus sp.

Flor de paja
Helichrysum bracteatum

Piñas de alerce
Larix sp.

Helipterum
Helipterum roseum

Castañas
Aesculus hippocastanum

Piñas de pino
Pinus sp.

Lonas
Lonas inordora

Otros tipos de coronas

La espuma de plástico es también una buena base para hacer coronas. Necesitará un bloque grande para darle forma. Una vez cortada, cubra la espuma de musgo y luego inserte las flores. En lugar de flores puede utilizarse hierbas secas y cereales para dar un color suave y una textura interesante; colóquelas de forma que las floren irradien siguiendo sus curvas naturales.

Corona de estilo rústico

La riqueza de textura y colorido de esta corona combina con el fondo de madera natural. Los radios de helipterum rosa *(Helipterum roseum)* están salpicados del rojo de los amarantos *(Amaranthus caudatus)* y de las siemprevivas *(Limonium latifolium)* teñidas de rosa. Las semillas rayadas de la Nigella *(Nigella damascena)* añaden textura a esta densa corona.

Montaje del arreglo

1 Haga la base circular de la corona con sarmientos viejos de chionanthus. Enrolle los tallos más gruesos juntos unas cuatro veces, formando círculo y luego enrolle sobre ellos los tallos más finos. También puede utilizar sarmientos de parra.

2 Tendrá que sujetar con alambres los hayucos, las castañas y las piñas además de las flores de paja. Para sujetar las piñas, pinche un alambre entre las escamas y enrolle el extremo más corto del alambre sobre el más largo.

3 Haga un borde de piñas de pino sobre la corona. Pinche las castañas metiendo el alambre en el centro por un agujero que habrá hecho previamente con una aguja gruesa (ver paso 2). Haga con el alambre lo mismo que para las piñas.

4 Añada unos grupos de castañas a la corona. Inserte las piñas de alerce sobre sus tallos, luego los hayucos con alambre, las semillas de amapola, la eringe, el trigo y la avena, para formar el cuerpo de la corona.

5 Añada el helipterum, la milenrama, las flores de paja amarillas, anaranjadas y rojas y luego las lonas donde haga falta llenar espacios.

6 Puede dejar la corona como está o, si desea hacer con ella un adorno navideño, le puede añadir unas frutas artificiales rojas y una cinta ancha del mismo color para atarla al llamador de la puerta.

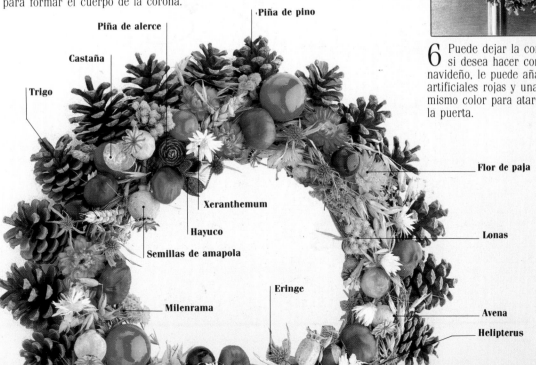

Piña de alerce

Piña de pino

Castaña

Trigo

Flor de paja

Xeranthemum

Hayuco

Lonas

Semillas de amapola

Milenrama

Eringe

Avena

Helipterus

Decoraciones

Las flores secas pueden usarse para decorar por ejemplo un árbol de Navidad. Las bolas de flores, las estrellas de paja y las piñas "nevadas" son adornos originales y una cadeneta de flores de paja, llenas de color, es una buena decoración para un árbol o una chimenea.

Bolas de flores

Alicates

Flores de paja
Helichrysum bracteatum

Alambres

1 Pase un alambre por el centro de la flor y dóblelo volviéndolo a pasar por la flor.

2 Sujete cinco flores y luego únalas formando una bola. Retuerza los alambres para fijarlos.

Estrellas de paja

Alicates

Helipterum
Helipterum roseum

Trigo
Triticum vulgare

Cinta

1 Corte los tallos del trigo entre los nudos para formar pajas de 10 cm. y quite la vaina exterior. Haga una incisión en una paja para meter otra por ella en perpendicular.

2 Siga haciéndolo hasta tener una estrella con tantas puntas como precise. Tome la cinta y pásela, enrollándola por arriba y por abajo de cada paja haciendo un disco en el centro.

Piñas nevadas

Piñas de pino
Pinus sp.

Jabón en polvo

Alambres

Cola de empapelar

1 Pase un alambre por las piñas como se indica en la página 109; vaya mojándolas en una solución de cola, sumergiéndolas hasta la mitad. Sáquelas y sacúdalas ligeramente.

2 Cuando la cola esté pegajosa, moje las piñas en jabón en polvo, procurando que queden bien blancas. Sacúdalas ligeramente y déjelas secar antes de colgarlas del árbol.

Cadeneta de flores secas

Perlé fino

Aguja de zurcir

Flores de paja
Helichrysum bracteatum

Corte un hilo del largo que desee. Enhebre la aguja y pásela por el centro de cada flor. Conforme las vaya ensartando, procure que todas le queden en el mismo sentido, porque se logra un mejor efecto.

·5·

GUIA HABITACION POR HABITACION

Macetas de plantas y flores se han usado para decorar habitaciones desde el siglo XVII, pero fue a principios del siglo XIX cuando se extendió por Europa una oleada de plantas nuevas. Fue entonces cuando llegaron las begonias de hoja, las buganvillas y una extensa gama de plantas tropicales. Quienes las podían conseguir, las cultivaban en sus casas y en viveros. Sin embargo, hasta hace poco no ha estado al alcance de cualquiera la enorme selección de plantas actual.

En las siguientes páginas aparecen las distintas habitaciones de la casa y se ve cómo pueden incorporarse activamente las plantas al esquema decorativo de una estancia, sin que sean unos meros añadidos. Cada habitación de la casa cumple una función distinta y su utilización práctica determinará el entorno o *microclima* que puede ofrecer a las plantas. También cada habitación tiene su ambiente y con las plantas éste se puede destacar.

La época de la casa y el estilo de la habitación condicionan la presentación de las plantas. Un interior tradicional requiere plantas que complementen el decorado y que, por ejemplo, combinen con la tapicería o con una colección de objetos. Un interior moderno pide plantas utilizadas de forma arquitectónica, como parte integrante del decorado.

Utilización de plantas y flores en una habitación

Estas dos euforbias *(Euphorbia tirucalli)* contrarrestan el volumen de la librería y, por su tamaño, combinan con ella. Les gustan las condiciones templadas de un salón y son de mantenimiento fácil siempre que no se rieguen en exceso. El jarrón de flores de la mesa forma parte de un adorno de mesa auxiliar.

Microclimas en la casa

A lo largo del libro he utilizado un sistema de microclimas para identificar los distintos ambientes que ofrece normalmente una casa. Cada planta descrita en la *Guía de plantas* lleva una referencia al microclima que indica sus niveles óptimos de temperatura y luz. Esa referencia no debe interpretarse con excesivo rigor: una cualidad importante de casi todas las plantas de interior es su tolerancia a una amplia gama de condiciones.

Los consejos sobre microclimas requieren cierta adaptación. Por ejemplo, las plantas cultivadas en el centro de una gran ciudad industrial reciben una menor cantidad de luz que las que se cultivan en el campo, por lo que a estas últimas les conviene sol filtrado mientras que a las de ciudad les hace falta sol directo. La duración del día varía con la latitud, y también la temperatura exterior.

El sol de invierno puede no perjudicar a las plantas en las latitudes septentrionales y una que necesite sol filtrado, puede necesitar sol directo en invierno, cuando éste es más flojo y los días más cortos.

A pocas plantas les perjudica una temperatura algo superior a la recomendada —siempre que se mantengan niveles más elevados de humedad y, quizá, de riego. Riegue menos las plantas si las cultiva en lugar más fresco del indicado en el microclima y tenga siempre presente que es preferible quedarse corto con el riego que pasarse.

Es difícil rebajar las temperaturas muy elevadas del verano sin aire acondicionado, que reseca el ambiente. Puede mitigarlo aumentando el nivel de humedad, regando y rociando con frecuencia, pero, en cualquier caso, no tenga las plantas cerca del acondicionador.

Cuando elija unas plantas para agruparlas en casa, no basta con considerar únicamente sus cualidades decorativas; para que el conjunto se conserve atractivo, es preciso que las plantas tengan unas exigencias parecidas. Una planta que necesite sol directo puede convivir felizmente con otra que precise sol filtrado, pero sería un disparate agrupar una planta tropical de semisombra con una de clima templado.

Microclima 1

Cálido, soleado

Una habitación *cálida* es la que tiene una temperatura de 15° a 21° —la amplitud preferida por muchas plantas de interior— pero todas las plantas toleran una temperatura ligeramente más alta o más baja durante un breve período. Un sistema de calefacción normal impide que la temperatura sea inferior a los 15°.

Una posición *soleada* es la que recibe sol directo durante parte del día. Una planta situada junto a una ventana orientada al sur está en posición soleada; la que esté junto a una ventana al este o al oeste recibe menos sol.

Las paredes blancas contribuyen a iluminar la habitación al reflejar la luz.

Cesto colgante con luz directa pero lejos del calor de la cocina.

Dos ventanales proporcionan mucho sol directo a plantas y flores.

El vapor de la cocción aumenta la humedad de la cocina.

El techo de madera absorbe el calor, evitando los cambios bruscos de temperatura.

El aire caliente asciende creando condiciones para plantas tropicales.

La pared de ladrillo absorbe la luz y retiene el calor.

Los ventanales proporcionan la luz que necesita esta habitación grande llena de plantas.

Microclima 2

Cálido, sol filtrado

Una habitación cálida es la que tiene una temperatura de 15° a 21° —la amplitud preferida por muchas plantas de interior— pero todas las plantas toleran una temperatura ligeramente más alta o más baja durante un breve período. Un sistema de calefacción normal impide que la temperatura sea inferior a 15°.

Una habitación que recibe *sol filtrado* puede estar orientada al sur, al este o al oeste (o sureste o suroeste) pero la luz del sol está tamizada por persianas o cortinas traslúcidas, un edificio alto, o un árbol por fuera.

Las plantas subtropicales crecen bien en estas condiciones.

Un visillo o cortina fina filtran el sol.

Los elementos blancos y un espejo grande reflejan la luz.

El vapor del baño proporciona una elevada humedad relativa.

Un árbol en el exterior tamiza el sol.

Una persiana veneciana filtra el sol directo en las zonas muy soleadas.

Un espejo en la pared refleja el sol y aumenta la luminosidad en la habitación.

Papiros crecen bien con el sol filtrado y la humedad del cuarto de baño.

Microclima 3

Cálido, semisombra

Una habitación cálida es la que tiene una temperatura de 15° a 21° —la amplitud preferida por muchas plantas de interior— pero todas las plantas toleran una temperatura ligeramente más alta o más baja durante un breve período. Un sistema de calefacción normal impide que la temperatura sea inferior a los 15°.

Una posición en *semisombra*, según nuestra definición, no recibe sol directo o filtrado, pero no queda en sombra (luz deficiente para el crecimiento de una planta sana). Las plantas que gustan de la semisombra pueden cultivarse lejos de la ventana en una habitación bien iluminada o junto a la ventana en una habitación sin mucha luz.

Las condiciones son ideales para esta costilla de Adán.

Luz filtrada por los árboles de fuera y por las cortinas.

En este rincón no hay luz suficiente para que crezca sana una planta.

El suelo oscuro absorbe la luz, reduciendo la iluminación de la habitación.

La cortina reduce la luz que entra por la ventana.

El cuerno de alce gusta de estar colgado lejos de la luz directa.

Los muebles absorben la luz del suelo y las paredes claras.

Una gran maceta recoge las gotas que escurren del riego.

Microclima 4

Fresco, soleado

Una habitación fresca es la que tiene una temperatura de 10° a 15°. Es la amplitud preferida por muchas plantas de zona templada, aunque también crecen otras de climas más cálidos —y las plantas de flor de interior suelen vivir más tiempo— a esos niveles de temperatura.

Una posición *soleada* es la que recibe sol directo durnte parte del día. Una planta situada junto a una ventana acristalada al sur está en posición soleada; la que está en una ventana al esteo o al oeste recibe menos sol.

Las grandes hojas de esta platanera requieren sol fuerte y directo, pero la planta tolera temperaturas de hasta 10°.

Un rellano fresco y ventilado, con techos altos, es el entorno ideal para plantas de porte grande.

Un rellano espacioso y abierto tiene una atmósfera abierta y fresca.

Los grandes ventanales sin visillos ni persianas proporcionan mucha luz.

Microclima 5

Fresco, sol filtrado

Una habitación cálida es la que tiene una temperatura de 10° a 15°. Es la amplitud preferida por muchas plantas de zona templada, aunque también crecen otras de climas más cálidos —y las plantas de flor de interior suelen vivir más tiempo— a esos niveles de temperatura.

Una habitación que recibe *sol filtrado* puede estar orientada al sur, al este o al oeste (o sureste o suroeste) pero la luz del sol está tamizada por persianas o cortinas traslúcidas, un edificio alto, o un árbol por fuera.

Una enredadera en el exterior impide que la pared blanca refleje una luz fuerte.

Los gruesos cortinajes pueden estar parcialmente corridos para mantener fresca la habitación.

Esta hiedra está protegida de la luz de la ventana por la masa de verdor.

las plantas aptas para estas condiciones incluyen la aralia.

Esta planta puede protegerse del sol directo con la persiana.

Las paredes blancas y la ropa de la cama contribuyen a refrescar el ambiente.

Las persianas enteras filtran la luz del sol.

El salón 1

Para la mayoría de las personas, el salón es el escaparate de la casa y la habitación donde se reciben visitas. Se llegan a gastar sumas considerables en muebles, tapicerías y decoración general. En términos generales, el salón puede ser tradicional o moderno, con elementos de un estilo adaptados y combinados con los de otro. Las plantas forman un fondo relajante, con sus colores frescos, y deben realzar el decorado de la sala sin dominarlo. Los salones suelen tener muebles grandes y las plantas serán de tamaño adecuado para contrarrestar: una o dos grandes suelen quedar mejor que un grupo de plantas pequeñas. Se pueden utilizar arreglos de flores cortadas o secas y plantas pequeñas en grupos para mesas auxiliares y estantes.

Sitúe sus plantas lejos de radiadores y chimeneas, en un lugar donde reciban la luz adecuada a sus necesidades específicas y donde pueda usted regarlas fácilmente. Es importante que las plantas no estén en medio del paso, para comodidad de las personas y protección de las plantas. Así, una vez haya decidido el tipo de planta y el tamaño, estudie su ubicación asegurándose de que planta y recipiente se integren en el decorado.

Formas lineales *abajo*
Un interior clásico moderno de sencillez oriental, compuesto por formas lineales —la mesa, los sofás y los cuadros— y colores matizados, sin dibujos. El punto focal de la habitación es el adorno de ramas secas sobre la mesa, contrarrestado por la figura y el bonsai. Las grandes drácenas *(Dracaena marginata)* dulcifican una habitación que, sin ellas, resultaría demasiado espartana.

Blanco y negro
La colocación de los muebles en este austero interior moderno, está determinada por la situación de la chimenea y las vistas de la terraza. Las plantas utilizadas dentro no resaltan mucho, pero unen los dos espacios con eficacia. Hay que destacar que el decorador pensó que este interior robusto se suavizaría con una tradescantia colgante *(Tradescantia* sp.). El arreglo floral en blanco armoniza con el esquema cromático del conjunto, realzando el blanco del suelo y de las paredes en una zona donde predomina el negro.

Dibujo y color
Esta habitación presenta un aspecto decorativo más suave con su profusión de tapicerías en las cortinas y en las faldas de la mesa. Los colores vivos y los dibujos marcados requieren plantas de porte grande que acompañen al decorado, sin dominarlo. Detrás del sofá hay un palmito *(Chamaerops humilis)* y en primer término asoma otra palmera *(Caryota mitis).* El centro lo ocupa una mesita baja con un grupo de libros y un jarrón que se repiten en la mesa del rincón y contrastan con las hojas curvadas de una preciosa orquídea *(Cymbidium* sp.) en flor.

El salón 2

Estilo rústico
En este salón de casa de campo, el efecto de conjunto es algo abarrotado, sin que destaque ningún rasgo dominante. Unas especies tropicales espectaculares quedarían fuera de lugar, pero las plantas templadas de hoja pequeña crean un efecto agradable, como el cuenco de pot-pourri y el nido de ave en primer término. El mobiliario de madera rústica, los grabados botánicos y los dibujos floreados armonizan con el ambiente apacible de esta decoración.

Contraste de color
izquierda
Comparada con la habitación de arriba, la impresión que produce ésta es de severidad, aunque todo el mobiliario sea, de hecho, muy decorativo. El fuerte contraste de color del negro, rojo y blanco queda fundido por la alfombra y realzado con el toque esplendoroso del jarrón de grandes amarilis *(Hippeastrum* sp.) que repiten el rojo del lienzo.

Matices *derecha*
Los cortinajes de esta habitación crean un efecto de luz suave, un ambiente tranquilo que no se ve perturbado por dibujos o colores marcados. El delicado verdor del bambú *(Arundinaria* sp.) está a tono con la paz general. Las flores cortadas y la pequeña planta de interior son elementos adicionales que sirven de puntos de interés secundarios.

Coordinación del tamaño, la forma y el color
derecha
Las grandes hojas de la esparmania *(Sparmannia africana)* concuerdan con el dibujo de la pared del fondo. La palma del paraíso del primer término *(Howea belmoreana)* recuerda a la planta del cuadro, mientras los colores suaves de la habitación se repiten en el ramo de flores cortadas.

Líneas horizontales *abajo*
Los focos del techo resaltan los colores de los muebles y de las telas, repetidos en las flores, plantas y objetos. Las líneas horizontales de los estores y del suelo unifican los distintos puntos de interés.

El salón 3

Para crear un espacio confortable y acogedor, hay que situar una o más zonas donde sentarse que atraigan al visitante a la habitación. Esas zonas estarán situadas en un rincón, en un extremo, en nichos, junto a un ventanal, en un entrante, pero siempre las plantas contribuirán a sacarles el mayor partido. Las plantas pueden realzar una tapicería, ya sea formando un contraste total, ya sea repitiendo los colores y dibujos de la tela. También la configuración y forma de las plantas pueden remarcar y suavizar esos ambientes —colgando graciosamente sobre un sofá o un sillón, complementando un cuadro, o constituyendo un buen fondo junto a un grupo de sillas de caña o mimbre.

Como elemento del techo *derecha*
Las vigas y soportes son un elemento decorativo de esta habitación y los focos se han situado ahí para destacar. Por eso dos plantas colgantes en lo alto refuerzan el efecto y ahorran espacio en la habitación.

El sofá junto al ventanal *arriba*
Una alta palmera *(Chrysalidocarpus lutescens)*, inclina sus delicados frondes sobre el sofá, haciendo más acogedor el rincón. La luz filtrada de la ventana destaca la silueta de la palmera. Las otras plantas son una camedorea *(Chamaedorea elegans)* y una cala *(Zantedeschia aethiopica)*.

Un sofá moderno
derecha
Este asiento de cojines tiene al fondo una ventana. El efecto de este salón moderno es limpio y perfilado, pero al mismo tiempo se suaviza con el arreglo floral de las hortensias blancas *(Hydrangea* sp.) de la izquierda.

Agrupación de plantas para un rincón

He querido componer aquí un arreglo de época para acompañar al sillón y a la cortina. Es un rincón de un salón decorado en tonos apagados, junto a una ventana orientada al este. Como la sala no se utiliza mucho, y por tanto tampoco se calienta, las plantas debían acomodarse al fresco. Cuando trate usted de crear un ambiente especial como en este caso, ayúdese de algunos accesorios.

El escenario y el estilo general
abajo y derecha
Es un rincón atractivo pero los tonos del decorado son apagados y monótonos, por lo que se precisa algo vivo y lleno de colorido para guiar la vista hacia el ventanal. Un arreglo de plantas o flores quedaría bien en la graciosa mesita auxiliar. Como la habitación no se usa mucho, un arreglo con plantas en maceta durará más que un ramo de flores cortadas. El adorno ha de ser grande, sin dominar el rincón. Para prolongar el estilo de época, he añadido unas muñecas antiguas y un pequeño reposapiés. El rojo de éste y del almohadón de terciopelo se encuentran repetidos en el ciclamen.

Montaje del arreglo
He utilizado una bandeja de plástico para colocar en ella las distintas plantas en sus tiestos, para poder regar cada una según sus necesidades. Planeé el arreglo en torno a dos ciclámenes *(Cyclamen persicum* híbridos), procurando que sobresalieran con el verde de la aralia *(Fatsia japonica)*. Luego añadí una cinta *(Chlorophytum comosum)* para dar interés a la configuración, y aligeré el efecto de conjunto con unos tallos colgantes de hiedra matizada *(Hedera helix* híbrida) que tapara el borde de la mesa. Por último, incluí, a capricho, un racimo de uvas que consiguió "levantar" el esquema verde/rojo/beis.

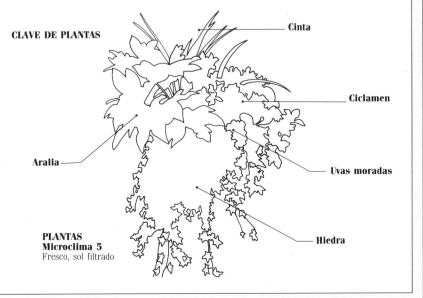

CLAVE DE PLANTAS

Cinta

Ciclamen

Uvas moradas

Aralia

Hiedra

**PLANTAS
Microclima 5**
Fresco, sol filtrado

El salón 4

Punto focal

A veces, las plantas se convierten en el elemento dominante de una habitación. Mientras los dibujos marcados y los colores vivos tienden a dominar la vegetación compitiendo visualmente con ella, los tejidos lisos, las paredes de color neutro y las líneas alargadas y bajas de los muebles modernos sirven para centrar la atención en las plantas o arreglos florales del interior.

Las grandes hojas *abajo*
Una planta de hojas pequeñas quedaría mezquina en este entorno, pero las grandes hojas del ficus *(Ficus lyrata)* resaltan convirtiéndose en el centro de la habitación. Una planta de porte grande atrae la atención desviándola del gran ventanal.

Un decorado pequeño *derecha*
Esta beaucarnea *(Beaucarnea recurvata)* es una planta dominante que se ha utilizado junto a una lámpara y una mesa para formar un grupo de interés. Los guijarros de la mesa y del suelo unen la planta con su entorno.

Tamaño grande *derecha*
La imponente banqueta está coronada por una palma del paraíso *(Howea belmoreana)* constituyendo un espléndido elemento central. Las graciosas líneas de la palmera se repiten con los dos espatifilos *(Spathiphyllum "Clevelandii")* de la consola y combinan con la puerta de madera y el friso, contribuyendo a evocar un pasado esplendoroso.

Mancha de color *izquierda*
Estos muebles oscuros, de estilo casi minimalista, son un marco limitado para un ramo de espuelas *(Dephinium consolida)* en un jarroncito de cristal. Así el ramo, sencillo y lleno de color, se convierte en punto focal.

Contraste de texturas *derecha*
El arreglo se basa en el contraste de tamaño, línea y textura. La geometría de las vigas oscuras es realzada por la suavidad de la hiedra *(Hedera helix* híbrida) y los graciosos paraguas del papiro *(Cyperus alternifolius).*

El salón 5

Ideas para sobremesa

En cualquier estilo de salón hay mesas auxiliares o mesas bajas que pueden convertirse en centros de interés secundarios. Las plantas y flores deberán armonizar con otros objetos, como adornos, libros o lámparas, que a su vez sugerirán la elección de una planta o un grupo de flores.

Cuestión de escala *derecha*
Una planta pequeña quedaría anulada en este interior estricto, pero el magnífico cóleo *(Coleus blumei)* tiene el suficiente volumen para atraer la atención. Las marcas rojas de las hojas recogen el color del sofá.

Tonos suaves *arriba*
Un cesto de flores y hierbas secas armoniza con los cálidos colores de los libros encuadernados en cuero y la madera pulida, aportando un toque veraniego a la librería.

Gracia de líneas *arriba*
La graciosa curva del cuello de este cisne decorativo se repite en las líneas de los tallos de los tulipanes y en la forma del jarrón central. Los colores suaves armonizan con el sofá.

Contraste de formas *arriba*
El cesto de lavanda seca y la agrupación de objetos redondos combinan con la lámpara oriental dominante, formando un conjunto agradable.

Elemento dominante
arriba
Las soleirolias *(Soleirolia soleirolii)* del cesto constituyen un elemento central dominante que requiere rodearse de objetos de adorno poco destacados que no desvíen la atención.

Imponer orden
izquierda
En esta mezcla ecléctica de muebles, el arreglo floral de la costilla de Adán *(Monstera deliciosa)* y los erémurus *(Eremurus* sp.) une los distintos elementos.

El salón 6

Estantes y repisas de chimenea están hechos
expresamente para poner en ellos cosas, pero las
plantas no resisten mucho tiempo: la falta de espacio
y de luz hacen que lo mejor sean los adornos florales
de flores cortadas o secas o, quizá, plantas anuales
de flor o bulbos.

Estantes con cactos
izquierda
Por sus formas sencillas
y compactas, los cactos
resultan de gran efecto
alineados en estantes.
Además, colocándolos en
un nicho —con una luz
cenital, un espejo detrás
y estantes de cristal— se
realza la importancia del
grupo. La luz cenital
tiene el efecto de
destacar los vistosos
pelillos y las
espectaculares espinas de
los cactos. El cristal, de
perfil, tiene un color
verde que refuerza el
impacto de las plantas
—pruebe un efecto
semejante con una
colección de plantas
colgantes de invernadero,
o de helechos,
asegurándose de que
dispongan de luz
suficiente.

Flores secas *arriba*
Cinco ramos de flores
secas subrayan este gran
espejo sobre la chimenea.
Forman parte de una
alineación de objetos y
adornos alrededor y sobre
la repisa. Cuando tenga
ramos de flores secas
durante un tiempo,
quíteles el polvo de
cuando en cuando.

Flores silvestres
derecha
Las flores silvestres son
agradables a la vista y,
por lo general, sus flores
tienen tonos más suaves
que las variedades de
jardín. Un adorno
excesivamente llamativo
ante este decorado gótico
habría resultado
chocante, pero dos grupos
de flores silvestres,
aireados, no distraen la
atención del delicado
dibujo de la pared. Bajo
esta repisa hay un
radiador que deberá
apagarse cuando haya
flores frescas arriba. Las
flores silvestres sobre
todo se marchitan
rápidamente si no están
en ambiente fresco
(cultive las suyas en
lugar de recogerlas en el
campo).

Decoraciones florales para la chimenea

Una chimenea francesa se convierte fácilmente en el punto focal de una habitación. Pero cuando no está encendida, una decoración sobre ella compensa el vacío del hogar.

El decorado *derecha*
Esta corona seca logra reflejar el estilo y los colores naturales de la chimenea y del resto del decorado —libros, patos de madera y sombrero de paja—. La corona está colocada a un lado y se equilibra con los objetos de la izquierda.

CLAVE DE PLANTAS

Sarmientos de parra

Helecho

Flor de paja

Avena

Molucela

Alquimila

Trigo   Gipsófila

Estátice amarillo

Decoración para una ocasión especial
derecha
Esta idea para una fiesta incluye flores frescas, por lo que no debe encenderse la chimenea. Las guirnaldas están hechas de hojas de magnolia pintadas *(Magnolia* sp.), de hierba de la Pampa *(Cortaderia* sp.) y de limones, sujetos con alambre a una base de tela metálica arrugada, rellena de musgo húmedo en el que se han pinchado crisantemos amarillos *(Chrysanthemum* sp.).

El salón 7

Las plantas y los cuadros

Los distintos estilos de pintura sugieren diferentes tipos de decorado; con las plantas y flores se puede recrear una naturaleza muerta con material fresco que repita los dibujos, texturas y colores de un cuadro. Cada composición puede ser un pequeño elemento del decorado o, en el caso de un cuadro grande, puede llegar a dominar la habitación.

Antiguo y moderno *arriba*
Unos lirios *(Lilium auratum)* y unas gerberas *(Gerbera jamesonii)* en un jarrón moderno forman un contraste lleno de humor con un bodegón tradicional.

Coordinación de texturas *arriba*
Hay una armonía de texturas entre el cuadro, los dibujos de la mesa y las hojas moteadas de la ligularia *(Ligularia* sp.).

Repetición de un color *arriba*
El color es el que da unidad a este ramo triangular de la repisa —el amarillo del sol del cuadro se repite en los lirios *(Lilium* híbrido).

Utilización de un color dominante *derecha*
El color da una vez más cohesión entre las flores del cuadro y las del jarrón. El amarillo intenso destaca aún más en un entorno monocromático.

El comedor 1

No es fácil describir los estilos más utilizados para la decoración de una habitación, ya que son muy numerosos y las líneas divisorias entre ellos no están claras.

Los estilos de comedor son tan variados como los de salones. Uno de los más frecuentes se basa en tapicerías inspiradas en prototipos de los siglos XVIII y XIX y en muebles sencillos. Las plantas de clima templado, las flores frescas y las secas, todas ellas van bien con este tipo algo rústico. A este estilo pertenece el colonial americano y el étnico ecléctico basado en importaciones de Extremo Oriente y la India. Otro estilo de decoración tiene su origen en la alta tecnología industrial, que apareció a finales de los años 1970. Tiene un aire utilitario pero las fábricas de muebles lo han adaptado para satisfacer el sofisticado mercado urbano. Las grandes plantas de aspecto arquitectónico de estos ambientes realzan su austeridad. Otro estilo de moda es más suave, lleno de colores pastel y con profusión de tapicerías, recordando los años 1920.

Estilo rústico *arriba*
Este comedor representa la esencia del estilo rústico con sus muebles, su suelo y su cortina de dibujo menudo. Los grandes cestos de flores insisten en el tono rústico y, con sus colores suaves, armonizan con los colores ricos y oscuros de los muebles antiguos.

Suavización de ángulos *derecha*
Las formas finas y angulares de la lámpara y las sillas de esta zona de comedor recuerdan los muebles funcionales de los años 1950. Su pureza se suaviza con las grandes hojas del aguacate *(Persea americana)*.

Sofisticación escueta *arriba*
La mesa de cristal aumenta el impacto del adorno floral al tiempo
que la forma de las sillas de comedor se repite en la curva de los
jarrones. Los tulipanes rojos *(Tulipa* sp.) contrastan
espectacularmente con los muebles negros.

La repisa de la chimenea *arriba*
Un toque suave, de época, con un ramo de gipsófila *(Gypsophila
paniculata)* domina la mesa barnizada, mientras unas hileras de
soleirolias *(Soleirolia soleiroleii)* recorre la repisa de la chimenea.

El comedor 2

Opulencia a escala reducida *derecha*
Este comedor en un ático, aunque pequeño, tiene un aspecto aristocrático. Las sillas tapizadas y los accesorios de plata de la mesa se complementan con dos crotones *(Codiaeum variegatum pictum)*. Los colores predominantes de la decoración —rojo y verde— se repiten en las hojas de la planta.

El espacio-comedor a gran escala *abajo*
Este área, espaciosa y original, queda dominada por una pasarela del piso superior. A un extremo de la mesa, una exuberante masa de filodendros *(Philodendron bipinnatifidum)* y de helechos está en consonancia con lo espectacular del decorado. Las plantas resultan igualmente atractivas vistas desde arriba.

Una lograda decoración con dos plantas *izquierda*
La espectacular palmera que domina el rincón de este comedor atrae inmediatamente la mirada. Pero la planta más pequeña, astutamente situada a nivel inferior, tiene el efecto de llevar la vista hacia la mesa que, después de todo, es el punto focal de la habitación.

Decorado temático
abajo
Para una ocasión especial, las flores cortadas y las plantas armonizan con la vajilla. Aquí unas flores blancas y amarillas repiten los colores de los mantelitos y los platos mientras una gran esparmania *(Sparmannia africana)* aporta frescor a la habitación.

El comedor 3

El punto focal de un comedor debe ser la mesa. Los centros florales deben armonizar con el estilo de ésta sin impedir las conversaciones a través suyo. Unas flores flotando en agua son un adorno atractivo, sobre todo si complementan los colores de la comida. Los demás adornos no distraerán la atención del centro.

Un elegante bodegón
izquierda
Una composición elegante y sencilla sobre una mesa auxiliar de comedor que no atrae excesivamente la atención. El conjunto se anima con los lirios *(Lirium regale)* en un jarrón estrecho.

Repetición de motivos florales
derecha
Incluso sin el centro de mesa, el decorado de este comedor evoca el ambiente del verano por sus colores vivos y su abundancia de verdor. Un papel pintado con motivos de hiedra, un mantel con flores y dos ficus llorones *(Ficus benjamina)* a cada lado de la chimenea, son el marco de un extraordinario centro de mesa de madreselvas *(Lonicera brownii)* y de hiedra *(Hedera helix híbrida)* en un cesto.

Coordinación de colores *derecha*
En ciertas situaciones, las flores artificiales son perfectamente válidas, como en la mesa. Siempre es oportuno recrear en pleno invierno las flores del verano. Aquí, los colores vivos contrastan con la mesa y muebles, en los que predomina el blanco. La combinación de naranja, blanco y morado de las flores y el verde de las hojas recoge exactamente los colores del motivo floral de la vajilla.

La cocina 1

Las cocinas pueden ser de dos tipos: un lugar de trabajo, o un lugar de estar. Por definición, las superficies de trabajo son prácticas y no se prestan a muchas decoraciones —hay que tener en cuenta además el peligro del vapor y del constante cambio de temperatura, poco propicio al cultivo—. Sin embargo, hay plantas que prefieren la humedad extra y el calor de la cocina. Unos ramos de flores secas, unos cuencos con calabazas, frutas y verduras, resultan muy atractivos, siempre que no estorben. Se pueden utilizar los bordes de las ventanas, pero protegiendo las plantas de las bajas temperaturas nocturnas si no hay doble cristal. Las plantas quedan bien en cestos colgados, pero sólo si se las puede regar con facilidad.

Ambiente de época *abajo*
Se ha creado un ambiente de época con los cacharros de cobre, las cucharas de madera y los cestos —todos ellos visualmente notables de por sí—. Sin embargo, el punto focal lo constituyen los tulipanes blancos *(Tulipa sp.).*

Colores primarios
izquierda
Los crisantemos cortados *(Chrysanthemum* híbrido) contrastan con las fresas, los limones, los pimientos y los tomates, completando el esquema de colores primarios de esta cocina moderna. La colocación de los elementos decorativos aprovecha la luz oculta.

Práctico y decorativo
izquierda
Es el típico conjunto decorativo que se espera en una cocina de campo. Las hierbas cuelgan para secar arriba de la ventana, y su presencia tiene un uso práctico y decorativo al mismo tiempo. El cuenco de frutas y el ciclamen *(Cyclamen persicum* híbrido) del alféizar contribuyen al ambiente acogedor y cálido de este lugar de trabajo.

Informal y casero
izquierda
Esta zona de desayuno cobra vida con un ramo desenfadado de flores, de hojas y de hierbas en un jarrón, y con un filodendro *(Philodendron scandens)* que adorna los estantes donde se apila una colección de cacharros americanos azules y blancos. A estas plantas les gusta un ambiente cálido y húmedo, ya que su hábitat es la selva tropical.

Motivos cuadrados
derecha
Una cocina "alta tecnología" que utiliza ingeniosamente una rejilla de cuadros para colgar utensilios ante el fregadero y repite el motivo en el soporte de unas plantas trepadoras ante la ventana. Las plantas se benefician de la luz natural sin estorbar al trabajo en la cocina. El motivo de cuadritos se repite nuevamente en las paredes y suelo, pero el estilo angular está matizado por la presencia de las plantas.

Utilización de un techo alto *derecha*
El techo de una cocina grande que no se llene demasiado de vapor es un lugar ideal para colgar y secar las flores de verano y las hierbas. Cuando los techos son altos, los ramos colgando hacen que la estancia parezca menos vacía, y no estorban al trabajo en la cocina. En esta casa de campo, los cestos, las persianas y la jaula de caña complementan la sencillez de los muebles de pino, completando el estilo.

La cocina 2

En una cocina compacta, es muy posible que no se deseen plantas que estorben en la zona de trabajo. Pero como es una pena no disfrutar del verde, se puede resolver el problema de forma práctica y segura, sin ocupar las superficies ni el paso por las plantas.

Exposición en una pared desnuda *derecha*

Igual que se cuelgan sartenes y utensilios en las paredes, se pueden colgar plantas. Un enrejado forrado de plástico sujeto a la pared es una estupenda base para fijar una selección de macetas pequeñas con hierbas aromáticas, al alcance del cocinero.

Decoración de la zona comedor *arriba*

Esta zona comedor dentro de la cocina se anima con una hiedra de Canarias (*Hedera canariensis* híbrida). El sencillo decorado blanco centra la atención en las hojas verdes.

Un rincón en la cocina *abajo*

Varias plantas de interior dan vida a esta cocina, sin ocupar espacio. El helecho (*Nephrolepsis exaltata* "Bostoniensis") está suspendido del techo por una cadena.

Decoración de un aparador

En una cocina rústica tradicional, el aparador exhibe una colección de platos y fuentes azules y blancos. Pero quizá el conjunto resulte un poco serio. Los estantes de un aparador suelen ser estrechos y se usan normalmente más para exhibir adornos que como estantes funcionales para cacharros de cocina. Por eso son un lugar ideal para las plantas, siempre que se observen las condiciones de iluminación y riego, cambiando las plantas cuando hiciera falta.

El escenario *abajo*
Las áreas de pared blanca detrás del aparador resultan demasiado austeras y requieren un "relleno". Pero si se introduce una colección de plantas al azar, se interrumpe el estilo sutil de la cocina.

CLAVE DE PLANTAS

PLANTAS   Capsicastro
Microclima 4
Fresco, soleado

Montaje del arreglo
He elegido, como solución, cinco plantas de la misma variedad, el capsicastro *(Solanum capsicastrum)*. Sus bayas anaranjadas ponen un contraste de color sin distraer la mirada, complementando la colección de platos.

Estilo general *arriba*
Dentro del estilo de cocina rústica de este interior, los capsicastros, con sus vistosas bayas y sus hojas pequeñas y bonitas, dan calor y suavidad a un ambiente que podría resultar demasiado serio.

Cuidado de las plantas *izquierda*
Esta plantita de invierno, que echa unas florecillas insignificantes anteriormente, dura hasta dos meses. En un interior fresco, aprecia cierto grado de humedad y agradece un rociado diario. Como en el aparador no dispone de luz directa, hay que llevarla a un lugar soleado unas horas al día.

El dormitorio

El dormitorio es una parte muy personal de la casa y en él caben las ideas más audaces en decoración. En la habitación de los invitados, es buen detalle poner un ramo de flores frescas o secas. Si hay poblemas de espacio, se puede colgar un adorno, como una corona o una guirnalda, o se puede usar un pedestal para situar una maceta en un rincón.

Equilibrar colores vivos
abajo
Este original dormitorio está decorado con colores vivos y dispone de una iluminación interesante. Una elegante combinación de tulipanes blancos artificiales en jarrones amarillos y una alta euforbia *(Euphorbia pseudocactus)* dan realce al conjunto.

Dormitorio modernista
derecha
Una planta grande en una bonita jardinera de cerámica, armoniza perfectamente con la colección de objetos modernistas y con el motivo floral del estor. Coloque pedestales como éste donde no estorben el paso.

Un ambiente romántico *izquierda*
Un dormitorio lleno de nostalgia se refleja en el espejo decorado con guirnaldas de flores secas. El cabecero de latón de la cama está adornado con cintas y ramilletes de rosas artificiales.

Sensación de amplitud *abajo*
Un magnífico ficus llorón *(Ficus benjamina)* ocupa un rincón soleado de este espacioso dormitorio. La planta es grande, pero está bien situada fuera del paso y da mayor sensación de amplitud y ligereza.

El dormitorio 2

Complemento de un cuadro
La cómoda es un sólido soporte para una cineraria *(Senecio cruentus* híbrida) que insiste sutilmente sobre el tema del cuadro ante el que se encuentra.

Un rincón-solana *arriba*
El sol que entra por la ventana del dormitorio ilumina una colección de plantas. Una gran fucsia *(Fuchsia* sp.) contribuye a dar ambiente de "solana".

Un lugar para las flores artificiales *izquierda*
Hay personas a las que no les gusta tener plantas o flores frescas en la habitación donde duermen. Se pueden sustituir por una decoración artificial e informal, como este encantador cesto repleto de miosotis artificiales. A los dormitorios de estilo de casa de campo les van bien los cestos pintados como recipientes de adornos florales.

Un dormitorio romántico *derecha*
Un jarrón de lilas *(Syringa* sp.) reflejado en el espejo perfuma con su suave aroma el dormitorio. Las lilas complementan los almohadones de encaje y el delicado papel rosa y blanco de la pared. Coloque siempre los jarrones en lugar seguro, donde no corran peligro de ser volcados cuando se vista o haga la cama. Utilice otras flores de olor y plantas de temporada.

Coordinación del esquema de color *derecha*
En un dormitorio de cuidada decoración de época, un jarrón alto con farolillos chinos secos *(Physalis franchetii* "Gigantea") sobre la repisa de la chimenea, convierte el hogar en centro de atracción. Los farolillos verdes y anaranjados combinan perfectamente con el esquema de color de los grandes dibujos del armario, tela y papel.

El cuarto de baño 1

El ambiente relajante de un cuarto de baño puede ser un buen marco para algunas de las plantas más llamativas; combinar los recipientes con el cuarto de baño asegura el éxito de la planta.

Si cuenta con buena luz, el cuarto de baño alcanza las condiciones de crecimiento ideales para numerosas plantas de interior. Son habitaciones cálidas y, dos o tres veces al día, el aire se satura de humedad. El nivel de humedad sigue alto un tiempo después de haber utilizado el baño, cuando se secan las toallas y las superficies mojadas. Aunque las ventanas tengan cristales esmerilados, no se pierde mucha luz; el sol directo se convierte en luz filtrada.

Una "selva" en un rincón *arriba*
En este cuarto de baño novecentista, un rincón vacío es un buen lugar para situar una costilla de Adán *(Monstera deliciosa)* que realza la bañera blanca antigua. A esta planta le gustan el calor y la humedad, por lo que es ideal para cuartos de baño.

El cuarto de baño oriental *izquierda*
Este ambiente tiene un marcado estilo japonés, con sus superficies blancas y negras, lisas. La fina filigrana de un papiro o paraguas *(Cyperus alternifolius)* que necesita humedad constante, destaca espléndidamente ante la ventana.

Un baño fragante *derecha*
Un elegante cuarto de baño con macetas de gardenias *(Gardenia sp.)* enmarcando la bañera. Su aroma dominará en la habitación y a ellas les beneficia el ambiente húmedo.

Un adorno temporal *abajo*
Aunque tendrá que cambiar una planta como este agapanto *(Agapanthus campanulatus)* cada tres semanas aproximadamente (al no haber luz natural), mientras, constituirá un bello adorno en el cuarto de baño.

Flores cortadas en el baño *izquierda*
El fresco esquema cromático del rosa, verde y blanco de este cuarto de baño se recoge en las flores cortadas junto a la ventana y en el borde de la bañera.

El baño reducido
derecha
Los espejos son estupendos para agrandar el tamaño de un baño. Las plantas verdes duplicarán su efecto. Las yucas *(Yucca elephantipes)* dan el toque definitivo.

El cuarto de baño 2

Aunque el espacio puede ser limitado en un baño, caben diferentes estilos de decoración vegetal. Aquí se da una sensación de abundancia con varias plantas pequeñas entre el jabón y el dentífrico; para un efecto más espectacular, se pueden usar sólo una o dos plantas.

Estantes *derecha*
A los helechos les van los ambientes húmedos de un baño. Ponga en los estantes varias macetas con un helecho nido de ave *(Asplenium nidus)*.

La sencillez campestre *arriba*
En este baño tradicional, de bonitas pinturas, la estantería se equilibra con unas plantas a cada lado de la bañera. La sensación de desnudez de la habitación pide una decoración con plantas.

Naturales y pintadas *izquierda*
Dos exquisitos tulipanes virdiflora *(Tulipa* sp.) en un jarrón ante una pared que prolonga el tema de las flores en este cuarto de baño.

Un baño lleno de flores *arriba*
El dibujo del visillo prosigue en las paredes con primaveras y rosas pintadas a mano. Unas flores frescas y unas macetas de plantas complementan el efecto.

Plantas aéreas para la ventana de un cuarto de baño

Las plantas aéreas resultan fascinantes en un cuarto de baño. La mayoría de las bromeliáceas proceden de regiones tropicales de las Américas, donde se agarran a rocas y árboles. Las raíces les sirven de mero soporte —las plantas sobreviven con la humedad del aire—; rocíelas regularmente con agua de lluvia o destilada.

Montaje del arreglo *derecha*
Una sola planta aérea no resulta fácil de situar, es preferible poner varias juntas. Una colección de caracolas, conchas y corales es el soporte decorativo de las plantas y da un aire submarino muy adecuado para el baño.

El decorado *abajo*
Este entrante de ventana, bien iluminado, con estantes de cristal, constituye el decorado ideal con plantas aéreas.

CLAVE DE LAS PLANTAS

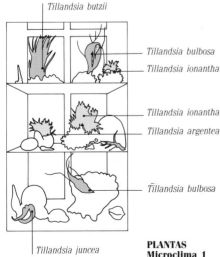

Tillandsia butzii

Tillandsia bulbosa
Tillandsia ionantha

Tillandsia ionantha
Tillandsia argentea

Tillandsia bulbosa

Tillandsia juncea

PLANTAS
Microclima 1
Cálido, soleado

Detalles del arreglo con plantas aéreas *arriba, izquierda y derecha*
Las plantas aéreas, montadas sobre madera, corcho o minerales, confieren una sensación mágica. Aquí las delicadas hojas verde grisáceas contrastan con las formas marcadas de las conchas y los corales. Los estantes de cristal dejan pasar la luz entre las plantas y reflejan el brillo nacarado de las conchas. Introduzca las plantas o átelas ligeramente a las conchas, o use un pegamento especial; con el tiempo es posible que se llegen a fijar al soporte con sus raíces.

Zaguanes y vestíbulos 1

El vestíbulo y el zaguán son las primeras zonas que se ven al entrar en una casa. Bien decorados, pueden resultar cálidos y acogedores, invitando a entrar al centro de la casa. Así pues, las primeras impresiones son importantes y sin embargo los zaguanes y vestíbulos suelen tener poca luz y temperaturas variables. Para ellos habrá que elegir las plantas de interior más tolerantes. La aspidistra *(Aspidistra* *elatior)* y la sanseviera *(Sansevieria trifasciata)* son una buena elección. Las flores y hojas secas son muy indicadas para zaguanes y vestíbulos con problemas de luminosidad. Las personas pasan por esas habitaciones de pie, por lo que deben usarse plantas de tamaño adecuado y evitarse plantas colgantes en lugares inoportunos. Si se rozan al pasar, terminarán por estropearse.

Decoraciones para un zaguán grande *arriba*
El ladrillo de estos muros se suaviza con una masa de hojas de haya secas *(Fagus sylvatica)* cuyos tonos cálidos armonizan con los del ladrillo. Dos yucas *(Yucca elephantipes)* se yerguen a ambos lados de la puerta, y un cacharro con calabazas acorta la extensión de la mesa desnuda.

Enmarcar una puerta *izquierda*
Dos robustas yucas enmarcan la puerta que da a la solana del fondo. Las hojas verde claro son una invitadora transición entre ambas habitaciones.

Un impresionante punto focal *derecha*
Un magnífico cuerno de alce *(Platycerium bifurcatum)* domina el centro del zaguán. Una gran maceta, debajo, recoge las gotas del riego y evita que la gente se acerque peligrosamente a la planta.

Zaguanes y vestíbulos 2

Si tiene usted un zaguán o un vestíbulo grande, dispondrá de mayores oportunidades para lograr un buen efecto con sus plantas y arreglos florales. Sin embargo, incluso en una entrada que sea poco más que un pasillito, puede usar varios elementos para que los arreglos no pasen desapercibidos.

Si el espacio es un verdadera problema, haga un colgante con tela metálica y adórnelo con flores secas. Las coronas también son bonitas, sobre todo en Navidad.

Utilización de un espejo
arriba
Un espejo grande detrás de la mesa consola duplica el efecto de las plantas —una drácena *(Dracaena marginata)* y un reluciente ciso *(Cisus rhombifolia)*—. También agranda el tamaño del vestíbulo y refleja la luz.

Utilización de un estante
derecha
Un bonito estante de mármol sujeto a la pared es una superficie perfecta para un arreglo floral de rosas y hierbas secas. Dos jarrones menores con más rosas, a cada lado del jarrón de cristal central, dan volumen al adorno.

Un ramo grande
izquierda
Como el zaguán suele ser más fresco que el salón, es buen lugar para un adorno de flores cortadas, que durarán más tiempo. Aquí se ha hecho un gran ramo informal de lirios *(Hemerocallis* sp.) y de hinojo *(Foeniculum* sp.) para rellenar una pared desnuda en un zaguán de campo. Las flores, sobre un precioso mueble negro, decorado, repiten los colores de la tapicería, dando una sensación confortable y acogedora.

Arreglo floral de invierno para una entrada

En un rincón bastante apagado, ante una puerta de pino que da a un trastero poco utilizado, he situado un arreglo floral de invierno con flores cortadas rojas y amarillas, con bayas, brotes tempranos y hojas perennes para suavizar el efecto. He usado un cuenco de plástico y un bloque de espuma 15 centímetros más alto que el recipiente.

El decorado *arriba*
Este rincón del vestíbulo tiene buena luz lateral y fácil acceso al agua para rellenarlo. El pino color miel es un fondo agradable para el adorno, cuya configuración triangular suaviza las líneas verticales de la zona. Como el pie está ligeramente vuelto hacia un lado, se da mayor énfasis a la fuente de luz.

Montaje del arreglo

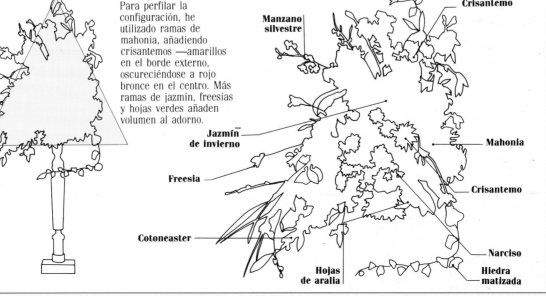

Composición triangular
Para perfilar la configuración, he utilizado ramas de mahonia, añadiendo crisantemos —amarillos en el borde externo, oscureciéndose a rojo bronce en el centro. Más ramas de jazmín, freesias y hojas verdes añaden volumen al adorno.

CLAVE DE LAS FLORES

Crisantemo

Manzano silvestre

Mahonia

Jazmín de invierno

Freesia

Crisantemo

Cotoneaster

Narciso

Hojas de aralia

Hiedra matizada

Escaleras y rellanos

La escalera quizá no parezca un lugar muy indicado para exhibir plantas, pero, siguiendo los principios indicados para zaguanes y vestíbulos, los resultados pueden ser gratificantes. Escaleras y rellanos pueden ser fríos, llenos de corrientes de aire, por lo que deben elegirse las plantas más resistentes.

Las escaleras deben tener el paso libre, pero en un rellano puede haber sitio para una planta de porte grande o varias pequeñas. Si la escalera gira en torno a un hueco con cierta luz, es buena idea poner una trepadora grande en ese hueco para rellenarlo. Los alféizares de los rellanos y las claraboyas arriba de la escalera son por su luz, buenos para las plantas. De los bordes de una claraboya se pueden colgar cestos con plantas de cuidado fácil, como tradescantias *(Tradescantia* sp.), cintas *(Chlorophytum* sp.) y plectrantos *(Plectranthus australis).* Las plantas no tardarán en formar una impresionante cascada de varios metros.

Un rellano importante
izquierda
El rellano a mitad de la escalera está bien iluminado y es lo bastante amplio para permitir un despliegue de plantas. Los muebles, cuadros y adornos son de una misma época y los dos jarrones con plumeros de hierba de las Pampas *(Cortaderia* sp.) remarcan el sabor victoriano, como las plantas verdes en la parte inferior de la ventana.

Plantas de porte grande para un rellano *derecha*
Este magnífico rellano de época, amplio y lleno de sol, es un marco adecuado para las enormes hojas de una platanera *(Musa* sp.). El ventanal permite la utilización de plantas grandes y el contraluz destacando las distintas formas de las hojas crea un efecto impresionante.

Utilización de una claraboya
Las plantas suspendidas dominan este pequeño rellano eduardiano, que recibe luz cenital de una gran claraboya. La composición de plantas verdes, que incluyen cintas *(Chlorophytum* sp.) y helechos *(Nephrolepsis* sp.) se refleja en un espejo de pared, aumentando el efecto de profusión, acorde con el estilo recargado de la época.

Una cascada de verdor
Esta escalera de piedra, fresca y amplia, está llena de plantas colgantes pero conserva una sensación de espacio abierto. Un magnífico helecho *(Nephrolepsis cordifolia)* domina al pie de la escalera, mientras las ramas colgantes de los cisos *(Cissus rhombifolia)* del piso superior destacan a contraluz.

Flores en un rellano
Un apacible rincón de la escalera cobra vida con un ramo informal de flores de jardín, iluminado lateralmente por la ventana. Las flores equilibran el cuadro, manteniendo los tonos neutros del resto del interior.

Galerías y solanas 1

Tradicionalmente, la solana era el lugar donde se exhibían las plantas, quizá cultivadas en un invernadero a donde regresaban en cuanto empezaban a marchitarse. Las solanas actuales son un lugar de descanso, donde también se puede disfrutar de las plantas. Algunos fanáticos las transforman en auténticas selvas, donde domina el verdor, pero unas pocas plantas, bien elegidas, pueden resultar igual de efectivas.

Las habitaciones de este tipo cuentan con luz, aireación, humedad y espacio para el cultivo de las plantas. Con un cuidadoso riego en invierno, se pueden cultivar muchas plantas en una habitación a tan sólo 10°. A veces se requieren persianas para cortar el exceso de sol en verano.

Plantas en la zona comedor *derecha*
Esta prolongación en forma de invernadero da sensación de altura y espacio. Esa sensación se ha mantenido con unas cuantas plantas que la ocupan y suavizan sus líneas arquitectónicas. La mayoría se han situado en estantes a media altura en los laterales de la habitación. Un gran ficus *(Ficus elástica)* se alza en un rincón. En la solana se pueden dejar crecer plantas de hojas y porte grande como ésta, ocupando todo el lugar que gusten.

Una solana cálida *abajo*
Esta habitación espectacular requiere una buena temperatura en invierno para mantener plantas tropicales como éstas. Las ventanas deben ser de dobles cristales para evitar las pérdidas de calor. Las grandes plantas están en macetas, cestos y jardineras de ladrillo. La plataforma colgante que proporciona espacio extra para una "isla de verdor" es un elemento original y práctico, que puede bajarse para regar y arreglar las plantas.

Una galería elegante *abajo*
Esta galería, con el personal dibujo
de sus cristaleras, encierra una
selección de plantas de flor, además
de un limonero. Las notas de color
las ponen una flor de Pascua
(Euphorbia pulcherrima) y un cacto
de Navidad *(Schlumbergera sp.).*

Una solana llena de plantas
arriba
Aquí el salón se prolonga, por una
puerta corredera de cristal, hasta la
solana. Las plantas grandes incluyen
una difenbaquia *(Dieffenbachia* sp.) y
una trepadora *(Tetrastigma
voinieranum).*

Galerías y solanas 2

El alféizar de la solana
izquierda
El alféizar está inundado de luz todo el día, y se han utilizado cuatro abanicos de forma muy decorativa para dar sombra al ciclamen *(Cyclamen persicum* híbrido) y una clivia *(Clivia miniata)*. Los pequeños cactus *(Mammillaria* sp.) son felices a pleno sol.

Las alacenas de la galería
arriba
Una idea para que luzcan mejor los miramelindos *(Impatiens* sp.) es combinarlos con una colección de cristal o de porcelana, como estos jarroncitos de colores.

Variedad en una solana rústica *abajo*
Al menos diez variedades de plantas decoran esta solana. El verde de sus hojas contrasta vivamente con el color melocotón de las paredes. Un ramo de flores secas cuelga cabeza abajo por encima de la profusión de verdor.

Decoración de un rincón
derecha
Sobre la mesa hay unos lirios *(Lilium* híbridos), espatifilos *(Spathyphyllum* "Clevelandii"), una hiedra *(Hedera helix* híbrida). Al lado un jarrón de piedra con ajos silvestres *(Allium giganteum)* y un cesto de crisantemos *(Chrysanthemum morifolium* híbridos).

Un lugar para las hierbas *izquierda*
En una galería llena de luz se pueden cultivar hierbas aromáticas en macetas. Hay una atractiva variedad de color en este estudiado arreglo de hinojo *(Foeniculum vulgare),* cebollino *(Allium schoenoprasum),* matricaria *(Chrysanthemum parthenium),* perejil *(Petroselinum crispum)* y alquimila *(Alchemilla vulgaris).*

Un oasis de verdor *derecha*
Piense en el aspecto que tiene su mirador o galería desde dentro de casa. Este, visto a través de un arco, tiene una cortina de verdor que constituye una encantadora transición desde el interior.

·6·

GUIA DE PLANTAS

La primera función de la *Guía de plantas* es ofrecer un catálogo de las distintas formas vegetales que pueden utilizarse dentro de casa. Unas secciones están dedicadas a las flores y hojas cortadas y a toda clase de plantas secas, y además se incluyen cerca de 150 de las plantas de interior más populares. Las fotografías a todo color proporcionan una guía visual al tiempo que se dan consejos sobre la forma de presentar la planta. Por otra parte, se ofrecen unos símbolos sencillos que informan sobre los cuidados de cada planta.

En el caso de las plantas de interior, los símbolos indican la luz, temperatura, riego y humedad preferidos por cada planta, además de la dificultad de su cultivo. Se sigue una clasificación según la forma básica de cada planta —un factor primordial para determinar su utilización decorativa en la casa— y se informa sobre las dimensiones probables del ejemplar maduro. Se ofrece una lista de plantas de forma semejante y del mismo género cuando proceda, y se describe brevemente cada una. La cantidad de luz y calor que requiere cada planta se indica en término de *microclima:* sistema que permite ver de una ojeada qué plantas son compatibles. Así se puede determinar por ejemplo, qué plantas de porte erguido irían bien en una exposición cálida y soleada, o en una cálida y en semisombra —permitiendo una fácil elección entre diferentes plantas adecuadas para un ambiente.

Elección de plantas y flores
Las plantas presentan tan gran variedad de formas, tamaños y colores, y dependiendo de su origen, de exigencias, que para poder elegir las más adecuadas a su casa, debe usted conocer tanto sus cualidades decorativas como sus necesidades de cultivo.

Cómo utilizar la Guía de Plantas

Para mayor facilidad, la *Guía de plantas* se halla dividida en tres grandes grupos: uno para las planta de interior, otro para las flores cortadas y otro para las flores secas.

La *Guía de plantas de interior* contiene cerca de 150 fotografías en color de las plantas más frecuentes: a cada una de ellas se dedica un apartado de explicaciones. La mayoría de los apartados se distribuyen en ocho categorías de porte: plantas erguidas, en arco, lloronas, en roseta, arbustivas, trepadoras, colgantes y rastreras. Naturalmente, las plantas alteran su forma al crecer y estas categorías son meras generalizaciones. Cada categoría está subdividida según su forma y tamaño de las hojas: las plantas de hoja grande son aquellas con hojas de más de 15 centímetros de largo; las de hoja pequeña, las de menos de 15 centímetros; las de hoja compuesta tienen ésta dividida en dos o más folíolos. Hay unas secciones aparte en la guía para los bulbos de flor y para cactos y plantas grasas, catalogados según la categoría de su forma. Al final de la sección de plantas de interior se encuentra una guía en color para elegir las plantas de flor, que recorre el espectro del blanco al violeta, además de una guía de estaciones, en forma de esquema, para indicar la temporada de floración o fructificación.

Dentro de la *Guía de flores cortadas*, los apartados de las flores se distribuyen según su temporada y los del follaje según su color. En cada apartado se describe la utilización y preparación del material y, de los 100 artículos, 85 llevan fotografías en color.

La *Guía de flores secas* se divide en: flores, clasificadas según su color, y otros materiales secos, clasificados según su tipo. Se han fotografiado un total de 65 especies y cada una lleva un artículo con consejos de utilización y método de secado.

En las tres guías, los símbolos brindan una información adicional.

PAGINAS DE EJEMPLO

Guía de las plantas de interior

Las plantas están clasificadas según su esquema de crecimiento y las características de sus hojas. Una introducción a cada grupo explica las características de las plantas incluidas. Cada planta lleva una fotografía en color. Se ofrece una clave de los símbolos utilizados en la guía (el ejemplo se refiere a las páginas 176-177).

El nombre común en mayúsculas. El nombre científico (género y especie) en cursiva, seguido del término híbrido o del nombre del cultivador, cuando proceda.

Los símbolos de cuidados de las plantas resumen visualmente las necesidades de cada planta: temperatura, luz, humedad, riego y facilidad de cultivo.

Descripción general de cada planta, mencionando sus principales cualidades decorativas y su utilización.

El tamaño indica las dimensiones máximas de la planta y la forma en que se encuentra en el mercado.

El microclima le permite conocer rápidamente cuáles son las plantas compatibles que pueden formar grupo.

Abono: Aconseja cuáles son los abonos más indicados y cómo utilizarlos.

Observaciones (donde proceda) para mantener sana a la planta.

Maceta: Consejos sobre el cambio de maceta, la forma de realizarlo y la clase de tierra adecuada.

Especies de forma parecida (donde proceda) del mismo género y descripción de cómo diferenciarlas de la planta mencionada.

Utilización de los símbolos

Guía de las plantas de interior

Temperatura

🌡 *Fresca, con reposo invernal* Las plantas deben permanecer entre 10° a 15° de primavera a otoño, y de 7° a 10° en invierno.

🌡 *Fresca* Las plantas de clima fresco deben mantenerse todo el año a temperatura de 10° a 15°, si es posible.

🌡 *Cálida* Las plantas de clima cálido deben mantenerse a temperaturas entre 15° y 21° todo el año, aunque soportan más y menos grados durante períodos razonables.

Luz

☼ *Soleado* La posición soleada es aquella que se encuentra junto a una ventana orientada al sur, este u oeste, recibiendo sol directo.

☀ *Sol filtrado* Es sol indirecto, que pasa por un visillo traslúcido o persiana, o árbol situado en el exterior.

✹ *Semisombra* La semisombra se encuentra junto a una ventana orientada al norte, o a un lado de una ventana orientada al sur, este u oeste, y que no recibe sol directo.

Humedad

▦ *Humedad baja* El aire que rodea a la planta debe de tener un 30 ó 40 por 100 de humedad; pocas toleran la humedad escasa.

▦ *Humedad moderada* El aire que rodea a la planta debe de tener un 60 por 100 de humedad.

▦ *Humedad alta* El aire que rodea a la planta debe de tener un 80 por 100 de humedad.

Riego

💧 *Riego escaso* Significa humedecer apenas toda la tierra, dejándola secar del todo entre riego y riego.

💧💧 *Riego moderado* Significa mojar la tierra, pero dejar que se sequen unos 2 centímetros de profundidad antes de volver a regar.

Guía de las flores cortadas

Las flores cortadas y bayas se clasifican según su temporada, y las hojas según su color. Una introducción a cada sección describe la variedad de material disponible. Se ofrece una clave de los símbolos utilizados en la guía.

Guía de las flores secas

Los elementos secos se clasifican según su color o tipo. Una introducción a cada sección describe la variedad de material disponible y sugiere la forma de utilizarlo. Ejemplos con fotografías en color. Se ofrece una clave de los símbolos utilizados.

Nombre común en mayúsculas.
Nombre científico (género y especie) en cursiva seguido del término híbrido o del nombre del cultivador cuando proceda.

Los símbolos indican si la flor es fragante, duradera, si tiene hojas utilizables o si se puede secar.

Descripción de la utilización de las flores/hojas y de la forma de combinarlas.

Colores (sólo para flores).

Consejos sobre preparación y acondicionamiento de flores/hojas.

ANEMONA
Anemone coronaria

Estas delicadas plantas se presentan en gran variedad de formas y tamaños, aunque las de la fotografía son las más familiares. Sus frágiles flores están constituidas no por pétalos sino por sépalos (suelen ser verdes y son las estructuras parecidas a hojas que rodean la flor) que tienen forma de copa en torno a un disco central de color azul intenso. En el jardín las anémonas aparecen en primavera, verano y otoño, según la especie, pero en las floristerías se encuentran todo el año. Pueden combinarse con otras flores pero quedan mejor agrupadas en un jarrón de cristal. Póngalas muy prietas ya que sus tallos tienden a curvarse y el ramo puede parecer desordenado.

Colores Rojo, azul, malva, rosa, blanco, amarillo, magenta y escarlata. Muchas presentan un disco central bordeado de otro color.

Preparación Corte los tallos sesgados y haga una incisión de 5 centímetros con un cuchillo afilado. Moje las puntas en agua hirviendo unos segundos. Antes de hacer el arreglo déjelos un buen rato en agua fresca.

Nombre común en mayúsculas. Nombre científico (género y especie) en cursiva seguido del término híbrido o del nombre del cultivador cuando proceda.

Consejos sobre usos decorativos y detalles sobre otros colores disponibles.

Los símbolos indican la forma más adecuada de secado.

CELOSIA
Celosia argentea
"Cristata"

Las flores moradas o rosas recuerdan al musgo y constituyen un espectacular punto focal en una composición grande.

[🌊] *Riego abundante* Significa mantener húmeda la tierra, sin que llegue a secarse ni siquiera la superficie.

Cuidados

[✎] *Fácil* Las plantas de cuidado "fácil" crecen bien con un mínimo de atención.

[✎] *Bastante fácil* Las plantas de esta categoría requieren los cuidados básicos más una atención suplementaria a sus necesidades de crecimiento particulares.

[✎] *Complicado* A estas plantas habrá que atenderlas según sus necesidades específicas para que crezcan.

Guía de las flores cortadas

[❋] *Larga duración* Son las plantas y hojas que permanecen atractivas mucho tiempo después de cortadas.

[✂] *Hojas utilizables* Las flores cuyas hojas sirven para aprovecharlas en cualquier ramo, con o sin las flores correspondientes.

[🔖] *Fragante* Flores con aroma agradable.

[🔖] *Válido para secado* Flores o cabezas de semillas u hojas que pueden secarse para arreglos florales secos.

Guía de las flores secas

[⌇] *Secado al aire* Los elementos vegetales se secan naturalmente, sin productos químicos, lo que significa colgarlos boca abajo en ramitos.

[▣] *Glicerina* Este método consiste en poner las hojas, en tallo o enteras, en una solución de glicerina que, una vez absorbida por las células de las plantas, las conserva.

[▲] *Sílice-bórax* Se utilizan secantes que absorben la humedad del vegetal, conservándole su aspecto.

[▤] *Prensado* Es un método mecánico que conserva las hojas y flores por compresión, aunque éstas no mantienen su forma original.

Plantas erguidas 1

S on plantas con hábito de crecimiento netamente vertical. Varían de tamaño desde los crotones arborescentes y los ficus planta del caucho hasta especies relativamente bajas como las pileas y las calateas. Algunas de las plantas de porte alto de esta categoría, como la yuca, tienen un tronco central desnudo con sólo hojas en la parte superior. Otros, como la araucaria y la dicigoteca, tienen un tronco central alto con las ramas dispuestas a intervalos. No todas las plantas erguidas tienen troncos y hojas. La sanseviera carece de tallo, sus hojas crecen directamente de la tierra. Muchas plantas erguidas que crecerían demasiado para mantenerlas en interior, se despuntan suprimiendo la yema terminal del tronco principal para que crezcan las ramas laterales, dándole forma de arbusto redondeado, buen

ejemplo es la planta del caucho. La forma de la hoja difiere enormemente y su tamaño varía de menos de 15 centímetros a más de 60 centímetros. El color de la hoja también está representado: desde el verde y crema de la difenbaquia hasta las líneas rojas del crotón. Existen plantas erguidas de flores muy bellas, como la espectacular ave del paraíso y la delicada del abutilon. Dentro de esta gama de formas y tamaños se pueden encontrar plantas para situaciones muy diversas: ejemplares imponentes como la araucaria, que luce mejor sola; plantas de tamaño más modesto que contrastan bien con plantas de porte bajo rastreras o colgantes, y hojas aceradas que combinan bien con las formas redondeadas de algunos cactos.

PLANTAS ERGUIDAS DE HOJA PEQUEÑA

NARANJO ENANO
Citrus mitis

Estos arbolitos ornamentales tienen flores muy aromáticas —azahar—, frutos verdes y frutos maduros naranjas al mismo tiempo. Las naranjas que producen son pequeñas y amargas pero excelentes para mermelada. Las plantas fructifican muy jóvenes y quedan mejor aisladas o en grupos estudiados.

Microclima 4 Fresco, soleado.
Tamaño Los naranjos enanos tardan varios años en alcanzar una altura máxima de 1,2 metros, con envergadura similar. Se venden ejemplares pequeños ya con frutos.
Abono Abone cada dos semanas con fertilizante usado para tomateras, excepto en invierno.
Maceta Cámbiela en primavera usando tierra de mantillo, sólo cuando las raíces hayan llenado por completo la maceta anterior. Si no desea cambiar de maceta una planta ya crecida, sustituya la tierra superficial.
Observaciones Destruya las cochinillas que pueda encontrar. Riegue con menos frecuencia en invierno.

Especies de forma parecida
El *Citrus limon* produce limones de hasta 7 centímetros de diámetro.
El *Citrus sinensis* es la única especie que produce naranjas dulces. Los tallos tienen espinas.

PILEA O MADREPERLA
Pilea cadierei

Las marcas plateadas en relieve dan a las hojas de esta bonita planta un aspecto acolchado. Ese efecto se debe a unas bolsas de aire bajo la superficie de la hoja. Agrúpelas con otras plantas de hojas matizadas o junte varios ejemplares enanos en un cuenco llano o en un jardín de botella o en un terrario.

Microclima 2 Cálido, sol filtrado.
Tamaño Las madreperlas alcanzan una altura de unos 30 centímetros en un año. Existen variedades enanas, que alcanzan un máximo de 15 centímetros.
Abono Añada abono líquido normal cada dos semanas en primavera y verano.
Maceta Cambie de maceta todas las primaveras, usando una mezcla de dos tercios de tierra de turba y un tercio de arena gruesa o perlite. Cuando las macetas sean ya de 7 centímetros, sustituya la capa superficial de tierra.

Especies de forma parecida
Pilea spruceana tiene hojas triangulares, acolchadas, de color verde bronce, con una raya plateada a lo largo.

ABUTILON
Abutilon hybridum ''Canary Bird''

Los abutilones son plantas leñosas, muy bonitas, que se pueden guiar de jóvenes. Tienen hojas parecidas a las del arce y de las axilas nacen las flores en forma de campanillas. Las de los híbridos son rojas, rosas, amarillas o blancas. Los abutilones duran mucho, por lo que son buenos como plantas de interior, sobre todo ante una ventana.

Microclima 1 Cálido, soleado.
Tamaño Los abutilones pueden alcanzar una altura y envergadura de 1 metro en tres años. Despunte las yemas terminales para mantener su porte arbustivo.
Abono Añádale abono líquido normal cada dos semanas en verano.
Maceta Cámbiele la maceta en primavera usando tierra de mantillo. Una vez las plantas estén en macetas de 24 centímetros, sustituya la capa de tierra superficial.
Observaciones Riegue con menos frecuencia en invierno y en primavera haga una poda de limpieza.

Especies de forma parecida
El *Abutilon pictum* ''Thompsonii'' tiene hojas variegadas verdes y amarillas y flores que pueden ser de un solo color, de dos colores o de dos tonalidades de un mismo color.

Temperatura 10-15°C. de primavera a otoño · 7-10°C invierno · 10-15°C. · 15-21°C · Luz Soleado · Sol filtrado · Semisombra · Humedad Baja · Moderada · Alta · Riego Escaso · Moderado · Abundante · Cuidados Fácil · Bastante fácil · Complicado

PLANTAS ERGUIDAS DE HOJAS GRANDES

CORDILINE
Cordyline terminalis

Estas plantas tienen hojas grandes con rayas rojas o verdes. Los dibujos de las hojas varían de una planta a otra y las cordilines causan gran efecto cuando se agrupan formando un tapiz de color en una habitación con telas de colores intensos.

Microclima 2 Cálido, sol filtrado.
Tamaño Las cordilineas pueden alcanzar 1,2 metros de altura con una envergadura de 45 centímetros. Se venden plantas pequeñas.
Abono Añada fertilizante líquido normal cada dos semanas de abril a septiembre.
Maceta Cambie de maceta cada dos años en primavera usando tierra a base de mantillo. Si no quiere cambiar de maceta una planta añosa, sustituya la capa superior de tierra.
Observaciones Riegue menos en invierno. Limpie las hojas con una esponja húmeda.

FICUS, PLANTA DEL CAUCHO
Ficus elastica

Las brillantes hojas del ficus son de color verde oscuro, de forma ovalada terminando en punta. La yema de crecimiento está envuelta en una vaina rosa que la protege. Los ficus tienen un porte impresionante y quedan mejor como ejemplares aislados, en ambientes modernos.

Microclima 3 Cálido, semisombra.
Tamaño El ficus puede alcanzar los 2 metros de altura. En el mercado se encuentran ejemplares de todos los tamaños.
Maceta Cambie de maceta en primavera usando tierra de mantillo, pero sólo cuando las raíces hayan llenado por completo la maceta anterior. Si no quiere cambiar de maceta una planta añosa, sustituya la tierra superficial.
Observaciones Limpie las hojas maduras regularmente con una esponja húmeda. No limpie las hojas tiernas.

Especies de forma parecida
Ficus lyrata: tiene hojas grandes y fruncidas, en forma de violín.

DRACENA
Dracaena sanderana

También llamadas cintas, son las drácenas más delicadas. Son plantas erguidas, de porte esbelto, con hojas finas, rayadas de marfil. Como pocas veces desarrollan hijos, es preferible plantar tres o cuatro juntas en una maceta para crear una masa de hojas afiladas.

Microclima 2 Cálido, sol filtrado.
Tamaño Estas drácenas son de crecimiento lento pero alcanzan una altura máxima de 90 centímetros. A la venta se encuentran plantas pequeñas, generalmente tres por maceta.
Abono Añada fertilizante líquido normal cada dos semanas de mediados de primavera a principios de otoño.
Maceta Cambie de maceta cada dos o tres años en primavera usando tierra de mantillo. Una vez las macetas tengan 12 centímetros, sustituya la capa de tierra superficial.
Observaciones Riegue menos en invierno.

DIFENBAQUIA
Dieffenbachia exotica

Las difenbaquias son plantas muy vistosas, con hermosas hojas matizadas. Las plantas añosas tienden a perder las hojas inferiores, por lo que la planta aislada queda extraña; pero varias plantas juntas constituyen un grupo espectacular en un interior moderno.

Microclima 3 Cálido, semisombra.
Tamaño Las difenbaquias en maceta alcanzan una altura de 1,5 metros. A la venta se encuentran plantas de todos los tamaños.
Abono Añada fertilizante líquido normal cada dos semanas de principios de primavera a mediados de otoño.
Maceta Cambie de maceta cada primavera, usando tierra de mantillo y tiestos de barro. Cuando estén en macetas de 20 centímetros, cambie la capa de tierra superficial.
Observaciones La savia es tóxica y puede causar graves inflamaciones en la boca.

Especies de forma parecida
La *Dieffenbachia amoena* tiene hojas en punta, de 45 centímetros, verde oscuro con las nerviaciones en color crema.
La *Dieffenbachia maculata* tiene hojas de 25 centímetros, verde oscuro, con manchas blancas y verde claro.

Plantas erguidas 2

PLANTAS ERGUIDAS DE HOJAS GRANDES _{continuación}

CROTON
Codiaeum variegatum pictum

Los crotones son arbustos tropicales llamativos, de vivo color, con muchas variaciones en la forma, tamaño y color de las hojas. Las hojas jóvenes son verdes; el rojo, naranja y morado se va desarrollando con la edad. Los crotones pierden las hojas inferiores con el tiempo pero las conservan más en ambiente húmedo. Agrupe varias plantas con hojas de diferente coloración para lograr un conjunto llamativo.

Microclima 1 Cálido, soleado.
Tamaño Los crotones no suelen crecer más de 90 centímetros, con una envergadura semejante. A la venta se encuentran plantas pequeñas y medianas.
Abono Añada fertilizante líquido normal cada dos semanas de primavera a otoño.
Maceta Cambie de maceta todas las primaveras usando tierra de mantillo. Cuando las plantas estén en macetas de 25 centímetros, cambie la tierra superficial.
Observaciones Para aumentar la humedad, ponga las macetas sobre una bandeja con guijarros húmedos.

ESPARMANIA
Sparmannia africana

Estas plantas tienen hojas anchas, de color verde manzana, tapizadas de finos pelillos blancos. Una planta cultivada en una habitación fresca puede producir ramitos de flores blancas pequeñitas, durante casi todo el año. La esparmania queda mejor como ejemplar aislado en ambientes modernos y tradicionales.

Microclima 4 Fresco, soleado.
Tamaño La esparmania alcanza el metro y medio de altura con una envergadura de 1 metro en dos años. Se venden plantas pequeñas.
Abono Añada fertilizante líquido normal cada dos semanas.
Maceta Cambie de maceta en primavera usando tierra de mantillo, sólo cuando las raíces hayan invadido la maceta anterior. Una vez esté la planta en maceta de 30 centímetros, cambie la capa de tierra superficial.
Observaciones Riegue menos en invierno.

AGLAONEMA
Aglaonema crispum "Silver Queen"

Las bellas hojas de esta planta son sólo verdes en los márgenes y nerviaciones principales. El resto es plateado y crema. Con el tiempo, las plantas pierden las hojas inferiores y desarrollan un tallo corto, como un tronco. Son excelentes en combinación con otras plantas de hoja verde oscuro.

Microclima 2 Cálido, sol filtrado.
Tamaño La aglaonema alcanza una altura máxima de 1 metro con una envergadura de unos 60 centímetros.
Abono Añada fertilizante líquido normal una vez al mes de primavera a otoño.
Maceta Cambie de maceta usando tierra de mantillo, todas las primaveras. Cuando la planta esté en una maceta de 15 centímetros, cambie la capa superficial de tierra.

STRELITZIA, AVE DEL PARAISO
Strelitzia reginae

Estas plantas tienen unas flores espectaculares naranjas y azules, que aparecen una tras otra, a lo largo de varias semanas, de una yema en forma de pico. Las aves del paraíso son ejemplares originales en un interior moderno, mejor en lugar espacioso, ya que crecen mucho.

Microclima 1 Cálido, soleado.
Tamaño Las aves del paraíso crecen hasta 1 metro de altura, con una envergadura de 60 centímetros. Se venden las plantas jóvenes pero no florecen hasta tener cinco años.
Abono Añada fertilizante líquido normal cada dos semanas en primavera y verano y una vez al mes en otoño e invierno.
Maceta Cambie de maceta todas las primaveras usando tierra de mantillo. Cuando las plantas estén en maceta de 30 centímetros, cambie la capa superficial de tierra.
Observaciones Limpie las hojas con una esponja.

Temperatura
10-15° C. de primavera a otoño
7-10° C. invierno
10-15° C.
15-21° C.

Luz Soleado · Sol filtrado · Semisombra

Humedad Baja · Moderada · Alta

Riego Escaso · Moderado · Abundante

Cuidados Fácil · Bastante fácil · Complicado

ASPIDISTRA
Aspidistra elatior

Son plantas muy resistentes, que toleran cierto descuido. Se usaban mucho en el siglo XIX como ejemplares aislados pero también quedan bien agrupadas entre sí o con otras plantas más pequeñas. Son ideales para llenar espacios difíciles, con escasa luz.

Microclima 5 Fresco, sol filtrado.
Tamaño Tienen una altura y envergadura máximas de 1 metro. Se venden ejemplares pequeños.
Abono Añada fertilizante líquido normal cada dos semanas en primavera y verano.
Maceta Cambie de maceta cada tres años usando tierra de mantillo, si las raíces han invadido la maceta anterior. Si no quiere trasplantar una planta añosa, cambie la tierra superficial.

HIEDRA ARALIA
Fatshedera lizei

Estas plantas tienen hojas palmadas, de color verde brillante y sirven como ejemplares erguidos aislados o para dar altura a un grupo de plantas más pequeñas. También son trepadoras y se pueden guiar, atadas a soportes, para cubrir una escalera, un mirador o para enmarcar una ventana.

Microclima 5 Fresco, sol filtrado.
Tamaño La hiedra aralia crece erguida hasta una altura de 1 metro, con envergadura parecida. Si se la deja trepar sobre un soporte, su crecimiento será ilimitado.
Abono Añada fertilizante líquido normal cada dos semanas.
Maceta Cambie de maceta todas las primaveras utilizando dos tercios de tierra de mantillo y un tercio de turba. Si no desea trasplantar una planta crecida, cambie la capa superior de tierra.

CALATEA
Calathea makoyana

Las hojas de la calatea parecen pintadas a mano con color verde oscuro. Quedan mejor en un grupo mixto de plantas de hojas. Las plantas más pequeñas se pueden usar en botellas y las mayores en terrarios.

Microclima 3 Cálido, semisombra.
Tamaño Las calateas pueden alcanzar 1 metro de altura y una envergadura de unos 60 centímetros. A la venta se encuentran plantas de todos los tamaños.
Abono Añada fertilizante líquido normal cada dos semanas en primavera y verano y una vez al mes en otoño e invierno.
Maceta Cambie de maceta todas las primaveras usando una mezcla de dos tercios de tierra de mantillo y un tercio de mantillo de hojas o turba. Cuando las plantas estén en macetas de 15 centímetros, cambie la capa superior de tierra.
Observaciones Ponga las plantas en bandejas con guijarros mojados para aumentar la humedad.

PLANTAS ERGUIDAS DE HOJAS COMPUESTAS

DICIGOTECA
Dizygotheca elegantissima

Esta planta, también llamada "falsa aralia" es un arbusto abierto y elegante, constituido por muchos folíolos finos. El color de la hoja cambia con la edad del bronce al verde muy intenso y la textura de la hoja se hace más rugosa. El oscuro perfil de sus hojas palmadas constituye un delicado fondo para un follaje más denso. También se pueden agrupar varios ejemplares para crear una masa de filigrana con las hojas.

Microclima 2 Cálido, sol filtrado.
Tamaño Las dicigotecas alcanzan los 2 metros de altura con una envergadura de 60 centímetros. Despúntela pinzando las yemas de crecimiento para fomentar la formación arbustiva. A la venta se encuentran plantas de todos los tamaños.
Abono Añada fertilizante líquido normal cada dos semanas en primavera y verano.
Maceta Cambie de maceta cada dos años en primavera, usando tierra de mantillo. Si no quiere trasplantar una planta crecida, cambie la capa superficial de tierra.
Observaciones Ponga las plantas en bandejas con guijarros mojados para aumentar la humedad.

Plantas erguidas 3

PLANTAS ERGUIDAS DE HOJAS COMPUESTAS _{continuación}

ARAUCARIA DE NORFOLK
Araucaria heterophylla

Estas coníferas alcanzan su máximo esplendor a partir de los cuatro años. Por la pureza de su forma, no se mezclan bien con otras plantas, pero se logra un efecto espectacular agrupando varios ejemplares de araucaria, en una composición de estilo japonés.

Microclima 5 Fresco, sol filtrado.
Tamaño Las araucarias son de crecimiento lento; una planta de diez años rara vez sobrepasa los 1,8 metros de altura y 1,2 de envergadura.
Abono Añada fertilizante líquido normal cada dos semanas en primavera y verano.
Maceta Cambie de maceta cada dos o tres años en primavera, usando tierra de mantillo. Cuando las plantas estén en macetas de 24 centímetros, cambie la tierra superficial.
Observaciones Riegue menos durante el reposo invernal.

GREVILLEA
Grevillea robusta

Las grevilleas son arbustos perennes en forma de árbol, con hojas muy divididas. Las hojas son de color bronce cuando aparecen, volviéndose luego verdes. Quedan bien agrupadas con otras plantas y, cuando son grandes, como ejemplares aislados.

Microclima 4 Fresco, soleado.
Tamaño Las grevilleas son de crecimiento rápido y alcanzan 1,5 metros en dos o tres años. Se fomenta el crecimiento arbustivo despuntando la yema terminal principal cuando es joven la planta. Se venden ejemplares jóvenes.
Abono Añada fertilizante líquido normal cada dos semanas en primavera y verano.
Maceta Cambie de maceta todas las primaveras usando tierra de mantillo sin cal. Si no quiere transplantar, cambie la tierra superficial.
Observaciones Manténgala sobre un plato con agua para que la tierra esté siempre saturada.

PAPIRO O PARAGUAS
Cyperus alternifolius "Gracilis"

Las brácteas de estas plantas que irradian, muy finas, parecen las varillas de un paraguas. Los largos tallos son frágiles y deben manejarse con cuidado. Los papiros tienen un aspecto japonés y van bien en todos los interiores modernos.

Microclima 2 Cálido, sol filtrado.
Tamaño Los papiros alcanzan 1,2 metros en condiciones favorables.
Abono Añada fertilizante líquido normal una vez al mes.
Maceta Cambie de maceta en primavera, usando mezcla de tierra con algo de carbón vegetal, pero sólo cuando las raíces hayan llenado la maceta anterior. Asegúrese de plantarlas al mismo nivel a que estaban. Si no desea trasplantar un papiro ya crecido, cambie la tierra superficial.
Observaciones Mantenga la maceta en un plato con agua para que las raíces estén saturadas.

PLANTAS ERGUIDAS DE HOJAS ESPADIFORMES

RHOEO
Rhoeo spathacea "Variegata"

Estas plantas se llaman en algunos países "cuna de Moisés" por los cuencos en forma de barca donde nacen las pequeñas flores blancas de tres pétalos. Las hojas largas, bastante duras, tienen un bonito color, con listas amarillas y crema en la cara y moradas en el envés. Quedan mejor como ejemplares aislados para que se aprecien bien las curiosas barquitas de flores.

Microclima 2 Cálido, sol filtrado.
Tamaño Estas plantas alcanzan una altura máxima de 30 centímetros con una envergadura de 45 centímetros. Plantas de este tamaño se encuentran a la venta. Consérvela como planta erguida despuntando las yemas basales.
Abono Añada fertilizante líquido normal cada dos semanas en primavera y verano.
Maceta Cambie de maceta cada dos años en primavera, usando tierra de mantillo. Si no desea trasplantar una planta crecida, cambie la capa superficial de tierra.

Temperatura 10-15°C de primavera a otoño; 7-10°C invierno; 10-15°C; 15-21°C **Luz** Soleado; Sol filtrado; Semisombra **Humedad** Baja; Moderada; Alta **Riego** Escaso; Moderado; Abundante **Cuidados** Fácil; Bastante fácil; Complicado

PALMITO
Chamaerops humilis

Estas atractivas palmeras no muy altas tienen unos frondes anchos, en forma de abanico. Estos frondes están constituidos por segmentos rígidos, como espadas, abiertos en la punta. No existe tallo más que en plantas añosas, ya que los frondes se soportan sobre largos tallos foliares. Son plantas ornamentales de aspecto oriental que deben usarse como ejemplares aislados o en grupos, según su tamaño.

Microclima 2 Cálido, sol filtrado.
Tamaño Los palmitos son de crecimiento lento pero alcanzan 1,5 metros de altura y otro tanto de envergadura cuando llegan a la madurez. A la venta existen plantas de todos los tamaños.
Abono Añada fertilizante líquido normal una vez al mes en verano y otoño.
Maceta Cambie de maceta cada dos primaveras, usando tierra a base de mantillo. Cuando las macetas tengan 30 centímetros, cambie la tierra superficial.
Observaciones En verano saque las plantas al exterior, a lugar resguardado. Riegue menos en invierno.

SANSEVIERA
Sansevieria trifasciata "Laurentii"

Las hojas erguidas de esta planta emergen en grupo de un tallo subterráneo. Las hojas gruesas y correosas tienen manchas verdes oscuro y listas doradas en los márgenes. Las plantas grandes quedan mejor como ejemplares aislados, pero también se agrupan con otras plantas de hoja espadiforme en ambientes modernos.

Microclima 2 Cálido, sol filtrado.
Tamaño Las hojas de la sanseviera pueden alcanzar una altura de 1 metro. A la venta se encuentran plantas de todos los tamaños.
Abono Añada fertilizante líquido de media potencia una vez al mes.
Maceta Cambie de maceta en primavera o comienzo de verano, usando una mezcla de un tercio de arena gruesa o perlite y dos tercios de tierra de mantillo, pero sólo cuando asomen las raíces en la superficie. Si no desea trasplantar una sanseviera crecida, cambie la tierra superficial.
Observaciones Riegue menos en invierno.

DRACENA TRICOLOR
Dracaena marginata "Tricolor"

Lo de tricolor hace referencia a las listas de sus hojas, verdes, crema y rojas. En las plantas adultas, el plumero de hojas nace de un tronco desnudo y leñoso, que da a la planta un aspecto de palmera. Tres o cuatro ejemplares plantados en una misma maceta constituyen un buen adorno para un ambiente moderno.

Microclima 2 Cálido, sol filtrado.
Tamaño La drácena tricolor alcanza 1,5 metros de altura con una envergadura de 45 centímetros. Se encuentran a la venta plantas de 30 centímetros, pero hay más demanda de plantas adultas con el tronco desnudo.
Abono Añada fertilizante líquido normal cada dos semanas en primavera y verano, y una vez al mes en otoño e invierno.
Maceta Cambie de maceta todas las primaveras usando una mezcla a base de mantillo. Si no desea trasplantar una drácena crecida, cambie la capa superior de tierra.
Observaciones Riegue menos en invierno.

YUCA DE TRONCO
Yucca elephantipes

Estas plantas tienen un aspecto muy característico. Muchas se cultivan a partir de troncos que, una vez plantados, echan raíces y hojas. Las hojas son largas y estrechas y pueden aparecer en grupos en cualquier punto del tronco. Las yucas tienen una forma muy llamativa y quedan mejor como ejemplares aislados o con otras plantas de hojas espadiformes en ambientes modernos.

Microclima 1 Cálido, soleado.
Tamaño Se encuentran en el mercado yucas de 2 metros de altura y 45 centímetros de envergadura; ésta va aumentando al echar más hojas la planta. También se venden yucas prácticamente sin tronco.
Abono Añada fertilizante líquido normal una vez al mes.
Maceta Cambie de maceta todas las primaveras, usando una mezcla a base de mantillo. Si no desea trasplantar una yuca crecida, cambie la capa superficial de tierra.
Observaciones Riegue menos en invierno.

Plantas en arco 1

La configuración de las plantas de esta categoría está determinada por la forma en que los troncos, tallos foliares o frondes se inclinan formando un arco desde la base de la planta. Debido a su porte, la mayoría de estas plantas ocupan mucho espacio y quedan mejor como ejemplares aislados. Las plantas en arco de mayor tamaño, con sus fuertes formas arquitecturales, resultan muy adecuadas para interiores modernos. En esta categoría se incluyen también tres plantas, la beaucarnea, la leea y el ficus llorón, cuyas hojas se inclinan hacia el suelo.

Existe una gran variedad de forma de hojas y de texturas en esta categoría, desde las hojas lisas en forma de lanza del espatifilo hasta las hojas muy recortadas de algunos filodendros y los delicados frondes de helechos y palmeras. La diversidad de estas formas entre las plantas en arco compensa la falta de colorido en las hojas de este grupo; algunas especies, como el espatifilo y la begonia producen flores atractivas.

La gracia de líneas del helecho y el polipodio se debe a los frondes arqueados y se aprecian mejor cuando se ven a nivel, como la pelaea: son plantas para situar en una urna, en una maceta alta de terracota o en un cesto colgado. Otras plantas, como el bambú, la palma del paraíso y el cocotero alcanzan un desarrollo grande y los ejemplares adultos se convierten en punto focal de una habitación. Las plantas en arco son de porte muy elegante y deben situarse de forma que se vean desde todos los ángulos.

PLANTAS EN ARCO DE HOJA PEQUEÑA

BEGONIA DE FLOR
Begonia fuchsioides

Estas begonias de delicado aspecto tienen hojas pequeñas, ovaladas, de textura brillante, soportadas por tallos largos y finos que se van arqueando al crecer. Unas flores pequeñas, como de cera y gruesas, de color rosa carne aparecen en manojitos entre el otoño y la primavera. Las begonias de flor necesitan sujeción para un mejor efecto. Quedan bien en grupos de plantas de hoja.

También son muy decorativas colgando de un cesto suspendido.

Microclima 1 Cálido, soleado.
Tamaño Las begonias de flor alcanzan 1 metro de altura, con una envergadura de unos 50 centímetros. Despunte los brotes terminales para mantener la forma arbustiva. A la venta se encuentran plantas pequeñas.
Abono Añada fertilizante líquido normal cada dos semanas durante la floración.
Maceta Cambie de maceta en primavera, usando a partes iguales tierra de mantillo y tierra de turba. Si no quiere trasplantar una begonia crecida, cambie la tierra superficial.
Observaciones Riegue menos en invierno.

PELAEA
Pellaea rotundifolia

Estos curiosos helechos tienen frondes bajos, extendidos, de línea casi horizontal. Las pinas de los frondes tampoco son frecuentes en los helechos, pues son folíolos en forma de botón, situados en hilera uno a cada lado de una nerviación central fuerte. Esos folíolos inclinan con su peso el fronde, dándole la configuración arqueada. Las pelaeas son plantas de relleno excelentes para tapar macetas en grupos de plantas. Agrúpalas con plantas de diferente textura foliar en un ambiente moderno para lograr un mejor efecto. También se utilizan en botellas o terrarios.

Microclima 3 Cálido, semisombra.
Tamaño Los frondes individuales alcanzan un máximo de 30 centímetros, dando a la planta un aspecto achatado.
Abono Añada fertilizante líquido normal cada dos semanas.
Maceta Cambie de maceta en primavera usando tierra para helechos y una maceta baja, pero sólo cuando las raíces hayan llenado el tiesto anterior. Si no desea trasplantar una pelaea crecida, despunte las raíces para detener su crecimiento.
Observaciones Las pelaea se pueden sacar en verano al exterior a un lugar protegido del sol. Ponga la maceta sobre un plato con guijarros mojados para aumentar la humedad.

Temperatura 10-15° C. de primavera a otoño 7-10° C. invierno 10-15° C. 15-21° C.
Luz Soleado Sol filtrado Semisombra
Humedad Baja Moderada Alta
Riego Escaso Moderado Abundante
Cuidados Fácil Bastante fácil Complicado

PLANTAS EN ARCO DE HOJA GRANDE

FILODENDRO
Philodendron bipinnatifidum

Las hojas de este filodendro tienen forma de corazón, con los bordes recortados. Los tallos foliares son gruesos y parten de un tallo central. Contrariamente a las demás especies de filodendro, éstos no son trepadores. Como ejemplares aislados son muy vistosos en una habitación grande.

Microclima 3 Cálido, semisombra.
Tamaño Estos filodendros alcanzan una altura y envergadura de 1,2 metros. En el mercado se encuentran de todos los tamaños.
Abono Añada fertilizante líquido normal cada dos semanas en primavera y verano.
Maceta Cambie de maceta usando una mezcla de tierra de mantillo y mantillo de hojas a partes iguales, solamente cuando las raíces hayan invadido la maceta anterior. Cuando tengan 30 centímetros, cambie la tierra superficial.
Observaciones Destruya las cochinillas

ESPATIFILO
Spathiphyllum "Clevelandii"

Las llamativas cabezas florales del espatifilo aparecen de mayo a agosto. Cada flor dura al menos seis semanas, cambiando del blanco al verde claro. Su elegante forma hace del espatifilo una planta ideal para interiores modernos.

Microclima 3 Cálido, semisombra.
Tamaño Los espatifilos adultos alcanzan una altura y envergadura de 90 centímetros. Se venden plantas en flor.
Abono Añada fertilizante líquido normal cada dos semanas de principios de primavera a finales de verano.
Maceta Cambie de maceta cada dos años en primavera, usando tierra de turba. Cuando las macetas tengan 15-20 centímetros, despunte las raíces del espatifilo.
Observaciones Mantenga las macetas en bandejas con guijarros mojados para aumentar la humedad.

COCOTERO
Cocos nucifera

Estas sorprendentes plantas crecen directamente del coco situado sobre la tierra. Del coco parten unos tallos erguidos con frondes divididos en dos, arqueados. Estos frondes tienen unas listas marcadas. La palmera es una planta aislada espectacular en un interior moderno de líneas estrictas.

Microclima 2 Cálido, sol filtrado.
Tamaño La palmera puede alcanzar hasta 1,5 m. de altura. Se vende de gran tamaño.
Abono Añada fertilizante líquido diluido a la mitad cada dos semanas en primavera y verano.
Maceta No es necesario trasplantarla.
Observaciones La palmera suele durar unos dos años en su maceta, porque no soporta el trasplante.

PLANTAS EN ARCO DE HOJA COMPUESTA

POLIPODIO
Polypodium aureum "Mandaianum"

Los frondes de esta planta crecen de un rizoma aterciopelado. Los frondes tienen largos tallos arqueados, cada uno con hasta diez folíolos de color verde azulado, plateado. Los folíolos tienen márgenes ondulados. Por su atractivo color, el polipodio queda mejor como ejemplar aislado, si es grande; si es pequeño, combina bien con otros helechos.

Microclima 3 Cálido, semisombra
Tamaño Los frondes del polipodio pueden alcanzar los 60 centímetros, dando a la planta una gran envergadura. En el mercado se encuentran polipodios de todos los tamaños.
Abono Añada fertilizante líquido diluido a la mitad una vez por semana de primavera a otoño.
Maceta Cambie de maceta usando mitad tierra de mantillo, mitad mantillo de hojas, en un recipiente bajo, y sólo cuando los rizomas asomen por la maceta anterior. Cuando las macetas tengan 20 centímetros, despunte las raíces.
Observaciones Ponga las macetas sobre bandejas con guijarros mojados para aumentar la humedad

Plantas en arco 2

PLANTAS DE HOJA COMPUESTA continuación

PALMA DEL PARAISO — KENTIA
Howea belmoreana

Estas esbeltas palmeras tuvieron mucho éxito en el siglo XIX, dando un toque de graciosa elegancia a las salas. Los frondes en arco parten de finos tallos erguidos. Las palmas del paraíso, siempre como ejemplares aislados, pueden ser difíciles de situar debido a su gran tamaño pero crecen bien en los distintos ambientes de un interior.

Microclima 2 Cálido, sol filtrado
Tamaño Las palmas del paraíso alcanzan 2,5 metros de altura con una envergadura de 2 metros En el mercado se encuentran plantas medianas y grandes.
Abono Añada fertilizante líquido normal una vez al mes de primavera a otoño.
Maceta Cambie de maceta cada dos años en primavera, usando tierra de mantillo. Cuando las macetas tengan 30 centímetros, cambie la capa de tierra superficial.
Observaciones Limpie los frondes con esponja húmeda.

Especies de forma parecida
Howea fosterana: es muy semejante y sólo se diferencia por un porte mayor y más achatado y por tener más separados los folíolos de los frondes

COCOTERO ENANO
Microcoelum weddellianum

Estas palmeras compactas tienen frondes brillantes profundamente divididos en folíolos muy finos, colocados en "espinapez". Aunque tienen el aspecto de plumas, son muy rugosos al tacto. Los cocoteros enanos no tienen tronco, sino que los frondes parten de una base corta y ancha. No se arquean tanto como los tipos mayores y por ello pueden colocarse sobre una mesa o un estante.

Microclima 2 Cálido, sol filtrado.
Tamaño Los cocoteros enanos alcanzan una altura máxima y envergadura de 90 centímetros. Todo el año se encuentran a la venta plantas pequeñas.
Abono Añada fertilizante líquido normal una vez al año en verano.
Maceta Cambie de maceta cada dos años en primavera usando tierra de mantillo. Si no quiere trasplantar una planta crecida, cambie la tierra superficial.

BAMBU
Rhapis excelsa

Estas plantas tienen los tallos agrupados que le dan aspecto de densidad. Las hojas se componen de cinco a nueve segmentos, a veces redondeados en la punta, como abanicos. Cada segmento está profundamente hendido. El bambú queda bien con otras plantas de color verde oscuro. Las plantas adultas van perdiendo las hojas inferiores, pudiendo figurar como ejemplares aislados.

Microclima 2 Cálido, sol filtrado.
Tamaño El bambú es de crecimiento lento y tarda varios años en alcanzar su altura máxima de 1,5 metros, con una envergadura semejante. A la venta se encuentran plantas medianas y grandes.
Abono Añada fertilizante líquido normal una vez al mes durante la época de crecimiento activo.
Maceta Cambie de maceta cada dos años usando tierra de mantillo. Cuando las macetas tengan 30 centímetros, cambie la tierra superficial.

HELECHO
Nephrolepsis exaltata "Bostoniensis"

Estos exuberantes y gráciles helechos tienen frondes en forma de espada, algunos rizados, otros con folíolos muy finos. Son bellos ejemplares aislados, colocados sobre un pedestal o en un cesto suspendido, y van bien en cualquier tipo de decoración.

Microclima 3 Cálido, semisombra
Tamaño Los frondes de este helecho alcanzan los 90 centímetros de largo, en algunos casos llegan a los 1,8 metros. En el mercado se encuentran plantas de todos los tamaños.
Maceta Cambie de maceta en primavera usando tierra para macetas, sólo cuando las raíces hayan invadido la maceta anterior. Si no desea trasplantar, cambie la parte superficial de la tierra.
Observaciones Ponga las macetas sobre guijarros mojados para aumentar la humedad.

Especies de forma parecida
La *Nephrolepsis cordifolia* es menor; sus frondes crecen hasta 60 centímetros

Temperatura
10-15°C de primavera a otoño
7-10°C invierno
10-15°C
15-21°C

Luz
Soleado
Sol filtrado
Semisombra

Humedad
Baja
Moderada
Alta

Riego
Escaso
Moderado
Abundante

Cuidados
Fácil
Bastante fácil
Complicado

CHAMEDOREA O CAMEDOREA
Chamaedorea elegans "Bella"

Estas plantas tienen frondes muy divididos, que se arquean a partir del tallo central. Los frondes son verde claro de jóvenes y se van oscureciendo. Las plantas adultas producen pequeños manojitos de flores amarillas como botoncitos. Crecen bien en condiciones como las de un cuarto de baño, y las plantas pequeñas dan interés a jardines en botellas y terrarios.

Microclima 2 Cálido, sol filtrado.
Tamaño Las chamedoreas son palmeras enanas que alcanzan los 90 centímetros al cabo de varios años, con una envergadura de unos 45 centímetros. En el mercado se encuentran plantas jóvenes.
Abono Cambie de maceta en primavera, usando tierra de mantillo, pero sólo cuando las raíces hayan invadido el tiesto anterior. Cuando las macetas tengan 15-20 centímetros, cambie la capa superficial de tierra.
Observaciones Riegue menos en invierno.

Especies de forma parecida
Chamaedorea erumpens: forma un bosquecillo de tallos esbeltos, con nudos como el bambú y con secciones de tallo desnudo. Alcanzan alturas de 2 a 2,5 metros.

PLANTAS EN ARCO LLORONAS

LEEA — ACEBO DE LAS ANTILLAS
Leea coccinea

Estas plantas tienen hojas de color verde oscuro, muy parecidas a las del acebo, pero con frecuencia con un tono rojizo. La planta es muy abierta, porque las hojas tienen dos divisiones. Se puede utilizar como ejemplar aislado o en grupo con otras plantas de porte bajo.

Microclima 2 Cálido, sol filtrado.
Tamaño El acebo de las Antillas alcanza una altura máxima de 1,5 metros con una envergadura parecida. A la venta se encuentran plantas de unos 30 centímetros de altura y envergadura.
Abono Añada fertilizante líquido normal cada dos semanas de primavera a otoño.
Maceta Cambie de maceta en primavera usando tierra de mantillo. Si no desea trasplantar un ejemplar crecido, cambie la tierra superficial.
Observaciones Riegue menos en invierno.

FICUS LLORON
Ficus benjamina

Estas plantas son las más elegantes de los ficus ornamentales, con sus gráciles tallos arqueados, de corteza gris, que soportan las hojas inclinadas, acabadas en punta. La disposición de las hojas confiere a la planta un aspecto abierto; ideal para interiores modernos y de época.

Microclima 3 Cálido, semisombra
Tamaño El ficus llorón tiene una altura máxima de 1,5 metros con una envergadura de unos 1,2 metros si dispone de espacio. A la venta se encuentran plantas medianas y grandes.
Abono Añada fertilizante líquido normal cada dos semanas en primavera y verano.
Maceta Cámbiela en primavera con tierra de mantillo, cuando las raíces hayan invadido el tiesto. Si no trasplanta, cambie la tierra superficial.
Observaciones Riegue menos en invierno.

BEAUCARNEA
Beaucarnea recurvata

Son unas plantas de aspecto extraño, con su mata de hojas verdes muy finas brotando del extremo de un tallo largo y leñoso. Son plantas ideales para interiores modernos y crecen bien en cualquier habitación con calefacción.

Microclima 2 Cálido, sol filtrado.
Tamaño Las beaucarneas alcanzan una altura máxima de 1,5 metros con una envergadura de 60 centímetros. A la venta se encuentran plantas pequeñas y medianas.
Abono Añada fertilizante líquido normal una vez al mes en verano.
Maceta Cambie de maceta cada tres o cuatro años en primavera usando tierra de mantillo. Las beaucarneas gustan de macetas pequeñas.
Observaciones El exceso de riego las mata.

Plantas en roseta 1

Esta categoría está constituida por las plantas cuyas hojas parten como radios de un punto de crecimiento central, solapándose, formando un manojo circular de bases de hojas, con frecuencia a ras de tierra. Las plantas pueden ser de porte bajo, achatadas, o altas, con hojas grandes: la configuración de la roseta varía desde la achatada de las plantas bajas, como la violeta africana hasta la alta y arqueada del helecho nido de ave y la tillandsia. Otra variación es la roseta de hojas espinosas como la piña ananás y la guzmania. Estas plantas quedan bien como ejemplares aislados porque tienen formas marcadas. Las de roseta de hoja plana quedan mejor agrupadas y vistas desde arriba.

Muchas de las plantas de esta categoría son bromeliáceas, originarias de América tropical. Son plantas llamativas, de aspecto exótico que a veces presentan flores en espiga y hojas de colores vivos antes o durante la floración. Las hojas de muchas bromeliáceas como el nido de ave o la bilbergia forman una copa en el centro que debe llenarse de agua fresca para que la planta se mantenga en buenas condiciones.

Muchas bromeliáceas son epífitas: en su entorno natural crecen sobre árboles, utilizándolos no sólo como soporte sino como fuente de nutrientes. Por eso una buena forma de tenerlas en casa es sobre una rama seca cubierta de musgo esfagno, o atadas a un trozo de corcho o de corteza de árbol.

PLANTAS EN ROSETA ARQUEADAS

BILBERGIA
Aechmea fasciata

Cuando tienen tres o cuatro años, las bilbergias producen una inflorescencia en forma de bastón, que surge del centro de la roseta. Esta cabeza floral comprende muchas brácteas rosas en forma de espina entre las que asoman unas florecillas azul claro, de vida corta. La cabeza permanece bonita unos seis meses. Las hojas correosas tienen unas líneas transversales blancas sobre un fondo gris verdoso. Las plantas grandes quedan mejor como ejemplares aislados, y las pequeñas sobre una rama seca cubierta de musgo esfagno.

Microclima 1 Cálido, soleado.
Tamaño Las hojas de la bilbergia alcanzan los 60 centímetros y la cabeza floral unos 15 centímetros por encima de las hojas. A la venta se encuentran plantas jóvenes cultivadas a partir de mugrones ("hijos") y plantas adultas.
Abonos Añada fertilizante líquido diluido a la mitad una vez al mes en primavera y verano. Añádalo al centro de la roseta y a las raíces.
Maceta Cambie de maceta en primavera usando tierra para bromelias, pero sólo cuando las raíces hayan invadido el tiesto anterior. Cuando estén en macetas de 15 centímetros, cámbieles la tierrra superficial.
Observaciones Mantenga el centro de la roseta lleno de agua. Cambie el agua una vez al mes.

VRIESEA
Vriesea splendens

Éstas bromeliáceas tienen hojas con marcas exóticas: son verde brillante con rayas moradas. Las hojas forman un jarrón, partiendo del centro en el que emergen unas brácteas espinosas rojas cuando la planta tiene varios años. Entre las brácteas asoman unas florecillas amarillas. Varias vrieseas agrupadas constituyen un adorno espectacular; también puede incluirse una en un grupo de plantas de hoja o presentarse sola, sobre una rama seca cubierta de musgo esfagno.

Microclima 2 Cálido, sol filtrado.
Tamaño Las vrieseas alcanzan una altura y envergadura de unos 45 centímetros. La cabeza floral alcanza los 60 centímetros de altura. A la venta se encuentran plantas de todos los tamaños.
Abonos Añada fertilizante líquido diluido a la mitad una vez al mes. Asegúrese de que el abono llegue a las hojas, raíces y copa central.
Maceta Cambie de maceta en primavera usando tierra para bromelias, sólo cuando las raíces hayan invadido el tiesto anterior. Cuando las plantas estén en macetas de 15 centímetros, cambie la capa superficial de tierra.
Observaciones Mantenga el centro de la roseta lleno de agua, excepto cuando aparezca el primer brote floral. Cambie el agua una vez al mes.

Especies de forma parecida
Vriesea fenestralis: es algo mayor, con las hojas verde claro con manchas marrones.
Vriesea psittacina: hojas más cortas, de color verde claro con un tono malva hacia el centro de la roseta.
Vriesea saundersii: roseta achatada de hojas gris verdoso por la cara y rosa en el envés, y cabeza floral amarilla.

Temperatura				Luz			Humedad			Riego			Cuidados		
10-15°C de primavera a otoño	7-10°C invierno	10-15°C	15-21°C	Soleado	Sol filtrado	Semisombra	Baja	Moderada	Alta	Escaso	Moderado	Abundante	Fácil	Bastante fácil	Complicado

BILBERGIA-LAGRIMAS DE LA REINA
Billbergia nutans

Estas plantas tienen hojas gruesas con bordes dentados. Puede haber varias plantas en una misma maceta ya que produce abundantes mugrones. Durante la breve época de floración, en mayo y junio, las hojas están salpicadas de brácteas colgantes de color rosa vivo, muy bonitas. Estas brácteas se abren para dar paso a unas florecitas amarillas, verdes y moradas. Son plantas para poner a nivel de los ojos.

Microclima 1 Cálido, soleado.
Tamaño Las hojas de esta bilbergia alcanzan los 60 centímetros de largo. La envergadura depende del número de "hijos" producidos. A la venta se encuentran plantas pequeñas.
Abono Añada fertilizante líquido normal cada dos semanas en primavera y verano.
Maceta Cambie de maceta en primavera usando tierra para bromelias. Cuando las macetas tengan 15 centímetros cambie sólo la capa superficial de tierra.
Observaciones Corte la roseta de hojas por la base después de la floración para que se desarrollen los mugrones de alrededor.

TILLANDSIA
Tillandsia cyanea

Son bromelias de tamaño mediano, con hojas fuertes, arqueadas y delgadas formando una roseta delicada. Las plantas adultas producen una cabeza floral carnosa, en forma de lanza, constituida por brácteas superpuestas de color verde rosado. Esta extraña cabeza floral es aplastada y permanece vistosa varios meses. Entre las brácteas van apareciendo flores de tres pétalos de color azul-violeta vivo. Las tillandsias son buenos ejemplares aislados.

Microclima 1 Cálido, soleado.
Tamaño Las hojas alcanzan los 30 centímetros de longitud. Los retoños dan a la planta una gran envergadura. A la venta se encuentran plantas pequeñas.
Abono Añada fertilizante líquido diluido a la mitad una vez al mes. Puede aplicarlo a las hojas como abono foliar.
Maceta Cambie de maceta en primavera usando tierra para bromelias. Cuando las macetas tengan 10 centímetros, cambie la tierra superficial.
Observaciones En verano sáquela al exterior resguardado para fomentar la floración.

HELECHO NIDO DE AVE
Asplenium nidus

Estas plantas tienen frondes verde manzana, brillantes, colocados en roseta erguida en cuya base se forma un círculo de frondes nuevos. Estos se desarrollan lentamente del núcleo fibroso de la planta. Los helechos grandes tienen un porte demasiado marcado para ir bien con otros helechos y lucen mejor como ejemplares aislados, o con otras plantas de hoja grande.

Microclima 3 Cálido, semisombra.
Tamaño Los frondes del helecho nido de ave alcanzan los 45 centímetros de largo. Se venden plantas jóvenes.
Abono Añada fertilizante líquido normal una vez al mes.
Maceta Cambie de maceta en primavera con tierra de macetas, pero sólo cuando las raíces asomen a la superficie del tiesto. Si no desea trasplantar el helecho crecido, cambie la tierra superficial.
Observaciones Ponga la maceta sobre una bandeja con guijarros mojados para aumentar la humedad.

PLANTAS EN ROSETA DE HOJA AFILADA

PANDANUS
Pandanus veitchii

Estas plantas nacen alrededor del tronco formando una espiral, como un tornillo. Las largas hojas arqueadas son de color verde intenso con los márgenes de color crema y tienen el borde finamente serrado. Utilice estos ejemplares aislados en un ambiente moderno para lograr mayor efecto

Microclima 1 Cálido, soleado.
Tamaño Pueden alcanzar una altura y envergadura de unos 90 centímetros. A la venta se encuentran plantas de todos los tamaños.
Abono Añada fertilizante líquido normal cada dos semanas en primavera y verano y una vez al mes en otoño e invierno.
Maceta Cambie de maceta en primavera usando tierra de mantillo. Si no desea cambiar una planta crecida, sustituya la tierra superficial.
Observaciones Al cabo de dos años se forman unas gruesas raíces aéreas que levantan a la planta de la tierra. Hay que procurar que esas raíces agarren en la tierra para dar más sujeción a la planta.

Plantas en roseta 2

PLANTAS EN ROSETA DE HOJA AFILADA <small>continuación</small>

PIÑA VARIEGADA
Ananas comosus variegatus

Estas plantas son apreciadas por sus hojas gruesas y dentadas que se inclinan graciosamente hacia afuera, con hermosa simetría. Cuando la planta tiene cinco o seis años, produce unas cabezas florales rosas, seguidas de una fruta rosa que no suele llegar a madurar y a ser comestible. Las plantas grandes van bien en interiores elegantes.

Microclima 1 Cálido, soleado.
Tamaño La piña variegada alcanza una altura máxima de 1 metro con una envergadura de unos 2 metros. Se encuentran en el mercado las plantas con fruto.
Abono Añada fertilizante líquido normal cada dos semanas en primavera y verano.
Maceta Cambie de maceta en primavera cada dos años usando tierra para bromelias. Cuando la maceta tenga 15-20 centímetros, cambie la tierra superficial.
Observaciones Bajo sol directo, un matiz rosa realza la coloración de las hojas.

Especies de forma parecida
El *Ananas bracteatus striatus* es la forma variegada de la piña silvestre y tiene hojas con rayas muy marcadas, que se vuelven rosas bajo el sol.
El *Ananas nanus* es de menor tamaño, con hojas lisas verde oscuro y produce frutos pequeños, no comestibles. Se compra en macetas de 10 centímetros.

PLANTAS EN ROSETA DE HOJA PLANA

GUZMANIA
Guzmania lingulata

Esta bromelia que florece en invierno tiene en el centro brácteas de vivo color naranja o rojo, con florecitas amarillas. Las hojas curvadas son suaves, brillantes y de color verde intenso. Son plantas de color llamativo, ideales para interiores modernos. Agrupe varias en un cuenco de cristal o póngalas de dos en dos.

Microclima 2 Cálido, sol filtrado.
Tamaño Las guzmanias alcanzan unos 25 cm. de altura y unos 30 de envergadura.
Abono Añada fertilizante líquido de media potencia una vez al mes. Asegúrese de abonar las hojas, cuenco central y raíces.
Maceta Cambie de maceta con tierra de bromelias sólo cuando las raíces hayan invadido el tiesto anterior.
Observaciones Vacíe el cuenco central y llénelo de agua limpia una vez al mes.

CRIPTANTO
Cryptanthus bivittatus

Estas pequeñas plantas presentan en su follaje los colores más bonitos de las bromelias. Las hojas acabadas en punta afilada, tienen dos listas crema a lo largo e incluso una roja si están expuestas al sol. Las hojas tapan unos racimos de florecitas blancas. Son plantas sin tallo que pueden agruparse en cuencos llanos o terrarios.

Microclima 1 Cálido, soleado.
Tamaño Los criptantos son plantas de crecimiento lento que alcanzan los 15-20 centímetros de envergadura cuando florecen.
Abono Salpíquelas de cuando en cuando con fertilizante líquido diluido a la mitad.
Maceta No hay necesidad de cambiarla.
Observaciones Cuando haya terminado la floración, pode la planta madre para que se desarrollen los retoños alrededor de su base.

NEOREGELIA
Neoregelia carolinae "Tricolor"

Estas bromelias achatadas tienen un follaje llamativo: las hojas tiernas son de verde claro con listas marfileñas. Conforme van madurando adquieren una tonalidad rosa y, justo antes de florecer, el centro se vuelve rojo vivo. Preséntelas en un grupo de plantas de hoja para mejor efecto.

Microclima 2 Cálido, sol filtrado.
Tamaño Las neoregelias alcanzan unos 20 centímetros de altura y una extensión de 45 centímetros.
Abono Añada fertilizante líquido diluido a la mitad una vez al mes. Aplíquelo a las hojas, cuenco y tierra.
Maceta Cambie de maceta en primavera usando tierra para bromelias, cuando las raíces hayan invadido el tiesto. Cuando la maceta tenga 12 centímetros, cambie la tierra superficial.

VIOLETA AFRICANA
Saintpaulia híbrida

Estas plantas presentan toda una gama de color en las flores, del blanco y rosa, al morado, magenta y violeta. Las flores aparecen en manojitos sobre la roseta de hojas aterciopeladas. Gracias a esa gama de colores, las violetas africanas caben en interiores de época y modernos. Una de las formas más llamativas de presentarlas es agrupadas en un cuenco. Las variedades enanas son ideales para terrarios.

Microclima 2 Cálido, sol filtrado.
Tamaño Las violetas africanas forman una roseta achatada de 20 centímetros de diámetro. Se encuentran plantas con flor todo el año. Hay miles de variedades.
Abono Añada fertilizante especial para violeta africana, diluido en tres partes de agua, cada vez que riegue, durante todo el año.
Maceta Cambie de maceta cuando las raíces hayan invadido el tiesto anterior, usando una mezcla de turba, perlite y vermiculite a partes iguales, en maceta baja.
Observaciones Procure no mojar las hojas al regar y abonar porque les salen manchas.

BROMELIA NIDO DE AVE
Nidularium innocentii

Estas plantas forman rosetas de hojas verde oscuro, en forma de correa. El centro de la roseta se vuelve rojo oscuro, casi negro, durante la floración. Las florecitas blancas forman un ramillete en el centro del cuenco lleno de agua y duran poco, aunque la bonita coloración del centro permanece varios meses. Estas bromelias pueden agruparse con otras plantas de hoja vistosa.

Microclima 2 Cálido, sol filtrado.
Tamaño Estas bromelias alcanzan unos 20 centímetros de altura y 40 centímetros de envergadura. A la venta se encuentran plantas de tres o cuatro años a punto de florecer.
Abono Añada fertilizante líquido diluido a la mitad una vez al mes. Aplíquelo a las hojas, cuenco y tierra.
Maceta Cambie de maceta en primavera utilizando tierra para bromelias, sólo cuando las raíces asomen sobre el tiesto anterior. Cuando la maceta tenga 10 centímetros cambie la tierra superficial.
Observaciones Después de la floración, pode la planta madre para que crezcan los retoños de alrededor de la base.

Especies de forma parecida
El *Nidularium fulgens* es de tamaño parecido, con las hojas serradas, con manchas oscuras.

ESTREPTOCARPO
Streptocarpus "John Innes" híbrido

Estas pequeñas plantas tienen las hojas parecidas a la primavera y grandes flores tubulares sobre tallos largos. Las flores pueden ser blancas, rosas, rojas, malvas o azules. Aparecen vainas retorcidas, decorativas, pero que deben cortarse para estimular la floración. Estas plantas es preferible considerarlas anuales y desecharlas terminada la floración. Al igual que las primaveras y las violetas africanas, se pueden agrupar en cuencos sobre mesas bajas.

Microclima 5 Fresco, sol filtrado.
Tamaño El estreptocarpo alcanza los 30 centímetros de altura y los 45 centímetros de envergadura. A la venta se encuentran plantas a punto de florecer.
Abono Añada fertilizante líquido fosfatado diluido a la mitad cada dos semanas de principios de primavera a finales de otoño.
Maceta Cambie de maceta en primavera usando musgo esfagno, perlite grueso y vermiculite a partes iguales. Añada una cucharada de trocitos de piedra caliza por cada taza de mezcla. Cuando la maceta tenga 15 centímetros despunte las raíces de la planta.

GLOXINIA
Sinningia speciosa híbrida

Las largas hojas caídas tienen muy marcadas las nerviaciones, pero quedan eclipsadas por las grandes flores llamativas. Aparecen en manojitos sobre la roseta de las hojas. Tienen forma de trompeta, con los bordes ondulados y pueden ser blancas, rosas, rojas o moradas, y suelen tener un margen blanco. Aunque las gloxinias se pueden tratar como anuales, tienen un tubérculo que si se deja secar en otoño se vuelve a plantar en primavera. Las gloxinias van mejor en interiores de época.

Microclima 2 Cálido, sol filtrado.
Tamaño Pueden alcanzar una altura y envergadura de unos 30 centímetros. Se venden las plantas a punto de florecer.
Abono Añada fertilizante líquido fosfatado una vez al mes durante la floración.
Maceta Cambie de maceta los tubérculos en primavera usando tierra de turba, vermiculite, y perlite a partes iguales. No es necesario cambiar de maceta a las plantas en flor.

Especies de forma parecida
La *Sinningia pusilla* es muy pequeña, de no más de 3 centímetros pero tiene flores relativamente grandes, color lavanda. Existen muchas variedades.

Plantas arbustivas 1

Las plantas arbustivas resultan difíciles de describir porque a esta categoría pertenecen muchas plantas de flor y de hoja. Su rasgo común es su tendencia a crecer a lo ancho tanto como a lo largo. Su envergadura es semejante a su altura y por eso suelen presentarse como ejemplares aislados o por parejas, más que en grupos de diferentes plantas aunque algunas de las más erguidas van bien con plantas colgantes. Muchas de las plantas arbustivas de flor pueden agruparse con otras de su misma especie, en cuencos poco altos. Suelen ser anuales, que se compran por las flores y se desechan pasada la floración. Muchas especies se propagan naturalmente, por medio de vástagos, otras solamente si se las despunta con regularidad. La forma y el tamaño varían desde las pequeñas peperomias e hipoestes hasta el laurel, de porte alto. La textura, forma, tamaño y color de las hojas están así mismo bien representados: desde las hojas lisas y carnosas del ciclamen hasta las hojas grandes y granulosas de la begonia de hoja. También hay hojas de colores como el cóleo, el hipoestes, y el caladio. Las plantas arbustivas van bien en interiores de época y en interiores más relajados.

PLANTAS ARBUSTIVAS DE HOJA PEQUEÑA

BROWALLIA
Browallia speciosa

Son plantas vistosas, con flores azul-violeta, que aparecen en otoño y duran hasta entrado el invierno. Deben tratarse como anuales, desechándolas terminada la floración. Existen varios tipos, desde los altos hasta los enanos. Los tallos tienden a encorvarse con el tiempo por lo que es preferible situar la planta a nivel de los ojos en cestos colgados o agrupadas sobre una mesa.

Microclima 1 Cálido, soleado.
Tamaño Alcanzan una altura de 60 centímetros y una envergadura semejante. Despunte las yemas pinzándolas para estimular el crecimiento arbustivo. En otoño se venden plantas adultas.
Abono Añada fertilizante líquido normal cada dos semanas.
Maceta Cámbiela en primavera usando tierra de macetas, sólo si las raíces han invadido el tiesto anterior. Una vez la maceta tenga 12 centímetros cambie la tierra superficial.
Observaciones Destruya las moscas verdes que vea.

Especies de forma parecida
Browallia viscosa: Su tamaño es la mitad del de la *B. speciosa*, con hojas y flores menores. Las hojas son ligeramente pegajosas.

BEGONIA ELATIOR
Begonia "Elatior" híbrida

Esta begonia florece casi todo el año. Las flores, grandes, parecidas a las rosas, tienen un color que va del rojo intenso al rosa, amarillo y blanco. Es preferible tratarlas como anuales y desechar la planta terminada la floración. El follaje suele ser verde claro pero se encuentran begonias de follaje oscuro. Como las flores son grandes, estas begonias quedan mejor como ejemplares aislados o agrupadas en un cuenco poco alto. Prefieren las habitaciones con mucha luz, bien ventiladas.

Microclima 2 Cálido, sol filtrado.
Tamaño Las begonias elatior, suelen ser erguidas, con una altura y envergadura máximas de 35-40 centímetros. Desde mediados de primavera a principios de otoño se venden plantas pequeñas.
Abono Añada fertilizante líquido normal cada dos semanas en primavera y verano.
Maceta Cambie de maceta dos o tres veces en verano y otoño usando tierra de mantillo y de hojas o turba a partes iguales. Si no quiere trasplantar una begonia crecida, cambie la capa de tierra superficial.
Observaciones Protéjala del mildiú con una buena ventilación.

Especies de forma parecida
Begonia tuberhybrida: tiene flores grandes, dobles, de color rojo, rosa, blanco o amarillo.

BEGONIA
Begonia semperflorens-cultorum

Son plantas pequeñas cultivadas por su profusión de flores. Se encuentran variedades de flor sencilla o doble. Las flores blancas, rosas o rojas, empiezan a aparecer en primavera y duran hasta entrado el invierno. Es preferible tratarlas como anuales y desecharlas después de la floración. Son plantas de adorno excelentes agrupadas en recipientes poco altos o mezcladas con plantas de hoja. Prefieren las habitaciones con mucha luz, bien ventiladas.

Microclima 1 Cálido, soleado.
Tamaño Las begonias no suelen alcanzar más de 30 centímetros de altura. En primavera se venden como plantas pequeñas y durante el resto del año como plantas maduras.
Abono Añada fertilizante líquido normal cada dos semanas en primavera y verano.
Maceta Cambie de maceta cuando sea necesario, quizá dos o tres veces en verano y otoño, usando una mezcla de tierra de mantillo y mantillo de hojas o turba a partes iguales. Si no desea transplantar una planta crecida, cambie la tierra superficial.
Observaciones Protéjala del mildiú con una ventilación adecuada.

Temperatura				Luz			Humedad			Riego			Cuidados		
10-15° C, de primavera a otoño	7-10° C, invierno	10-15° C	15-21° C	Soleado	Sol filtrado	Semisombra	Baja	Moderada	Alta	Escaso	Moderado	Abundante	Fácil	Bastante fácil	Complicado

GERANIO DE OLOR
Pelargonium crispum "Variegatum"

Èstos geranios se cultivan más por sus hojas aromáticas que por sus flores. El follaje es verde claro con márgenes crema y, despuntando las yemas, se le pueden dar a la planta muchas formas. Colóquela en un paso donde se rocen las hojas para que desprendan más perfume. Los geranios tienen un aire "campestre" que los hace ideales para ambientes rústicos o desenfadada.

Microclima 4 Fresco, soleado.
Tamaño Estos geranios alcanzan los 60-90 centímetros de altura, pero pueden mantenerse bajos y arbustivos. Se venden plantas pequeñas.
Abono Añada fertilizante líquido diluido a la mitad dos veces en el verano.
Maceta Cambie de maceta en primavera usando tierra de mantillo sobre una capa de material grueso para drenaje, sólo si las raíces han invadido el tiesto anterior.
Observaciones No riegue en exceso en invierno porque se pueden pudrir los tallos, ennegreciendo.

COLEO
Coleus blumei

Estas plantas tienen las hojas suaves en una gama de colores que van del rojo y bronce al crema y morado, algunas incorporando tres o más colores. Aunque las hojas serradas recuerdan a la de la ortiga, no están relacionas con ella. Los cóleos es preferible tratarlos como anuales, desechando la planta al cabo de un año. El colorido de sus hojas va bien con interiores de época y tapicería de color intenso.

Microclima 1 Cálido, soleado.
Tamaño Los cóleos alcanzan una altura de 45 centímetros en un año, con envergadura parecida. Despunte las yemas terminales para fomentar el crecimiento arbustivo.
Abono Añada fertilizante líquido normal cada dos semanas en primavera y verano y una vez al mes en otoño e invierno.
Maceta Cambie de maceta cada dos meses usando tierra de mantillo. Si no desea transplantar un cóleo crecido, cambie sólo la capa de tierra superficial.
Observaciones El color de las hojas se intensifica si la planta está expuesta al sol.

PENTAS
Pentas lanceolata

Estas bonitas plantas son arbustos que florecen en invierno, aunque pueden hacerlo todo el año. Tienen hojas lanceoladas, con pelillos finos y ramitos de flores en forma de estrella, de color malva, blanco o rosa. Las cabezas florales achatadas pueden llegar a tener 10 centímetros de diámetro. Quedan mejor en adornos mixtos en una habitación desenfadada.

Microclima 1 Cálido soleado.
Tamaño Alcanzan de 30 a 45 centímetros de altura. Despunte las yemas terminales para fomentar el desarrollo arbustivo. A la venta se encuentran plantas pequeñas.
Abono Añada fertilizante líquido normal cada dos semanas durante la floración.
Maceta Cambie de maceta en primavera usando tierra de mantillo. Si no desea transplantar un ejemplar crecido, cambie la tierra superficial.
Observaciones Riegue menos en invierno.

MIRAMELINDO
Impatiens wallerana híbrida

El color de estas flores puede ser blanco, rosa, rojo; algunas presentan varias coloraciones. El follaje y los jugosos tallos también varían del verde claro al bronce. Los miramelindos empiezan a florecer cuando tienen seis semanas y continúan durante todo el verano. Es preferible tratarlos como anuales y desecharlos pasada la floración. Son plantas muy atractivas agrupadas en un cesto colgado o en una jardinera.

Microclima 1 Cálido, soleado.
Tamaño Los miramelindos son de crecimiento rápido; los híbridos modernos alcanzan un máximo de 35 centímetros. Despúntelos para fomentar el desarrollo arbustivo. A la venta se encuentran plantones y plantas medianas.
Abono Añada fertilizante líquido normal cada dos semanas en primavera y verano.
Maceta Cambie de maceta en primavera usando tierra de mantillo, pero sólo cuando las raíces hayan invadido el tiesto anterior. Cuando las macetas tengan 12 centímetros, cambie la tierra superficial.

Plantas arbustivas 2

PLANTAS ARBUSTIVAS DE HOJA PEQUEÑA continuación

HIBISCO-ROSA DE CHINA
Hibiscus rosa-sinensis

Las grandes flores en forma de embudo y las hojas brillantes, verde oscuro, hacen del hibisco una planta espectacular. Las flores pueden ser rojas, rosas, blancas, amarillas o naranjas y aparecen de una en una, por lo general en primavera y verano. Sitúelas en lugar soleado para dar un toque oriental, como ejemplares aislados o en grupos de diferentes colores.

Microclima 1 Cálido, soleado.
Tamaño Los hibiscos son de crecimiento rápido y alcanzan pronto el 1,5 metros de altura. Se suelen vender plantas con brotes de flor en primavera.
Abono Añada fertilizante líquido potásico cada dos semanas en primavera y verano y una vez al mes en otoño e invierno. Si no florece mucho aumente la frecuencia del abono (no su concentración).
Maceta Cambie de maceta en primavera usando tierra de mantillo. Si no desea trasplantar, cambie la tierra superficial.
Observaciones Riegue menos en invierno.

EXACUM
Exacum affine

Estas "violetas persas" o "alemanas" son plantas pequeñas, arbustivas, cubiertas de flores azules con el ojo amarillo, y de hojas verde aceituna. Florecen en verano y las flores duran hasta dos meses. Es preferible tratarlas como anuales y desecharlas pasada la floración. Para presentarlas, agrúpelas en un cuenco grande. Van bien en todos los ambientes tradicionales o modernos.

Microclima 2 Cálido, sol filtrado.
Tamaño El exacum desarrolla pronto tallos de hasta 30 centímetros Se venden plantas jóvenes, llenas de capullos, a principios de primavera.
Abono Añada fertilizante líquido normal cada dos semanas durante la floración.
Maceta Cambie de maceta usando tierra de mantillo, sólo si la planta venía en un tiesto muy pequeño. No es necesario volver a cambiarlas.
Observaciones Ponga la maceta sobre un plato con guijarros mojados para aumentar la humedad.

PELARGONIO
Pelargonium domesticum híbrido

Estos pelargonios tienen grandes cabezas florales de color blanco o rojo; muchas son bicolores o tricolores. La época de floración es breve, de primavera a mediados del verano, pero lo vistoso de las flores compensa su brevedad. Son ideales para jardineras, pero también quedan bien con ejemplares aislados.

Microclima 4 Fresco, soleado.
Tamaño Los pelargonios pueden crecer sobre un tallo, de hasta 60 centímetros, o como arbusto pequeño. A la venta se encuentran plantas de todos los tamaños.
Abono Añada de cuando en cuando fertilizante líquido normal, en primavera y verano.
Maceta Cambie de maceta todas las primaveras, con tierra de mantillo. Cuando las macetas tengan 15 centímetros, cambie la tierra superficial.
Observaciones Quite las flores marchitas para fomentar la floración.

Especies de forma parecida
Pelargonium hortorum: tiene cabezas florales redondas casi todo el año.

MARANTA
Maranta leuconeura erythoneura

Las hojas de esta notable planta se unen en parejas por la noche como manos al rezar. Las hojas tienen las nerviaciones en relieve y de color rojo. La línea roja central lleva otra verde claro a cada lado y el resto es verde oscuro. Las marantas son de las plantas más llamativas y deben figurar en lugar destacado. También crecen sobre varas de musgo cortas.

Microclima 3 Cálido, semisombra.
Tamaño Las marantas alcanzan una altura de 15 a 30 centímetros con una envergadura de 40 centímetros. Se venden plantas pequeñas.
Abono Añada fertilizante líquido normal cada dos semanas en primavera, verano y otoño.
Maceta Cámbiela en primavera con tierra de mantillo usando macetas bajas. Si no desea trasplantar, cambie la tierra superficial.

Temperatura
10-15° C. de primavera a otoño
7-10° C. invierno
10-15° C.
15-21° C.

Luz
Soleado
Sol filtrado
Semisombra

Humedad
Baja
Moderada
Alta

Riego
Escaso
Moderado
Abundante

Cuidados
Fácil
Bastante fácil
Complicado

CINERARIA
Senecio cruentus híbrido

Las cinerarias tienen flores grandes, en forma de margarita, que crecen en manojo en el centro de las hojas carnosas. Las flores pueden ser naranjas, rojas, magenta, rosas, azules o moradas, a veces con un círculo blanco alrededor del disco central. Las hojas son aterciopeladas y suelen ser azuladas en el envés. Las cinerarias deben tratarse como anuales, desechando la planta pasada la floración. Se consiguen agrupaciones muy bonitas con varias cinerarias en un cuenco de porcelana o en un cesto. Van bien en ambientes tradicionales y modernos.

Microclima 4 Fresco, soleado.
Tamaño A la venta se encuentran cinerarias a punto de florecer, de 30 centímetros de altura y otro tanto de envergadura, en invierno y primavera.
Abono No lo requieren.
Maceta No requieren cambio de maceta.
Observaciones Para mantener decorativas las plantas el mayor tiempo posible, asegúrese de que la tierra no quede demasiado seca. Pierde mucha agua por las grandes hojas y si las raíces se secan, la planta muere. Destruya los pulgones y moscas blancas que vea.

FLOR DE PASCUA — POINSETIA
Euphorbia pulcherrima

Con sus espléndidas brácteas rojas, rosas o crema, las flores de Pascua alegran las Navidades. Las brácteas permanecen decorativas dos meses. Después hay que podarlas bien y conservarlas sólo por las hojas ya que no es fácil que florezcan una segunda vez. La poinsetia es esencialmente una planta para ejemplar aislado, pero queda bien en un grupo mixto con plantas de hoja verde oscuro.

Microclima 1 Cálido, soleado.
Tamaño Rara vez alcanzan más de 30-40 centímetros. Se venden en otoño e invierno.
Abono Añada fertilizante líquido normal una vez al mes.
Maceta No es necesario cambiar la maceta el primer año; si se conserva un segundo año, se cambia a la misma maceta con tierra de mantillo nueva.
Observaciones La savia de la flor de Pascua puede causar irritación cutánea.

HIPOESTES
Hypoestes phyllostachya

Son plantas muy bonitas, con un follaje curioso. Las hojas, de color verde aceituna a verde oscuro, están llenas de motas rosa claro. Es preferible tratarlas como anuales y desecharlas al cabo del año. Como son muy pequeñas, conviene agruparlas, en tiestos separados o en una misma maceta baja.

Microclima 2 Cálido, sol filtrado.
Tamaño Las hipoestes pueden llegar a ser altas pero quedan ralas por lo que conviene limitar su crecimiento a los 30 centímetros despuntándolas. Se venden plantas de 5-7 centímetros.
Abono Cambie de maceta en primavera pero sólo cuando las raíces hayan invadido el tiesto. Cuando la maceta tenga 12 centímetros, cambie sólo la tierra superficial.
Observaciones Rocíe las hojas de cuando en cuando con agua tibia para evitar la arañuela roja.

AZALEA
Rhododendron simsii

La azalea produce manojos de flores de vivo color en lo alto de una masa de hojas verdes brillantes. El color de las flores puede ser de blanco a magenta, incluyendo todos los matices de rojo y rosa. Algunas flores son bicolores. Es preferible considerarlas anuales y desecharlas pasada la floración. Agrupe las azaleas en un cuenco bajo y sitúelas en un zaguán u otro lugar fresco.

Microclima 5 Fresco, sol filtrado.
Tamaño Las azaleas no crecen mucho más de 30 centímetros de altura y envergadura. Se venden plantas a punto de florecer en invierno y primavera.
Abono Añada fertilizante líquido normal cada dos semanas de primavera a otoño.
Maceta No es necesario cambiar de maceta.
Observaciones Para conservar las plantas decorativas el mayor tiempo posible, téngalas en lugar fresco y mantenga la tierra siempre húmeda.

Plantas arbustivas 3

PLANTAS ARBUSTIVAS DE HOJA PEQUEÑA <small>continuación</small>

CICLAMEN
Cyclamen persicum híbrido

El ciclamen florece a finales de otoño, en invierno y principios de primavera. Existen muchas variedades, con el color de las flores blanco a rojo y morado. Algunas variedades tienen las flores onduladas u olorosas. Auque suelen tratarse como anuales, si se dejan secar los tubérculos a finales de primavera dejándolos descansar en verano, los ciclámenes duran muchos años. Son ideales para adornos llenos de color en zaguanes o salas de época no muy cálidas.

Microclima 5 Fresco, sol filtrado.
Tamaño El ciclamen rara vez sobrepasa los 20-25 centímetros. Se venden plantas con la flor sin abrir de septiembre a Navidad.
Abono Añada fertilizante líquido normal cada dos semanas durante la floración.
Maceta No es necesario cambiarla el primer año. Plante el tubérculo dejado secar, en septiembre, en tierra de mantillo. Utilice siempre la misma maceta.
Observaciones No vierta nunca agua directamente sobre el tubérculo: deje en cambio la maceta en agua diez minutos.

CAPSICASTRO — SOLANO
Solanum capsicastrum

Las bayas redondas de color naranja-rojo hacen de esta planta una de las favoritas del otoño. Las bayas duran meses si se conserva en lugar soleado pero fresco. El aire caliente y seco acorta considerablemente su vida. Sobre una mesa baja o en una jardinera, el capsicastro pone una nota de color e interés en un grupo de plantas de hoja.

Microclima 4 Fresco, soleado.
Tamaño Los capsicastros alcanzan un máximo de 45 centímetros. Se venden plantas con bayas.
Abono Añada fertilizante líquido normal cada dos semanas.
Maceta Cambie de maceta usando tierra de mantillo. Para que fructifique por segunda vez, pódelo hasta la mitad, páselo a macetas de 12 centímetros y sáquelo al exterior, en verano.
Observaciones Rocíelo a diario para aumentar la humedad y ayudar a la polinización de las flores. Las bayas no son comestibles por lo que deben mantenerse fuera del alcance de los niños.

PEPEROMIA
Peperomia caperata

Estas pequeñas plantas tienen unas hojas muy características, de surcos marcados y en forma de corazón. El crecimiento extendido de las hojas se hace más patente con el desarrollo de una espigas florales verticales que emergen de la roseta de hojas. Las peperomias quedan bien incluidas en grupos mixtos con plantas de hoja de distinto tamaño y textura.

Microclima 2 Cálido, sol filtrado.
Tamaño Las peperomias son plantas compactas que rara vez sobrepasan los 15 centímetros con envergadura semejante. Se encuentran a la venta plantas jóvenes y ejemplares enanos para jardines en botella.
Abono Añada fertilizante líquido diluido a la mitad una vez al mes de mediados de primavera a otoño.
Maceta Cambie de maceta en primavera usando tierra de mantillo, sólo si las raíces han invadido el tiesto.
Observaciones No las riegue en exceso porque las peperomias se pudren.

PIMENTERA
Capsicum annum

La pimentera es una planta de moda por las bayas de vivo color que aparecen en otoño y permanecen decorativas hasta pasada la Navidad. Las bayas suelen ser rojo-anaranjado, pero las hay blancas, amarillas, verdes y moradas. Es preferible tratarlas como anuales y desecharlas pasada la fructificación. Son buenas para adornos de Navidad y muy vistosas agrupadas para decorar una mesa.

Microclima 1 Cálido, soleado.
Tamaño Las pimenteras alcanzan su mejor momento cuando tienen unos 30-35 centímetros de altura y envergadura. Se venden plantas de este tamaño, con bayas.
Abono Añada fertilizante líquido normal cada dos semanas mientras duren las bayas.
Maceta No es necesario cambiarla.
Observaciones Para conservar decorativa a la pimentera el mayor tiempo posible, ponga las macetas sobre platos con guijarros mojados que aumenten la humedad.

Temperatura
10-15°C de primavera a otoño
7-10°C invierno
10-15°C
15-21°C

Luz Soleado · Sol filtrado · Semisombra

Humedad Baja · Moderada · Alta

Riego Escaso · Moderado · Abundante

Cuidados Fácil · Bastante fácil · Complicado

CRISANTEMO
Chrysanthemum morifolium híbrido

Estos crisantemos se encuentran con flores de todos los colores menos azul. Flores y hojas tienen un aroma característico. La floración dura unas seis semanas y es preferible tratar la planta como anual, desechándola pasada la floración. Varios crisantemos agrupados en un cesto o fuente sobre una mesa baja resultan muy atractivos.

Microclima 5 Fresco, sol filtrado.
Tamaño Estos crisantemos se han cultivado especialmente para que no sobrepasen los 30 centímetros de altura. Se encuentran a la venta todo el año.
Abono Son plantas temporales y no lo requieren.
Maceta No es necesario cambiarla.
Observaciones Cuando compre un crisantemo asegúrese de que los brotes permitan ver el color de la flor; si están muy cerrados no se ve.

PRIMAVERA — PRIMULA
Primula cobconica

Es una de las plantas de flor más bonitas; florece entre Navidad y el verano. Los manojos de flores son blancos, rosas, salmón o malvas, con un característico ojo verde. Es preferible tratarlas como anuales y desecharlas pasada la floración. Uselas aisladas o agrupadas en cestos o cuencos bajos en cualquier lugar fresco, como un zaguán o un dormitorio.

Microclima 5 Fresco, sol filtrado.
Tamaño Las primaveras rara vez sobrepasan los 30 centímetros, con una envergadura de 25 centímetros. Se venden en flor.
Abono Añada fertilizante líquido normal cada dos semanas.
Maceta No es necesario cambiarla.

Especies de forma parecida
La *Primula malacoides* es una planta muy delicada con flores pequeñas blancas, rosas o lila.

ACHIMENES — AQUIMENES
Achimenes grandiflora

Estas "flores mágicas" consisten en tallos erguidos, pilosos, de color verde o rojo y de hojas verde mate, también pilosas; las flores pueden ser rosas, moradas o amarillas, con el cáliz blanco. El período de floración dura de junio a octubre. Son plantas estupendas para rellenar espacios en jardineras.

Microclima 1 Cálido, soleado.
Tamaño Alcanzan los 45 centímetros de altura. Se venden plantas pequeñas en primavera.
Abono Añada fertilizante líquido fosfatado diluido a la octava parte cuando riegue durante la floración.
Maceta Cambie de maceta en primavera usando turba, arena gruesa o perlite, y vermiculite a partes iguales. Divida las plantas todas las primaveras.
Observaciones No las riegue en invierno.

PLANTAS ARBUSTIVAS DE HOJA GRANDE

ARALIA
Fatsia japonica

Es un arbusto perenne que se utiliza desde hace más de un siglo en interiores y en exteriores. Tiene hojas bonitas, brillantes, digitadas, cuyo color y textura contrasta con el tallo que se vuelve nudoso y leñoso con el tiempo. Se puede sacar la planta en verano y las hojas adquieren un verde más intenso. La aralia resulta muy decorativa en interiores arquitectónicos.

Microclima 5 Fresco, sol filtrado.
Tamaño Son arbustos de crecimiento rápido, alcanzando el 1,5 metros de altura y envergadura en dos años. Se venden plantas pequeñas.
Abono Añada fertilizante líquido normal cada dos semanas en primavera y verano.
Maceta Cambie de maceta en primavera usando tierra de mantillo. Las macetas de barro son mejores porque las aralias pesan bastante. Si no desea trasplantar una aralia crecida, cambie la tierra superficial.

Plantas arbustivas 4

PLANTAS ARBUSTIVAS DE HOJA GRANDE continuación

AUCUBA
Aucuba japonica "Variegata"

También llamada "laurel japonés", la aucuba era planta frecuente en invernaderos victorianos. Los híbridos modernos son más vistosos, con las hojas muy matizadas de amarillo. La aucuba se puede utilizar en jardineras y en adornos para habitaciones frescas, ya que toleran cierto descuido, escasa luz y corrientes.

Microclima 5 Fresco, sol filtrado.
Tamaño La aucuba alcanza los 90 centímetros. Se venden plantas de unos 20 centímetros.
Abono Añada fertilizante líquido normal una vez al mes en verano.
Maceta Cambie de maceta en primavera usando tierra de mantillo. Cuando la maceta tenga 20 centímetros, cambie la tierra superficial.
Observaciones Limpie las hojas regularmente con una esponja húmeda. Puede sacar la planta en verano.

CALADIO
Caladium hortulanum híbrido

Los caladios tienen tallos largos y carnosos, con hojas acorazonadas finas como el papel. La variedad de color y dibujo de las hojas es inmensa: aparte de las hojas verdes con nerviaciones rojas, las hay verdes y crema con nerviaciones rosas o verdes. Los caladios son muy ornamentales, sobre todo en grupos de hoja de diferente hoja.

Microclima 3 Cálido, semisombra.
Tamaño Los caladios de hoja principalmente verde alcanzan un máximo de 20-25 centímetros. Las variedades coloreadas llegan a los 45-60 centímetros. Se venden plantas con follaje tupido.
Abono Añada fertilizante líquido diluido a la mitad cada dos semanas en primavera y verano.
Maceta Cambie de maceta el tubérculo reposado en primavera, usando una tierra a base de turba. Asegúrese un buen drenaje. Use macetas de 12 centímetros y cubra el tubérculo con una capa de 2-3 centímetros.

AFELANDRA
Aphelandra squarrosa "Louisae"

Son plantas tanto de flor como de hoja. Durante unas seis semanas tienen unas curiosas cabezas florales de brácteas amarillas solapadas. Terminada la floración, pince las flores muertas y use la afelandra como planta de hoja. Las hojas son grandes y brillantes y las nerviaciones están marcadas con gruesas líneas blancas. Mézclela con plantas de hoja lisa en un salón moderno.

Microclima 2 Cálido, sol filtrado.
Tamaño La afelandra alcanza unos 30 centímetros de altura y envergadura. Se venden las plantas en flor.
Abono Añada fertilizante líquido normal todas las semanas de primavera a principios de otoño.
Maceta Cambie de maceta en primavera usando tierra de mantillo. Cuando la maceta tenga 15 centímetros, cambie sólo la tierra superficial.

ANTURIO
Anthurium scherzeranum híbrido

La exótica cabeza floral consiste en una bráctea de color rojo vivo rodeando una espiga floral alargada. Duran varias semanas y aparecen en cualquier momento de febrero a julio. Cuando están en flor, varios anturios agrupados constituyen un adorno atractivo; cuando no están en flor, las hojas armonizan con las de otras plantas de semisombra.

Microclima 3 Cálido, semisombra.
Tamaño El anturio alcanza los 60 centímetros de altura. Se venden plantas pequeñas.
Abono Añada fertilizante líquido normal cada dos semanas.
Maceta Cambie de maceta en primavera usando un tercio de tierra de mantillo, un tercio de turba y un tercio de arena gruesa. Cuando la maceta tenga 18 centímetros, cambie la tierra superficial. Tape con turba las raíces que asomen.
Observaciones Riegue menos en invierno. Ponga las macetas sobre bandejas con guijarros mojados para aumentar la humedad.

Temperatura			Luz			Humedad			Riego			Cuidados		
10-15°C de primavera a otoño	7-10°C invierno	15-21°C	Soleado	Sol filtrado	Semisombra	Baja	Moderada	Alta	Escaso	Moderado	Abundante	Fácil	Bastante fácil	Complicado

BEGONIA DE HOJA
Begonia rex-cultorum

También llamada begonia rex, es una de las más bonitas, cultivada por la belleza de sus hojas más que por las flores, insignificantes. Las hojas acorazonadas, que pueden tener hasta 30 centímetros de altura, presentan dibujos con toda la gama de rojos, negros, plateados y verdes. La textura de la hoja también varía: algunos híbridos tienen las hojas lisas, otros arrugadas o granulosas.

Microclima 3 Cálido, semisombra.
Tamaño Alcanzan los 30 centímetros de altura y una envergadura de 90 centímetros Se venden plantas jóvenes de 5-8 centímetros de altura.
Abono Añada fertilizante líquido normal cada dos semanas en primavera y verano.
Maceta Divida las macollas y cambie de maceta cada tres años en primavera, usando tierra de turba y una maceta baja.
Observaciones Riegue menos en invierno. Destruya el mildiú pulverulento que encuentre.

Especies de forma parecida
La *Begonia masoniana* tiene un dibujo de rayas rojas entrecruzadas en medio de las hojas verde claro.

PLANTAS ARBUSTIVAS DE HOJA COMPUESTA

CULANTRILLO
Adiantum raddianum

El culantrillo tiene unos frondes verde claro sobre tallos negros finos y fuertes. Combina bien con otras plantas de hoja y de flor y da suavidad a las composiciones. También es atractivo aislado. Las plantas pequeñas sirven para terrarios.

Microclima 3 Cálido, semisombra.
Tamaño El culantrillo alcanza los 30 centímetros de altura y de envergadura. Se venden plantas de todos los tamaños.
Abono Añada fertilizante líquido normal una vez al mes en primavera y verano.
Maceta Cambie de maceta en primavera usando tierra para helechos, pero sólo si aparece una masa de raíces en la tierra del tiesto.
Observaciones Ponga la maceta en un plato con guijarros mojados para aumentar la humedad.

Especies de forma parecida
El *Adiantum raddianum microphyllium* tiene foliolos diminutos, verde oscuro, en forma de gajos.
El *Adiantum hispidulum* es muy pequeño y tiene los frondes como dedos.

ESPARRAGUERA
Asparagus setaceus

Esta esparraguera tiene un follaje ligero y plumoso, constituido por ramitas muy finas sobre tallos como alambres. Los ejemplares altos se pueden sujetar a unas cañas para formar una columna. Sujetos alrededor de una ventana orientada al este o al oeste, producen un efecto muy "campestre". También se incluyen en cestos colgados.

Microclima 2 Cálido, sol filtrado.
Tamaño La esparraguera produce tallos de hasta 1.2 metros de largo. Se venden plantas pequeñas.
Abono Añada fertilizante líquido normal cada dos semanas en primavera y verano y una vez al mes en otoño e invierno.
Maceta Cambie de maceta en primavera, usando tierra de mantillo. Si no desea trasplantar, cambie la capa superficial de tierra.

Especies de forma parecida
El *Asparagus asparagoides* es una buena trepadora con ramitas en forma de foliolos, de hasta 5 centímetros.
El *Asparagus falcatus* es parecido pero tiene espinas en forma de hoz en los tallos.

EPTERIDE
Pteris cretica

Estas plantas forman grupos de frondes listados que crecen de rizomas cortos, subterráneos. Cada fronde tiene forma de mano y las pinas parecen dedos. Las eptérides van bien con otras plantas y se usan sobre todo para disimular las macetas, delante de un grupo mixto. Son ideales ante una ventana orientada al norte.

Microclima 3 Cálido, semisombra.
Tamaño Alcanzan los 35 centímetros de altura con envergadura semejante. Se venden plantas pequeñas de unos 12 centímetros.
Abono Añada fertilizante líquido diluido a la mitad una vez al mes.
Maceta Cambie de maceta en primavera, usando tierra para helechos, pero sólo cuando las raíces hallan invadido el tiesto. Si no desea trasplantar, cambie la tierra superficial.

Especies de forma parecida.
Pteris tremula parece un helecho. Crece rápidamente y sus frondes alcanzan los 60 centímetros de ancho.

Plantas trepadoras 1

Las plantas trepadoras suelen tener tallos demasiado débiles para mantenerse erguidos sin soporte, pero, con una sujeción adecuada, crecen en cualquier dirección. Las especies con raíces aéreas, como los filodendros y la costilla de Adán, suelen producir tallos gruesos y hojas grandes y pesadas por lo que conviene cultivarlos sobre una vara de musgo resistente. Algunas trepadoras se agarran a otras plantas para crecer, afianzándose con zarcillos de hoja que pueden enroscarse en torno a una caña, a un aro de alambre o de celosía. Los zarcillos parecen finos y frágiles pero son muy resistentes. También las trepadoras pueden enmarcar una ventana, un espejo, o un arco. Su follaje también se usa para dividir zonas en una habitación. Muchas tienen un follaje bonito, como las hojas festoneadas del ciso o las variegadas de la hiedra matizada. Algunas trepadoras tienen flor, como el plumbago, de color azul cielo, y el jazmín con sus flores blancas pequeñas pero muy perfumadas. Las más espectaculares son las flores grandes y vistosas de la pasionaria.

PLANTAS TREPADORAS DE HOJA PEQUEÑA

HIEDRA DE CANARIAS
Hedera canariensis

Estas plantas tienen hojas ligeramente lobuladas, de color verde oscuro con manchas gris verdoso. Son excelentes trepadoras y se adaptan bien a cualquier soporte. Son buenos ejemplares aislados cuando son grandes, y prefieren los lugares frescos como vestíbulos y escaleras.

Microclima 5 Fresco, sol filtrado.
Tamaño La hiedra de Canarias es de crecimiento rápido y la altura y envergadura que alcanzan son impredecibles: desde luego, 2 metros. Las hojas tienen un máximo de 12 centímetros de largo y 13 centímetros de ancho. A la venta se encuentran de todos los tamaños.
Abono Añada fertilizante líquido normal cada dos semanas en la época de crecimiento activo.
Maceta Cambie de maceta en primavera usando tierra de mantillo, sólo si las raíces han invadido el tiesto. Cuando el tiesto tenga 12-15 centímetros, cambie sólo la tierra superficial.
Observaciones Riegue menos en invierno.

HIEDRA DE EL CABO
Senecio macroglossus

Estas plantas son muy parecidas a la hiedra matizada porque tienen las hojas más lisas, más tiernas y más carnosas. Los pecíolos son morados y las hojas verdes, con listas y manchas crema-blanco. En algunos casos de matización muy marcada, todas las hojas de un tallo pueden ser predominantemente crema. Se sujetan a aros de alambre, a cañas, o se plantan en cestos colgados.

Microclima 1 Cálido, soleado.
Tamaño La hiedra de El Cabo alcanza 1 metro de altura y envergadura. Despunte las yemas terminales para mantener el crecimiento arbustivo. Se venden plantas pequeñas.
Abono Añada fertilizante líquido normal cada dos semanas en primavera y verano.
Maceta Cambie de maceta en primavera usando una parte de arena gruesa y tres partes de tierra de mantillo. Cuando la maceta tenga 15 centímetros, cambie la tierra superficial.
Observaciones Riegue menos en invierno. Destruya los pulgones que encuentre.

CISO
Cissus rhombifolia

Estas plantas tienen las hojas muy dentadas. Las hojas nuevas parecen plateadas debido a los pelillos que cubren ambas caras. Las hojas adultas tienen el envés cubierto de pelillos marrones. Sujetas a un marco de cañas, estas plantas pueden alcanzar grandes dimensiones relativamente deprisa. Son también buenas para cestos colgados.

Microclima 2 Cálido, sol filtrado.
Tamaño El ciso alcanza los 1,8 metros de altura en dos años y puede llegar a los 3 metros en condiciones favorables. Despunte las yemas regularmente para fomentar el crecimiento arbustivo. A la venta se encuentran plantas de cualquier tamaño.
Abono Añada fertilizante líquido normal cada dos semanas en primavera y verano.
Maceta Cambie de maceta en primavera usando tierra de mantillo. Cuando las macetas tengan 15-18 centímetros, cambie sólo la tierra superficial.

Temperatura
10-15°C de primavera a otoño
7-10°C, invierno
10-15°C
15-21°C

Luz
Soleado
Sol filtrado
Semisombra

Humedad
Baja
Moderada
Alta

Riego
Escaso
Moderado
Abundante

Cuidados
Fácil
Bastante fácil
Complicado

PASIONARIA — FLOR DE LA PASION
Passiflora caerulea

Estas plantas de aspecto exótico tienen unas flores muy bellas. Cada una tiene cinco pétalos rosa-blanco y cinco sépalos rosa-blanco rodeando un círculo de filamentos azul-morado. Esos filamentos rodean las anteras doradas. Las flores aparecen en cualquier momento en el verano y otoño. Las hojas son verde oscuro y los tallos se pueden sujetar a un soporte para darle forma atractiva. Las pasionarias son ejemplares aislados llamativos en miradores o ventanas con mucha luz.

Microclima 1 Cálido, soleado.
Tamaño La pasionaria tiene una altura y envergadura máximas de unos 10 metros. Se venden plantas de todos los tamaños.
Abono Añada fertilizante líquido normal cada dos semanas en primavera, verano y otoño.
Maceta Cámbiela en primavera con tierra de mantillo. Cuando la maceta tenga 20 centímetros cambie la tierra superficial.
Observaciones Para que las plantas sigan decorativas, despúntelas bien en primavera.

MIKANIA
Mikania ternata

Estas plantas pequeñas tienen un follaje suave, verde pizarra, cubierto de pelillos morados. El envés de las hojas y los tallos son morados. Estas plantas se utilizan igual que las hiedras —como trepadoras o colgantes— aunque no alcanzan el mismo desarrollo. Su original colorido es buen contraste en un grupo mixto.

Microclima 2 Cálido, sol filtrado.
Tamaño Alcanzan una altura y envergadura máximas de unos 60 centímetros. Se venden plantas pequeñas.
Abono Añada fertilizante líquido normal cada dos semanas de primavera a otoño.
Maceta Cámbiela en primavera con tierra de mantillo. Deseche la planta tras el segundo trasplante.
Observaciones No moje las hojas al regar.

TUNBERGIA
Thunbergia alata

La tunbergia tiene unas bonitas flores anaranjadas con un "ojo" marrón característico. Las flores grandes y redondas aparecen de primavera a fines de otoño. Son muy decorativas sujetas por cordeles ante una ventana.

Microclima 4 Fresco, soleado.
Tamaño La tunbergia alcanza los 2 metros de altura. Se venden plantas pequeñas.
Abono Añada fertilizante líquido normal cada dos semanas.
Maceta Cámbiela en primavera con tierra de mantillo, sólo si las raíces han invadido el tiesto anterior. Cuando la maceta tenga 15 centímetros, cambie la tierra superficial.
Observaciones Para mantener decorativa la planta, quítele las flores marchitas pinzando.

ESTEFANOTIS
Stephanotis floribunda

Estas plantas tienen las hojas verde oscuro, brillantes, sobre tallos leñosos que se enroscan sobre cualquier soporte, y flores blancas de delicioso aroma. Las flores crecen en manojos de diez o más. Tienen forma de tubo y se abren en cinco lóbulos. Aparecen de primavera a otoño. Se pueden fijar a una celosía o, si el espacio es más limitado, a un aro de alambre o a una caña.

Microclima 1 Cálido, soleado.
Tamaño La estefanotis es de crecimiento vigoroso. Su altura y envergadura son variables, pero suele alcanzar los 3 metros. Despunte las yemas terminales para fomentar el crecimiento arbustivo. Se venden plantas de cualquier tamaño.
Albono Añada fertilizante líquido normal cada dos semanas en primavera y verano.
Maceta Cámbiela cada dos años en primavera con tierra de mantillo. Cuando la maceta tenga 20 centímetros cambie la tierra superficial.
Observaciones Deje las plantas sobre bandejas con guijarros mojados para aumentar la humedad. Riegue menos en invierno.

Plantas trepadoras 2

PLANTAS TREPADORAS DE HOJA PEQUEÑA continuación

CISO
Cissus antartica

El ciso está emparentado con la parra. Sus hojas satinadas, de color verde oscuro, tienen las nerviaciones marcadas y el borde festoneado. Se pueden utilizar como trepadoras sobre una vara, como ejemplares aislados, o en cestos colgados.

Microclima 2 Cálido, sol filtrado.
Tamaño El ciso alcanza la altura de 2 metros, con una envergadura de 60 centímetros al cabo de dos años. Se venden plantas de todos los tamaños.
Abono Añada fertilizante líquido normal cada dos semanas en primavera y verano.
Maceta Cámbiela en primavera usando tierra de mantillo. Cuando la maceta tenga 15-20 centímetros, cambie la tierra superficial.
Observaciones Deje las plantas sobre un plato con guijarros mojados para aumentar la humedad.

PLUMBAGO
Plumbago auriculata

Estas plantas producen manojos de hasta 20 flores de color azul claro, de primavera a otoño. Una raya azul más oscura recorre los cinco últimos pétalos de arriba a abajo hasta el tubo de 4 centímetros. Sobre una celosía, estas plantas producen un efecto muy bonito. Pueden cubrir una pared.

Microclima 1 Cálido, soleado.
Tamaño Los tallos del plumbago alcanzan 1 metro de largo, pero deben despuntarse en primavera para que la planta no quede rala. Se venden plantas de cualquier tamaño.
Maceta Cámbiela en primavera con tierra de mantillo. Cuando la maceta tenga 20 centímetros cambie la tierra de encima.
Observaciones Riegue menos en invierno.

JAZMIN
Jasminum polyanthum

En invierno y primavera, el jazmín de manojos de flores blancas, muy aromáticas. Tiene un aspecto delicado, pero es una buena trepadora, a la que se puede guiar sobre un aro o cualquier soporte. Si se planta junto a una pared, la cubrirá.

Microclima 4 Fresco, soleado.
Tamaño El jazmín puede alcanzar los 6 metros cultivado en tierra. En maceta, 1 metro. La envergadura depende del soporte. En invierno se venden plantas en flor.
Abono Añada fertilizante líquido normal cada dos semanas de primavera a otoño.
Maceta Cambie de maceta en primavera, con tierra de mantillo. Cuando la maceta tenga 20 centímetros cambie sólo la tierra de encima.
Observaciones En verano saque la planta al exterior.

ALAMANDA
Allamanda cathartica

Esta planta trepadora tiene unas flores brillantes, amarillas, que duran varias semanas en verano. Las hojas ovaladas tienen tallos largos y son de color verde satinado. Si se cultivan en abundante tierra, pueden cubrir una pared, bien sujetas. Para una habitación se cultivan en macetas y se adaptan a cualquier soporte.

Microclima 2 Cálido, sol filtrado.
Tamaño La alamanda es de crecimiento rápido y alcanza una altura y envergadura máximas de 2,5 metros. En invierno hay que reducirla a los dos tercios con una poda. En verano se venden plantas pequeñas.
Abono Añada fertilizante líquido normal cada dos semanas en verano.
Maceta Cambie de maceta en primavera con tierra de mantillo. Si no se desea trasplantar, cambie la tierra de encima.
Observaciones Riegue menos en invierno.

Temperatura				Luz			Humedad				Riego			Cuidados		
10-15°C de primavera a otoño	7-10°C invierno	10-15°C	15-21°C	Soleado	Sol filtrado	Semisombra	Baja	Moderada	Alta		Escaso	Moderado	Abundante	Fácil	Bastante fácil	Complicado

BUGANVILLA
Bougainvillea buttiana

Esta planta, armada de afiladas espinas, tiene el tronco leñoso. Las florecitas de color crema son insignificantes pero están rodeadas de unas grandes brácteas como de papel, muy decorativas, que pueden ser blancas, amarillas, anaranjadas, rosas, rojas o moradas. Se producen en grupos de 10 a 20, sobre todo en primavera y verano. Aunque son plantas trepadoras, se les puede dar una poda de formación para que queden arbustivas. Es preferible cultivarlas en habitación soleada o galería, ya que requieren mucha luz para florecer.

Microclima 1 Cálido, soleado.
Tamaño La buganvilla alcanza una altura y envergadura máximas de 2 metros. Despunte las yemas para conservarle la forma de arbusto. Se venden plantas pequeñas.
Abono Añada fertilizante líquido normal cada dos semanas en verano.
Maceta Cambie de maceta en primavera con tierra de mantillo mezclada con algo de turba. Cuando la maceta tenga 20 centímetros, cambie la tierra superficial.
Observaciones Riegue menos en invierno. Destruya los chinches serosos que encuentre.

PLANTAS TREPADORAS DE HOJA GRANDE

FILODENDRO DE BORGOÑA
Philodendron "Burgundy"

Estos filodendros de hoja grande tiene rojos los peciolos y el envés de las hojas. Resultan espléndidos alrededor de una vara de musgo. Los ejemplares grandes quedan mejor aislados.

Microclima 3 Cálido, semisombra.
Tamaño Estos filodendros son de crecimiento lento y llegan a alcanzar 2 metros.
Abono Añada fertilizante líquido normal cada dos semanas en primavera y verano.
Maceta Cambie de maceta en primavera usando tierra de mantillo y mantillo de hojas a partes iguales, sólo cuando las raíces hayan invadido el tiesto. Cuando éste tenga 15-20 centímetros, cambie la tierra superficial.

Especies de forma parecida
El *Philodendron hastatum* tiene las hojas de un verde muy intenso.

SINGONIO
Syngonium podophyllum "Imperial White"

Estas plantas trepadoras tienen la particularidad de que la forma de las hojas va cambiando. Las hojas jóvenes tienen tres lóbulos pero luego presentan cinco. El singonio puede trepar sobre cañas finas o sobre una vara de musgo, o colgar en un cesto.

Microclima 2 Cálido, sol filtrado.
Tamaño Los tallos alcanzan los 2 metros. La envergadura depende del soporte.
Abono Añada fertilizante líquido normal cada dos semanas de primavera a otoño.
Maceta Cambie de maceta en primavera usando una mezcla a partes iguales de tierra de mantillo y mantillo de hojas, pero sólo cuando las raíces hayan invadido el tiesto. Si no desea trasplantar, cambie la tierra superficial.

COSTILLA DE ADAN
Monstera deliciosa

Estas plantas tienen las hojas acorazonadas enteras cuando son jóvenes; los bordes abiertos y los "ojales" aparecen con la edad. Sujételas a una vara de musgo para que las raíces aéreas vayan a la vara; no corte nunca las raíces, ya que ellas toman los nutrientes.

Microclima 3 Cálido, semisombra.
Tamaño La costilla de Adán puede alcanzar una altura de más de 2,5 metros. A la venta se encuentra de todos los tamaños.
Abono Añada fertilizante líquido normal cada dos semanas en primavera y verano.
Maceta Cambie de maceta en primavera usando dos tercios de tierra de mantillo y un tercio de mantillo de hojas. Cuando la maceta tenga 20 centímetros, cambie la tierra de encima.
Observaciones Limpie las hojas adultas.

Plantas colgantes 1

La mayoría de estas plantas quedan mejor con los tallos colgando aunque algunas, como las hiedras y filodendros, también pueden trepar sobre un soporte. Lo ideal para ellas son los cestos colgados, los pedestales, los estantes, donde pueda apreciarse la cascada de su follaje. Se pueden usar para dar suavidad a la configuración de un grupo, para disimular el borde de un cesto colgado, estante o mesa. Dentro de este grupo existe una gran variedad de textura de hojas, desde los frondes ligeros de la esparraguera hasta los frondes carnosos del cuerno de alce y el delicado follaje de la saxífraga. Se puede lograr un cesto colgado muy vistoso con un cuerno de alce contrastando con un filodendro colgante de hojas acorazonadas. Para dar color existen las flores rojas de las columneas y las azules o blancas de la campanilla. Las hojas de las plantas colgantes también dan color y textura; el follaje aterciopelado y morado de la ginura y el follaje manchado de plata del potos.

PLANTAS COLGANTES DE HOJA PEQUEÑA

FILODENDRO COLGANTE
Philodendron scandens

Estos filodendros de hoja pequeña son los más fáciles de cultivar de la familia. Las hojas terminadas en punta son carnosas y de un bonito color bronce cuando aparecen. Con el tiempo se vuelven verde oscuro y duras. Se pueden sujetar a un soporte, como una vara de musgo, pero también se dejan colgar. Rellenan muy bien espacios en grupos mixtos y son ideales para habitaciones cálidas sin mucho sol.

Microclima 3 Cálido, semisombra.
Tamaño El filodendro es de crecimiento rápido: su tamaño máximo es impredecible pero alcanza fácilmente los 2 metros y 50 centímetros de envergadura. Despunte las yemas terminales para que quede tupido. Se venden plantas pequeñas.
Abono Añada fertilizante líquido normal cada dos semanas en primavera y verano y una vez al mes en otoño e invierno.
Maceta Cámbiela en primavera con mitad de tierra de mantillo y mitad de mantillo de hojas o turba. Cuando el tiesto tenga 25-30 centímetros, cambie la tierra de encima.
Observaciones Deje la maceta sobre un plato con guijarros mojados para aumentar la humedad.

POTOS
Scindapsus pictus "Argyraeus"

La característica más llamativa de esta planta es el color de sus hojas: verde oscuro con pintas plateadas. Las hojas acorazonadas tienen tallos gruesos que a veces producen raíces aéreas. Agrupe varios potos o ponga un ejemplar aislado en un cesto colgado junto a una ventana soleada. El potos es también atractivo trepando sobre una vara de musgo.

Microclima 1 Cálido, soleado.
Tamaño El potos es de crecimiento lento pero las plantas adultas pueden alcanzar 1,5 metros de largo con envergadura semejante. Despunte las yemas terminales para fomentar el crecimiento arbustivo. Se venden plantas de 10-15 centímetros.
Abono Añada fertilizante líquido normal cada dos semanas de primavera a otoño.
Maceta Cambie de maceta en primavera usando tierra de mantillo, pero sólo cuando las raíces hayan invadido el tiesto. Cuando la maceta tenga 15 centímetros, cambie la tierra de encima.
Observaciones Riegue menos en invierno.

EPIPREMNUM
Epipremnum aureum

Esta planta, llamada a veces "hiedra de las Islas Salomón", presenta tallos angulares verde-amarillos y hojas de un verde brillante irregularmente manchado de amarillo. Es impresionante en cestos colgados, en estantes altos o trepando sobre una vara de musgo. Los ejemplares grandes tienen hojas también grandes y quedan mejor como plantas aisladas en una habitación cálida.

Microclima 2 Cálido, sol filtrado.
Tamaño Los tallos alcanzan una longitud máxima de 2 metros, con una envergadura de 1 metro. Despunte las yemas terminales para que quede más tupido. A la venta se encuentran ejemplares pequeños.
Abono Añada fertilizante líquido normal cada dos semanas en primavera y verano.
Maceta Cámbiela en primavera usando tierra de mantillo. Si no desea trasplantar un ejemplar crecido, cambie la tierra de encima.
Observaciones Riegue menos en invierno.

Temperatura 10-15° C, de primavera a otoño 7-10° C, invierno 10-15° C 15-21° C Luz Soleado Sol filtrado Semisombra Humedad Baja Moderada Alta Riego Escaso Moderado Abundante Cuidados Fácil Bastante fácil Complicado

AMOR DE HOMBRE
Zebrina pendula

El amor de hombre es una planta muy decorativa, con un atractivo colorido. Las hojas ovaladas tienen una franja iridescente en la cara y son de color morado en el envés. En primavera y otoño aparecen manojitos de flores moradas-rosas. El amor de hombre es estupenda para cestos colgados, pero también colgando sobre el borde de una jardinera mixta.

Microclima 1 Cálido, soleado.
Tamaño Los tallos alcanzan los 40 centímetros con una envergadura de 30 centímetros. Despunte las yemas terminales para que quede más tupida. Se venden plantas pequeñas.
Abono Añada fertilizante líquido normal cada dos semanas.
Maceta Cámbiela en primavera usando tierra de mantillo, pero sólo cuando las raíces hayan invadido el tiesto. Deseche las plantas a los dos años o tras el segundo cambio de maceta.
Observaciones Quite las tallos que aparezcan con hojas descoloridas.

FLOR DE CERA
Hoya bella

Son plantas que extienden sus tallos colgantes y sus hojas carnosas de color verde mate. Las flores blancas, de fuerte aroma, se agrupan en manojos estrellados de 8 a 10 flores con un centro morado muy curioso. Florece todo el verano. La flor de cera es buena para cestos colgados ya que el centro de sus flores sólo se ve desde abajo. Van bien en galerías o interiores modernos.

Microclima 1 Cálido, soleado.
Tamaño La planta crece hasta los 30 centímetros y luego las ramas empiezan a colgar, llegando a una envergadura máxima de 45 centímetros.
Abono Añada fertilizante líquido rico en potasa cada dos semanas de primavera a comienzos de otoño.
Maceta Cámbiela en primavera usando tierra de mantillo y asegurando un buen drenaje. Cuando la maceta tenga 12-15 centímetros, cambie la tierra de encima.
Observaciones Destruya los chinches serosos que encuentre.

COLUMNEA
Columnea "Banksii"

Estas plantas tienen unas llamativas flores escarlata que asoman entre las hojas pequeñas y cerosas de los largos tallos colgantes. Las flores aparecen en cualquier momento del año. Las plantas grandes quedan bien como ejemplares aislados en recipientes normales o cestos colgados en una habitación cálida.

Microclima 2 Cálido, sol filtrado.
Tamaño Los tallos colgantes de la columnea alcanzan un máximo de 1,2 metros. Se venden plantas pequeñas en primavera.
Abono Añada fertilizante líquido rico en potasa rebajado a una cuarta parte cada vez que riegue.
Maceta Cámbiela en primavera usando a partes iguales turba, perlite y vermiculite. Si no desea trasplantar, despunte las raíces.
Observaciones Mantenga una humedad elevada todo el año.

TRADESCANTIA
Tradescantia albiflora "Albovittata"

Las tradescantias son muy parecidas al amor de hombre. Sus hojas listadas verde y plata son casi translúcidas. Agrúpelas en un cesto colgado o ponga un solo ejemplar en un estante. Se incluyen en adornos mixtos en una habitación cálida. Las tradescantias también trepan.

Microclima 1 Cálido, soleado.
Tamaño La tradescantia es de crecimiento rápido; sus tallos alcanzan los 30 centímetros. Despunte las yemas terminales para que quede tupida.
Abono Añada fertilizante líquido normal cada dos semanas de primavera a otoño.
Maceta Cámbiela en primavera usando tierra de mantillo, pero sólo si las raíces han invadido la maceta anterior. Deseche la planta tras el segundo cambio de maceta.
Observaciones Quite las hojas secas o descoloridas.

Especies de forma parecida
Tradescantia fluminensis "Variegata": tiene las hojas verdes listadas de crema y rojo y cubiertas de pelillos suaves.
Tradescantia sillamontana; tiene las hojas verde menta con largos pelillos blancos.

Plantas colgantes 2
PLANTAS COLGANTES DE HOJA PEQUEÑA continuación

TOLMEIA
Tolmeia menziesii

Estas plantas tiene la particularidad de que sus hojas maduras producen plántulas en la cara. Estas plántulas pesan e inclinan los largos tallos foliares dando un aspecto colgante a la planta. Las hojas de un verde fresco y los esbeltos tallos están cubiertos de pelillos suaves. La tolmeia es excelente para cestos colgados. Les gusta el fresco.

Microclima 5 Fresco, sol filtrado.
Tamaño Son plantas de crecimiento rápido y llegan a los 30 centímetros de largo y envergadura. Se venden plantas pequeñas.
Abono Añada fertilizante líquido normal cada dos semanas en primavera y verano.
Maceta Cámbiela en primavera usando tierra de mantillo, sólo si las raíces han invadido el tiesto anterior. Deseche la planta tras el segundo o tercer cambio de maceta.
Observaciones Riegue menos en invierno.

CINTA — CLOROFITO
Chlorophytum comosum "Vittatum"

Estos híbridos presentan una característica raya blanca o crema a lo largo del centro de la hoja. Las hojas estrechas forman un arco pero el efecto colgante lo producen unos tallos largos que dan lugar a los retoños. Un clorofito cuidado es una planta llamativa, sobre todo situada en lugar alto, pedestal o cesto colgado.

Microclima 5 Fresco, sol filtrado.
Tamaño Las hojas pueden alcanzar los 60 centímetros. La envergadura depende del número de plantas en una misma maceta. Se venden plantas de todos los tamaños.
Abono Añada fertilizante líquido normal cada dos semanas.
Maceta Cámbiela en primavera usando tierra de mantillo, pero sólo si las raíces han invadido el tiesto. Si no desea trasplantar, cambie la tierra de encima.
Observaciones Deje un espacio de 3 centímetros arriba de la maceta para que se desarrollen las raíces gruesas.

SAXIFRAGA
Saxifraga stolonifera

Estas plantas producen muchos retoños en unos tallos finos. La planta madre es pequeña y achatada y las plántulas cuelgan del centro de ella dándole un aspecto de planta colgante. Las saxífragas quedan mejor en cestos colgados para que se vea el envés rojo de sus hojas. Sitúelas en lugar fresco, como un zaguán, donde no se rocen sus delicados tallos.

Microclima 5 Fresco, sol filtrado.
Tamaño La saxífraga es de crecimiento rápido, pero no alcanza más de 20 centímetros de alto. Los tallos colgantes llegan a los 60 centímetros de largo.
Abono Añada fertilizante líquido normal una vez al mes.
Maceta Cámbiela en primavera usando tierra de mantillo. Deseche la planta tras el segundo cambio.
Observaciones Riegue menos durante el reposo invernal.

HIEDRA DE HOJA PEQUEÑA
Hedera helix híbrida

Existen muchos híbridos de hiedra, todos ellos plantas colgantes tupidas, pero con muchas variaciones en la forma y color de la hoja. Las hiedras se pueden utilizar para rellenar espacios en grupos mixtos o en cestos colgados, o sobre estantes. También trepan sobre soportes.

Microclima 5 Fresco, sol filtrado.
Tamaño Las hiedras crecen mucho y para contenerlas y que queden tupidas, hay que despuntarlas. Se venden de todos los tamaños.
Abono Añada fertilizante líquido normal cada dos semanas en primavera y verano y una vez al mes en otoño e invierno.
Maceta Cámbiela en primavera con tierra de mantillo, sólo cuando las raíces hayan invadido el tiesto anterior. Si no desea trasplantar una hiedra crecida, cambie la tierra de encima.
Observaciones Riegue menos durante el reposo invernal.

Temperatura | 10-15° C. primavera a otoño | 7-10° C. invierno | 10-15° C. | 15-21° C.
Luz | Soleado | Sol filtrado | Semisombra
Humedad | Baja | Moderada | Alta
Riego | Escaso | Moderado | Abundante
Cuidados | Fácil | Bastante fácil | Complicado

ESPARRAGUERA
Asparagus densiflorus "Sprengeri"

Esta esparraguera tiene frondes arqueados que se van inclinando con el tiempo hasta colgar. Cada fronde está cubierto de ramitas que le dan un aspecto delicado. Esta planta está emparentada con los lirios. Utilícela para suavizar la configuración de un grupo, o en cesto colgado con unos helechos. Son plantas que crecen bien en cualquier condición y su aspecto fresco las hace aptas para casi todos los interiores.

Microclima 2 Cálido, sol filtrado.
Tamaño Los frondes pueden alcanzar los 90 centímetros. Se venden plantas pequeñas.
Abono Añada fertilizante líquido normal cada dos semanas en primavera y verano, y una vez al mes en otoño e invierno.
Maceta Cámbiela en primavera usando tierra de mantillo pero sólo cuando las raíces hayan invadido el tiesto anterior. Si no desea trasplantar, cambie la tierra de arriba.
Observaciones Para conservar decorativa la planta más tiempo, corte los frondes marchitos.

GINURA
Gynura aurantiaca

Las hojas dentadas de la ginura están cubiertas de unos pelillos morados y su color es más llamativo recién abiertas. Los tallos son erguidos al principio y se van inclinando. Las hojas colgantes lucen mejor si se sitúa la planta en un cesto colgado y se ve ante una ventana. Una planta grande queda muy decorativa en una habitación con tapicería de colores ricos.

Microclima 1 Cálido, soleado.
Tamaño Los tallos colgantes de la ginura alcanzan los 50-100 centímetros de largo. Se venden plantas pequeñas y compactas.
Abono Añada fertilizante líquido normal una vez al mes.
Maceta Cámbiela en primavera usando tierra de mantillo. Deseche la planta al segundo cambio de maceta.
Observaciones Riegue menos en invierno. La planta produce flores naranjas de olor desagradable que deben quitarse antes de que se abran.

CAMPANILLA
Campanula isophylla

Las campanillas producen unos manojos de flores de aspecto delicado, blancas o azul claro a comienzos de agosto y siguen floreciendo hasta noviembre. Las flores llegan a ser tan numerosas que ocultan el follaje verde claro. Es preferible tratarlas como anuales y desecharlas terminada la floración. Las campanillas se agrupan en cestos colgados o jardineras. Van bien en galerías o habitaciones informales.

Microclima 4 Fresco, soleado.
Tamaño Los tallos esbeltos de la campanilla alcanzan un máximo de 30 centímetros. Despunte las yemas para fomentar el crecimiento tupido. Se venden plantas pequeñas en verano.
Abono Añada fertilizante líquido normal cada dos semanas durante la floración.
Maceta Cámbiela en primavera con tierra de mantillo. Cuando la maceta tenga 12 centímetros, cambie la tierra de arriba.
Observaciones Rocíe las plantas a diario si están en cestos colgados, en verano y otoño.

PLANTAS COLGANTES DE HOJA GRANDE

CUERNO DE ALCE
Platycerium bifurcatum

Son helechos muy curiosos. Todas las plantas tienen dos tipos de frondes; pequeños que se agarran al soporte de la planta y grandes y colgantes que dan a la planta su característico aspecto. Los frondes son verde oscuro y están cubiertos de una pelusilla fina, blanca y aterciopelada.

Microclima 3 Cálido, semisombra.
Tamaño Los frondes alcanzan los 90 centímetros. Se venden plantas pequeñas.
Abono Añada fertilizante líquido normal una vez al mes durante el crecimiento activo. Añada fertilizantes al cubo donde sumerja la maceta o corteza.
Maceta Sólo las plantas pequeñas estarán en maceta —use tierra de helechos—. Las plantas grandes se cultivan sobre una corteza de árbol. Envuelva las raíces en musgo esfagno y átelo a la corteza.
Observaciones Rocíe con regularidad para mantener una humedad elevada.

Plantas rastreras

S on plantas cuyos tallos apenas se elevan sobre la tierra de cultivo. Ese hábito de pegarse a la tierra crea un efecto alfombrado si se deja que se extienda la planta. Las rastreras se usan para tapar la tierra alrededor de las plantas erguidas y romper la línea dura de ciertas macetas. Algunas rastreras, como la selaginela, emiten raíces hacia tierra allí donde la tocan, creando plantas nuevas, mientras otras, como el plectranto, sólo se apoyan sobre la superficie.

Las plantas de este grupo suelen ser de hoja pequeña y de reducido tamaño en sí. Algunas llegan con la edad a extenderse mucho, pero sólo si disponen del espacio adecuado. Ciertas especies,

como el ficus rastrero, también trepan sobre un soporte o cuelgan de un cesto, como el plectranto.

Algunas de las plantas de esta categoría tienen curiosos dibujos en las hojas; la begonia "Pata de tigre" tiene las hojas verde limón y unos dibujos rojizos; la fitonia tiene unas exóticas nerviaciones rojas sobre un fondo verde oscuro. La nertera tiene bayas del tamaño de guisantes que permanecen decorativas varios meses. Las hojas y bayas llenas de color de las rastreras compensan su falta de flores; las pocas que aparecen son pequeñas e insignificantes. Muchas de las rastreras prosperan en el ambiente húmedo de los jardines en botella y terrarios.

PLANTAS RASTRERAS DE HOJA PEQUEÑA

SOLEIROLIA
Soleirolia soleirolii

Estas bonitas plantas producen gran cantidad de hojitas verde brillante sobre unos tallos diminutos, y tapizan rápidamente todo el espacio disponible en la maceta. Agrupadas varias soleirolias en un cesto de mimbre, constituyen un adorno muy atractivo. También rellenan bien los espacios de grupos mixtos. No las utilice en botellas o terrarios porque invaden todo el espacio.

Microclima 4 Fresco, soleado.
Tamaño La soleirolia no sobrepasa los 5 centímetros de altura, pero su extensión sólo la limita el espacio del recipiente. Pódela con tijeras para conservarle buena forma. Todo el año se venden plantas pequeñas y medianas.
Abono Añada fertilizante líquido, diluido a la mitad, cada dos semanas en verano.
Maceta Cámbiela en primavera usando tierra de mantillo. Deseche la planta tras el segundo cambio.
Observaciones Mantenga siempre húmeda la tierra para que las hojas no se pongan marrones.

NERTERA
Nertera granadensis

La atractiva nertera tiene hojitas diminutas verdes y unas bayas del tamaño de guisantes, de color rojo anaranjado muy vivo, que nacen de unas florecillas insignificantes amarillo-verdosas. Las bayas aparecen a fines del verano y duran varios meses. Es preferible tratarlas como anuales y desecharlas al morir las bayas. Son plantas muy decorativas para encima de una mesa y también para jardineras planas, botellas y terrarios mientras no crezcan mucho.

Microclima 4 Fresco, soleado.
Tamaño Las nerteras forman un montículo de unos 8 centímetros de alto y una extensión máxima de 15 centímetros. Se venden plantas pequeñas.
Abono Añada fertilizante líquido normal cada dos meses mientras tenga bayas.
Maceta Cámbiela en primavera usando dos tercios de tierra de mantillo y un tercio de turba. Si no desea trasplantar, cambie la tierra de encima.
Observaciones Riegue menos en invierno. En verano puede sacarlas a lugar protegido.

SELAGILENA
Selaginella martensili

Es una planta curiosa, con hojas decorativas de verde intermedio, agrupadas en torno al tallo como escamas. Los tallos rastreros forman una masa densa de agradable textura suave. De trecho en trecho emite raíces a la tierra. El mejor entorno es una botella o un terrario, ya que agradece un ambiente húmedo.

Microclima 2 Cálido, sol filtrado.
Tamaño Los tallos rastreros de la selaginela alcanzan los 15 centímetros de largo. Se venden plantas pequeñas.
Abono Añada fertilizante líquido diluido a la cuarta parte, cada dos semanas.
Maceta Cámbiela en primavera usando dos tercios de tierra de turba y un tercio de arena gruesa. Cuando la maceta tenga 15-20 centímetros, saque la planta, límpiela y vuelva a ponerla con tierra nueva.
Observaciones Procure no tocar la planta porque se daña el follaje.

Especies de forma parecida
Selaginella apoda: tiene los tallos más cortos y más tupidos, con hojas carnosas, verde claro.
Selaginella emmeliana: las hojas tienen el borde blanco y crecen sobre tallos erguidos de hasta 30 centímetros.

Temperatura 10-15°C, de primavera a otoño · 7-10°C, invierno · 10-15°C · 15-21°C

Luz Soleado · Sol filtrado · Semisombra

Humedad Baja · Moderada · Alta

Riego Escaso · Moderado · Abundante

Cuidados Fácil · Bastante fácil · Complicado

BEGONIA "PATA DE TIGRE"
Begonia "Tiger Paws"

Estas begonias deben su nombre a los pelillos cortos y ásperos que bordean las hojas acorazonadas y ladeadas. El follaje es de color verde limón con un dibujo en bronce rojizo muy atractivo. Los tallos tienen pintas rojas y surgen de un rizoma que recorre la superficie de la tierra. Agrupe varias begonias en un cesto o mézclelas con otras plantas de hoja.

Microclima 2 Cálido, sol filtrado.
Tamaño Estas begonias alcanzan unos 15 centímetros de altura y 30 centímetros de envergadura. Todo el año se venden plantas pequeñas.
Abono Añada fertilizante líquido normal cada dos semanas en primavera y verano.
Maceta Cámbiela en primavera usando mitad tierra de mantillo y mitad mantillo de hojas. Si no desea trasplantar una begonia crecida, cambie la tierra de encima. Deséchela tras varios cambios de maceta.
Observaciones Déjela sobre un plato con guijarros mojados para aumentar la humedad. Protéjala del mildiú con una ventilación adecuada.

FITONIA
Fittonia verschaffeltii

Estas plantas tienen hojas verde aceituna cubiertas de una fina red de nerviaciones color carmín. A veces aparecen espigas florales amarillas. Son plantas muy indicadas para agrupar sobre una mesa baja y también en un grupo mixto, delante, o en botellas y terrarios.

Microclima 3 Cálido, semisombra.
Tamaño La fitonia alcanza los 15 centímetros de altura y los 30 centímetros de envergadura. Despunte las yemas para que quede tupida. Todo el año se venden plantas pequeñas.
Abono Añada fertilizante líquido, diluido a la mitad, cada dos semanas en primavera y verano.
Maceta Cámbiela en primavera usando tierra de turba y macetas bajas. Cuando éstas tengan 12 centímetros, saque la planta, límpiela y vuelva a ponerla con tierra nueva.
Observaciones Deje las macetas sobre platos con guijarros mojados para aumentar la humedad.

Especies de forma parecida
Fittonia verschaffeltii argyroneura "Nana": tiene las hojas más pequeñas y nerviaciones blancas y se extiende un máximo de 15 centímetros.

PLECTRANTO
Plectranthus australis

Es una planta de follaje carnoso, verde oscuro, con tallos suculentos rosas que se apoyan sobre la tierra antes de sobresalir del borde de la maceta. Las ocasionales flores violetas son insignificantes y se pueden quitar conforme aparecen. Son atractivas sobre todo en cestos colgados, pero también son buenas para cubrir la tierra de jardineras de interior.

Microclima 1 Cálido, soleado.
Tamaño El plectranto es de crecimiento rápido; los tallos no tardan en alcanzar los 90 centímetros de largo, con una altura de 20 centímetros. Despunte las yemas para que quede tupida la planta. Se venden pequeñas.
Abono Añada fertilizante líquido normal cada dos semanas de primavera a otoño.
Maceta Cámbiela en primavera usando tierra de mantillo sólo cuando las raíces hayan invadido el tiesto anterior. Si no desea trasplantar, cambie la tierra de encima.
Observaciones Riegue menos en invierno.

Especies de forma parecida
Plectranthus oertendahlii: tiene las hojas verde bronce, cubiertas de pelillos, con nerviaciones en relieve, y son moradas en el envés.

FICUS RASTRERO
Ficus pumila

Estas plantas tienen hojas pequeñas, acorazonadas, ligeramente arrugadas, sobre tallos largos y finos que se extienden sobre la tierra. El ficus rastrero queda bien en cestos bajos colgados. También se usan para disimular la tierra de una jardinera de interior. Las plantas pequeñas rellenan bien huecos en botellas.

Microclima 5 Fresco, sol filtrado.
Tamaño Los tallos de este ficus alcanzan los 60 centímetros de largo. La envergadura depende del modo de crecimiento. Se venden plantas pequeñas.
Abono Añada fertilizante líquido normal cada dos semanas.
Maceta Cámbiela en primavera usando tierra de turba, pero sólo cuando las raíces hayan invadido la maceta anterior.
Observaciones Deje la maceta sobre un plato con guijarros mojados para aumentar la humedad. No debe secarse la tierra porque las hojas se marchitarían irremisiblemente.

Bulbos

Los bulbos y tuberobulbos son los órganos de almacenamiento de nutrientes de unas plantas que tienen un período de reposo muy marcado cuando cesa el crecimiento. Los bulbos están constituidos por capas prietas de hojas modificadas alrededor de un brote en embrión y, por lo general, una flor completa en embrión. Los tuberobulbos consisten en una base de tallo modificado cubierta por escamas muy finas, como papel, y no contienen una planta sino una yema de la que brotarán tallos y raíces. La mayoría de los bulbos y tuberobulbos son "perennes" en cuanto que necesitan un período de reposo invernal. Los bulbos se compran en estado de reposo en otoño y principios de invierno y, cuando se siembran y se les proporcionan las condiciones adecuadas, florecen en unas semanas. Estas condiciones de frescor y oscuridad se llaman invernación y es entonces cuando se producen las raíces. Para lograr buenas flores, hay que seguir las recomendaciones de invernación de cada bulbo, ya que es esencial que existan raíces adecuadas antes de inducir la floración. Hay que observar que los símbolos de cuidados de cada planta se refieren a la plena floración. Algunos tuberobulbos, como los crocos, deben mantenerse en sitio fresco hasta que el brote floral permita ver el color de la flor y este primer desarrollo no puede realizarse dentro de casa. La mayoría de los bulbos de primavera, como los tulipanes, narcisos y jacintos, sobre todo los de vivero, se pueden sembrar para disfrutar de su desarrollo dentro de la casa. El tamaño de las plantas va desde el del pequeño croco hasta el de la elegante amarilis.

Los bulbos y tuberobulbos perennes proporcionan plantas de interior temporales, pero los bulbos tiernos, como el de la amarilis, también pueden florecer temporada tras temporada siempre que se les proporcione el período de descanso en otoño.

NARCISO Y JUNQUILLO
Narcissus híbrido

Estos bulbos tienen unas flores elegantes y vistosas, muchas de ellas perfumadas, con colores que abarcan toda la escala de naranjas, amarillos, cremas y blancos. Existen en varias formas: trompetillas, manojos, de flor doble y otras. Los junquillos tienen la trompetilla más larga que los pétalos externos, mientras que los narcisos tienen la trompetilla más corta o igual que los pétalos externos. Ambos florecen naturalmente a finales de invierno y comienzos de primavera. Preséntelos en cuencos con tierra o fibra para bulbos, o cultívelos en agua, en recipientes de cristal.

Microclima 5 Fresco, sol filtrado.
Tamaño Los narcisos y junquillos alcanzan los 15-45 centímetros de altura, según la variedad. Se venden bulbos de tres tamaños, "redondos" que producen una flor, "dobles" que producen dos flores, y "triples", de tres flores. Los bulbos que producen más flores son más caros. Los preparados florecen más temprano y también se venden así.
Abono No es necesario.
Maceta Siémbrelos a comienzos de otoño en tierra de turba o fibra para bulbos. Plante varios en una misma maceta, dejando asomar apenas la punta. También se cultivan con gravilla.
Observaciones Hay que "invernar" seis semanas los bulbos preparados, y diez los corrientes.

AMARILIS
Hippeastrum híbrido

Estas plantas tienen unas espectaculares flores en forma de trompeta que crecen en grupos de hasta cuatro sobre un tallo desnudo. Las largas hojas se desarrollan después de las flores. Un bulbo grande puede producir dos tallos florales. Las flores, que aparecen en primavera, pueden ser blancas, rojas, naranjas o amarillas, y suelen tener listas o dibujos. Agrupe varios amarilis de un mismo color en un cuenco grande para mayor vistosidad.

Microclima 1 Cálido, soleado.
Tamaño Los largos tallos florales alcanzan los 45 centímetros, con flores de hasta 15-18 centímetros de diámetro. A la venta se encuentran bulbos corrientes en otoño. También se venden unos preparados que florecen en Navidad.
Abono Añada fertilizante líquido normal cada dos semanas desde que se marchiten las flores hasta mediados de verano. Cambie a fertilizante con potasa para madurar el bulbo y asegurar la floración al año siguiente. Deje de poner abono a partir de mediados de septiembre.
Maceta Plante los bulbos nuevos de uno en uno en tiestos de 12-15 centímetros, con tierra de mantillo. Entierre el bulbo a la mitad. Conviene cambiar de maceta cada tres o cuatro años.
Observaciones Estos bulbos tiernos no se dejan "invernar". Durante el reposo de otoño déjelos en sus macetas y riéguelos muy poco. Sáquelos al sol en verano y principios de otoño para inducir la floración del año siguiente.

LIRIO
Iris reticulata

Estas bonitas plantas producen flores tempranas, a veces antes de desarrollar las hojas, aunque éstas luego llegan a ser más altas que las flores. Estas tienen la forma típica del lirio y pueden ser azul claro u oscuro o malvas, con marcas amarillas. Cada flor dura apenas dos días, aunque esté en sitio fresco. Pero su delicado aroma las hace muy apreciadas. Sitúelas donde pueda disfrutar de su perfume.

Microclima 5 Fresco, sol filtrado.
Tamaño El tallo floral de este lirio alcanza los 15 centímetros con hojas algo más altas. Los pequeños bulbos se venden secos en otoño o plantados y con hojas en invierno.
Abono No es necesario.
Maceta Plante los bulbos en otoño en un recipiente bajo, utilizando fibra para bulbos. Es esencial un buen drenaje, ya que el bulbo se pudre muy fácilmente. Plántelos a 6 centímetros de profundidad y muy juntos (unos 12 en una maceta de 30 centímetros).
Observaciones Los bulbos "invernan" seis semanas. Una vez terminada la floración, se pueden plantar en el exterior.

Temperatura | 10-15° C. de primavera a otoño | 7-10° C. invierno | 10-15° C. | 15-21° C.
Luz | Soleado | Sol filtrado | Semisombra
Humedad | Baja | Moderada | Alta
Riego | Escaso | Moderado | Abundante
Cuidados | Fácil | Bastante fácil | Complicado

CROCO — AZAFRAN
Crocus híbrido

Los crocos más corrientes en interiores son los híbridos holandeses de flor grande que tienen hojas verdes y blancas a listas y flores blancas, amarillas, bronce, moradas o listadas. Tienen forma de copa y aparecen en invierno y comienzos de primavera. Es preferible agrupar una variedad de crocos en un cuenco bajo.

Microclima 5 Fresco, sol filtrado.
Tamaño Los crocos alcanzan unos 12 centímetros de altura. Los tuberobulbos secos se venden a fines de verano.
Abono No es necesario.
Maceta Plante varios tuberobulbos juntos a principios de otoño en tierra de mantillo o fibra para bulbos. Plántelos justo bajo la superficie.
Observaciones Los tuberobulbos se dejan "invernar" diez semanas y se llevan a lugar cálido cuando asoman los brotes florales.

TULIPAN
Tulipa híbrida

Los tulipanes presentan una extraordinaria variedad de formas, colores y dibujos; incluso las hojas pueden ser lisas o variegadas. Las flores aparecen a finales de invierno y principios de primavera. Es preferible plantar una sola variedad de tulipanes en un mismo cuenco, sin mezclar colores.

Microclima 5 Fresco, sol filtrado.
Tamaño Los tulipanes alcanzan unos 35 centímetros. Las variedades enanas, 10 centímetros. La mayoría de los bulbos de tulipán son "redondos", de una sola flor. También se venden bulbos preparados que florecen tempranamente.
Abono Sólo es necesario si los bulbos se plantan en exterior para la temporada siguiente. Abone cada diez días desde que aparezcan los brotes.
Maceta Plántelos a comienzos de otoño en tierra de turba o fibra para bulbos. Habría que plantar 5 ó 6 bulbos juntos, asomando sólo la punta.
Observaciones Los bulbos preparados deben "invernar" 8 semanas, los corrientes, 10.

NAZARENO
Muscari sp.

Los diminutos bulbos del nazareno producen largos tallos rematados por un manojo alargados de florecitas azules y blancas. Cada florecita tiene forma de campanillas y está festoneada por un borde rizado blanco. Los manojitos de flores se abren de abajo a arriba. Las hojas estrechas tienen forma de correa doblada en canal. Plante los nazarenos en macetas pequeñas y presente varias en un borde de la ventana.

Microclima 4 Fresco, soleado.
Tamaño Los nazarenos alcanzan una altura de 15 centímetros con hojas algo menores. Se venden los bulbos ya con hoja.
Abono No es necesario.
Maceta Plante unos doce bulbos en una maceta de 15 centímetros con tierra de mantillo o fibra de bulbos. Deje asomar la punta del bulbo.
Observaciones Estos bulbos deben "invernar" 10 semanas.

JACINTO
Hyacinthus orientalis híbrido

Las flores del jacinto aparecen en primavera y pueden ser sencillas o dobles, rojas, rosas, amarillas, azules o blancas. Su color y aroma característico las hacen agradables. Un grupo llamado jacinto de Roma puede producir dos o incluso tres tallos florales, pero tienen menos flores por tallo. Los bulbos deben agruparse en un cuenco bajo para lograr un mejor efecto. También pueden usarse las flores cortadas, combinadas con claveles, freesias y candelillas por ejemplo.

Microclima 5 Fresco, sol filtrado.
Tamaño El tallo floral tiene entre 20-30 centímetros. Los bulbos se venden según tamaño, de 16-19 centímetros de circunferencia y el tamaño de la espiga floral depende del tamaño del bulbo. También se venden los bulbos preparados que florecen antes.
Abono No es necesario.
Maceta Plante los bulbos uno junto a otro en una tierra de mantillo o fibra para bulbos. Deje asomar la punta del bulbo. Los jacintos también se cultivan en grava o en agua sola.
Observaciones Los bulbos preparados se dejan "invernar" 6 semanas, los corrientes 10.

Cactos y plantas grasas 1

Los cactos y plantas grasas o suculentas añaden sus formas y texturas especiales a una colección de plantas de interior. La mayoría de los cactos han abandonado las hojas y han desarrollado unas formas que evitan la excesiva pérdida de agua. Algunos tienen surcos y segmentos y pueden estar cubiertos de espinas, cerdas o pelillos. Una especie, el cephalocereus, está cubierta de pelo blanco, como una bola de algodón. Los cactos del desierto (por lo general cubiertos de espinas) como las mamilarias y rebutias, tienen además unas flores sorprendentes. Los cactos de la selva (por lo general sin espinas) como la orquídea tienen tallos como nudos a intervalos y producen flores de vivo color a comienzos de primavera y en invierno. Muchos cactos son relativamente pequeños, con pocos centímetros de altura, pero otros, como el cephalocereus, alcanzan los 3 metros.

Las plantas grasas son las que tienen tallos u hojas carnosos que almacenan agua. Presentan toda una gama de formas y tamaños tan diversos como los cactos. Pueden ser erguidas y en forma de árbol, o tener tallos finos y rastreros, o ser esféricos o columnares. Algunas tienen pocos centímetros de altura, otras alcanzan los 2 metros y son plantas muy llamativas. La forma de la hoja varía de las gruesas de la crásula y el cotyledon a las finas y estrechas de la euforbia. El color de la hoja también varía del verde del áloe y el kalancone al malva plateado de la ceropegia o al verde y blanco de la pita.

PLANTAS ERGUIDAS

COTYLEDON
Cotyledon undulata

Estas plantas tienen hojas carnosas en forma de abanico con los bordes ondulados y están cubiertas de una pelusilla fina, plateada. Aunque en las plantas adultas pueden aparecer flores amarillo-naranja en verano, se las cultiva por las hojas. Agrupe varias plantas en un cuenco sobre una mesa baja.

Microclima 4 Fresco, soleado.
Tamaño El cotyledon es de crecimiento lento, alcanzando una altura máxima de 50 centímetros en tres años. Se venden plantas de todos los tamaños.
Abono Añada fertilizante líquido normal una vez al mes de primavera a comienzos de otoño.
Maceta Cámbiela en primavera usando dos tercios de tierra de mantillo y un tercio de arena gruesa, asegurando un buen drenaje. Cuando la maceta tenga 15 centímetros, cambie la tierra de encima.
Observaciones Procure no tocar la planta porque pierde la pelusilla. Riegue menos en invierno.

Especies de forma parecida
Cotyledon orbiculata: es más alto y tiene las hojas gris verdoso bordeadas de rojo, con poca pelusilla. En verano da flores naranjas.

EUFORBIA
Euphorbia milii

Estos arbustos grasos tienen ramas horizontales con espinas muy afiladas y relativamente pocas hojas. Los manojos de "flores" amarillas o rojas son brácteas que duran meses, apareciendo con gran profusión de febrero a septiembre. Su forma interesante y el color de sus brácteas las hace excelentes como ejemplares aislados en interiores modernos.

Microclima 1 Cálido, soleado.
Tamaño Estas euforbias alcanzan unos 90 centímetros de altura y envergadura. Se venden plantas de todos los tamaños.
Abono Añada fertilizante líquido normal una vez al mes de primavera a otoño.
Maceta Cámbiela cada dos años en primavera, usando tierra de mantillo y arena gruesa a partes iguales y asegurando un buen drenaje. Si no desea trasplantar un ejemplar crecido, cambie la tierra de encima.
Observaciones Estas plantas "sangran" perdiendo látex blanco por la herida. Cuidado de que ese látex no toque los ojos ni la boca.

KALANCOE
Kalanchoe blossfeldiana híbrido

Estas atractivas suculentas florecen a finales de invierno y comienzos de primavera y permanecen en flor unos tres meses. Las florecitas están agrupadas en cabezas florales muy tupidas sobre largos tallos. Cada cabeza tiene de 20 a 50 flores. El color puede ser rosa, cualquier rojo, naranja o amarillo. Las hojas carnosas son verde oscuro, a veces bordeadas de rojo. Es preferible tratarlas como anuales y desecharlas pasada la floración. Úselas agrupadas sobre una mesa baja para poner color en invierno.

Microclima 1 Cálido, soleado.
Tamaño El kalancoe alcanza un máximo de 35 centímetros. Se encuentran ejemplares enanos de 20 centímetros de altura. Todo el año se venden plantas en flor, particularmente en Navidad.
Abono Añada fertilizante líquido normal una vez al mes durante la floración.
Maceta No es necesario cambiarla.
Observaciones Para mantenerla decorativa, quítele las flores conforme se vayan marchitando.

Temperatura 10-15°C. de primavera a otoño | 7-10°C. invierno | 10-15°C. | 15-21°C.

Luz Soleado | Sol filtrado | Semisombra

Humedad Baja | Moderada | Alta

Riego Escaso | Moderado | Abundante

Cuidados Fácil | Bastante fácil | Complicado

CEPHALOCEREUS
Cephalocereus senilis

Estos cactos están cubiertos de unos pelos largos y finos, blancos, que envuelven el cuerpo columnar carnoso ocultando unas afiladas espinas. Las flores sólo aparecen en ejemplares añosos. Estos cactos quedan mejor agrupados con otros en un jardín de cactos.

Microclima 4 Fresco, soleado.
Tamaño Este cacto es de crecimiento lento y rara vez sobrepasa los 25-30 centímetros. A la venta se encuentran plantas de todos los tamaños.
Abono Añada fertilizante del tipo de tomatera una vez al mes, de primavera a mediados de otoño.
Maceta Cámbiela en primavera, con tres partes de tierra de mantillo y una de arena gruesa, sólo si la planta ha invadido la maceta anterior. Si no desea trasplantar un ejemplar, cambie la tierra de encima.
Observaciones No riegue durante el reposo invernal. Para mantener limpios los pelos, puede lavarlos en una solución rebajada de detergente.

CARDON
Cereus peruvianus "Monstrosus"

Este cacto tienen un cuerpo columnar retorcido en las formas más caprichosas. Son en realidad mutaciones de la especie. Las espinas amarillas son cortas y poco visibles. Los ejemplares añosos producen en verano flores blancas, aromáticas, de corta duración. Sus formas escultóricas destacan mejor junto a otros cardones en un interior moderno.

Microclima 4 Fresco, soleado.
Tamaño El cardón es de crecimiento lento y cada mutación varía en altura y envergadura. Se venden plantas pequeñas.
Abono Añada fertilizante del usado para tomatera una vez al mes de primavera a comienzos de otoño.
Maceta Cámbiela en primavera usando dos tercios de tierra de mantillo y un tercio de arena gruesa. Si no desea trasplantar un ejemplar añoso, cambie la tierra de arriba.

OPUNTIA
Opuntia microdasys

Estos atractivos cactos están constituidos por segmentos ovalados y aplastados que surgen uno encima de otro. Están densamente cubiertos por manojitos de espinas diminutas, amarillentas. Alguna vez aparecen flores amarillas. Las opuntias tienen una forma vistosa y las más grandes son buenos ejemplares aislados. Agrupe varias en un jardín de cactos.

Microclima 4 Fresco, soleado.
Tamaño Estas opuntias alcanzan una altura máxima de 60 centímetros. Se venden de todos los tamaños.
Abono Añada fertilizante del tipo utilizado para tomatera, una vez al mes de primavera a otoño.
Maceta Cámbiela en primavera usando dos tercios de tierra de mantillo y un tercio de arena gruesa, sólo cuando hayan invadido el tiesto.
Observaciones Las pequeñas espinas son dolorosas si rozan la piel. Riegue menos durante el reposo invernal.

CRASULA
Crassula arborescens

Esta planta tiene hojas carnosas casi redondas de color gris bordeadas de rojo. Los tallos son gruesos, leñosos y ramificados, simétricos cuando la planta es adulta. Las crásulas pequeñas pueden utilizarse como "árboles" en jardines miniatura y jardines orientales.

Microclima 4 Fresco, soleado.
Tamaño Se venden crásulas muy jóvenes; alcanzan un máximo de 1,2 metros de altura cuando sus tallos parecen troncos de árbol retorcidos.
Abono Añada fertilizante líquido normal una vez al mes de primavera a otoño.
Maceta Cámbiela en primavera usando tres partes de mantillo y una parte de arena gruesa. Cuando la maceta tenga 20 centímetros, cambie la tierra superficial.
Observaciones Riegue menos en invierno

Especies de forma parecida
La *Crassula ovata* tiene hojas suculentas verde jade brillantes y ramas simétricas.

Cactos y plantas grasas 2

PLANTAS ESFERICAS

PEYOTE
Ferocactus latispinus

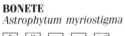

Estos cactos destacan por el aspecto feroz de sus espinas, agrupadas en manojos. Dentro de éstos el tamaño de las espinas, la forma y el color varían: siempre hay una más ancha y doblada. Las plantas muy maduras llegan a producir flores violetas en verano. Las muy grandes son buenos ejemplares aislados, si no se agrupan en un jardín de cactos.

Microclima 4 Fresco, soleado.
Tamaño El peyote alcanza una altura máxima de 30 centímetros y un diámetro de 20 centímetros. Se venden de todos los tamaños.
Abono Añada fertilizante del tipo usado para tomatera, una vez al mes de primavera a otoño.
Maceta Cámbiela en primavera usando dos tercios de tierra de mantillo y un tercio de arena gruesa, pero sólo cuando la planta haya invadido el tiesto anterior.
Observaciones No riegue durante el reposo invernal o se pudriría.

BONETE
Astrophytum myriostigma

Estos cactos esféricos se dividen en grandes gajos, cada uno cubierto de una pelusilla plateada en lugar de espinas. Parecen erizos de mar sin espinas. Las flores amarillas son como margaritas y aparecen en verano arriba de la planta. Los bonetes quedan bien en jardines de cactos o agrupados en un cuenco bajo rodeados de gravilla.

Microclima 4 Fresco, soleado.
Tamaño Los bonetes son de crecimiento lento, llegando a los 25 centímetros de alto y 12 de diámetro. Se venden de todos los tamaños.
Abono Añada fertilizante del tipo usado para tomateras, una vez al mes de primavera a otoño.
Maceta Cámbiela en primavera usando dos tercios de tierra de mantillo y un tercio de arena gruesa, pero sólo cuando la planta haya invadido el tiesto.
Observaciones Riegue menos durante el reposo invernal.

MAMILARIA
Mammillaria rhodantha

Este cacto esférico tiene un cuerpo verde vivo cubierto de nudos con largas espinas amarillo-naranjas. Esos nudos están dispuestos en grupos circulares por todo el cuerpo. Unas flores rosas, como margaritas, aparecen en anillo arriba del cuerpo en verano. Esta mamilaria se presenta en un jardín de cactos o agrupada con otros cactos.

Microclima 4 Fresco, soleado.
Tamaño Esta mamilaria crece hasta 10 centímetros de altura y 7 centímetros de diámetro. Se venden plantas pequeñas.
Maceta Cámbiela en primavera usando dos tercios de tierra de mantillo y un tercio de arena gruesa, sólo cuando la planta haya invadido el tiesto anterior.
Observaciones Riegue menos durante el reposo invernal.

REBUTIA
Rebutia minuscula

Estos pequeños cactos de espinas blancas son casi redondos y pronto se ven rodeados de muchos retoños. Florecen jóvenes, quedando coronados de florecitas en forma de trompetilla, rojas, de primavera hasta finales del verano. Agrupe varias rebutias en flor para decorar un interior moderno.

Microclima 4 Fresco, soleado.
Tamaño La rebutia es de crecimiento rápido y desarrolla un cuerpo de 15 centímetros de diámetro en uno o dos años.
Abono Añada fertilizante del tipo usado para tomateras, una vez al mes de primavera a mediados de otoño.
Maceta Cámbiela en primavera usando tres partes de tierra de mantilla y una de arena gruesa, pero sólo cuando las raíces hayan invadido el tiesto.
Observaciones No riegue durante el reposo invernal porque se pudriría.

Temperatura 10-15° C de primavera a otoño / 7-10° C invierno / 10-15° C / 15-21° C

Luz Soleado / Sol filtrado / Semisombra

Humedad Baja / Moderada / Alta

Riego Escaso / Moderado / Abundante

Cuidados Fácil / Bastante fácil / Complicado

MAMILARIA
Mammillaria zeilmanniana

El cuerpo esférico de esta otra mamilaria está densamente cubierto de espinas regularmente dispuestas, amarillas y marrones. Las numerosas flores aparecen en verano y forman una corona. Son rojo morado. Deje que esta mamilaria desarrolle varios cuerpos.

Microclima 4 Fresco, soleado.
Tamaño Las mamilarias individuales llegan a los 5 centímetros pero forman un conjunto de 25 centímetros de diámetro en unos cinco años. Se venden plantas pequeñas.
Abono Añada fertilizante del tipo usado para tomateras, una vez al mes de primavera a otoño.
Maceta Cámbiela en primavera usando dos tercios de tierra de mantillo y un tercio de arena gruesa, pero sólo cuando la planta haya llenado el tiesto anterior.
Observaciones Riegue menos durante el reposo invernal.

ASIENTO DE SUEGRA
Echinocactus grusonii

¡Este cacto está armado de fuertes espinas amarillo dorado colocadas en hileras a lo largo de los tallos surcados. Las plantas adultas van desarrollando la forma típica de surcos verticales. Se pueden situar junto a otros cactos o a plantas de hoja.

Microclima 4 Fresco, soleado.
Tamaño Los asientos de suegra alcanzan rápidamente los 8-10 centímetros de diámetro pero luego la planta tarda años en duplicar su tamaño, aunque llega a los 20 centímetros. Se venden plantas pequeñas.
Abono Añada fertilizante del tipo usado para tomateras, una vez al mes de primavera a otoño.
Maceta Cámbiela en primavera usando dos tercios de tierra de mantillo y un tercio de arena gruesa, pero sólo cuando la planta haya llenado el tiesto anterior.
Observaciones No riegue durante el reposo invernal o se pudriría.

MAMILARIA
Mammillaria hahniana

Este cacto globular está cubierto de unos pelos blancos sedosos que ocultan el cuerpo gris verdoso y las afiladas espinas. Cuando tiene unos cuatro años, aparecen a principios de mayo unas flores rojas. Agrupe varias mamilarias en un adorno espectacular o úselas en un jardín con cactos.

Microclima 4 Fresco, soleado.
Tamaño Alcanzan los 10 centímetros de altura con un diámetro de 7 centímetros. Se venden plantas pequeñas.
Abono Añada fertilizante del tipo usado para tomateras, una vez al mes de primavera a otoño.
Maceta Cámbiela en primavera usando dos tercios de tierra de mantillo y un tercio de arena gruesa, pero sólo cuando la planta haya invadido el tiesto.
Observaciones Riegue menos durante el reposo invernal.

PLANTAS DE HOJA ESPADIFORME

ALOE
Aloe aristata

Estas suculentas sin tallos están constituidas por muchas hojas carnosas agrupadas en rosetas prietas. Las hojas triangulares son verde oscuro y están cubiertas de puntos blancos en relieve. Las pequeñas flores rojo-naranja aparecen sobre un largo tallo que surge del centro de la roseta en verano y dura unos pocos días. Los retoños se forman en la base de las plantas adultas. Agrupe varios áloes y sitúelos de forma que se vean desde arriba.

Microclima 1 Cálido, soleado.
Tamaño Estos áloes alcanzan una altura máxima de 15 centímetros. Si se dejan desarrollar los hijos en la misma maceta, su extensión está limitada tan sólo por el tamaño de la maceta.
Abono Añada fertilizante líquido normal una vez al mes de primavera a otoño.
Maceta Cámbiela todas las primaveras usando tierra de mantillo. Si no desea trasplantar, cambie la tierra de arriba.
Observaciones Riegue menos en invierno. Procure que no quede agua en la roseta.

Cactos y plantas grasas 3

PLANTAS EN ROSETA DE HOJA APLASTADA

ECHEVERRIA
Echeveria derenbergii

Estas bonitas suculentas tienen las hojas azul verdosas muy juntas y están cubiertas de una pelusilla plateada, con márgenes rojos. En invierno y principios de primavera producen espigas de flores en forma de campanilla amarillas y naranjas. Son buenas como ejemplares aislados en la ventana de la cocina todo el año.

Microclima 4 Fresco, soleado.
Tamaño Esta echeverría forma rosetas de 10-15 centímetros de diámetro. Se venden plantitas aisladas.
Abono Añada fertilizante líquido, diluido a la mitad, una vez al mes de primavera a otoño.
Maceta Cámbiela en primavera usando cuatro partes de tierra de mantillo y una de arena gruesa. Si no desea trasplantar, cambie la tierra de encima.
Observaciones Riegue menos en invierno.

ECHEVERRIA
Echeveria agavoides

Esta otra echeverría tiene las hojas triangulares, verde claro con la punta marrón. En primavera aparecen unas flores amarillas rematadas de rojo. Estas plantas deben verse desde arriba por lo que se sitúan en una mesa baja o en un jardín de plantas grasas.

Microclima 4 Fresco, soleado.
Tamaño Alcanza unos 7 centímetros de altura y unos 15 centímetros de diámetro. Se venden de todos los tamaños.
Abono Añada fertilizante líquido diluido a la mitad una vez al mes de primavera a otoño.
Maceta Cámbiela cada dos primaveras usando cuatro partes de tierra de mantillo y una de arena gruesa. Si no desea trasplantar, cambie la tierra de encima.
Observaciones Riegue menos en invierno.

AGAVE REINA VICTORIA
Agave victoriae-reginae

Esta suculenta tiene hojas en tres dimensiones. Cada una, muy carnosa, es verde oscuro con un margen blanco y una espina filada en la punta. Son los más bonitos de los ágaves y deben situarse de forma que se vean desde arriba.

Microclima 4 Fresco, soleado.
Tamaño Añada fertilizante líquido normal una vez al mes en primavera y verano.
Abono Añada fertilizante líquido una vez al mes de primavera a verano.
Maceta Cámbiela cada dos primaveras usando dos tercios de tierra de mantillo y un tercio de arena gruesa. Si no desea trasplantar, cambie la tierra de encima.
Observaciones Riegue menos en invierno.

PLANTAS COLGANTES

CACTO DE NAVIDAD
Schlumbergera truncata

Estos cactos de jungla tienen tallos aplastados y segmentados, con nudos a intervalos. Las flores de color magenta, rosa o blanco aparecen a finales de otoño. Los tallos son erguidos al principio pero se van inclinando al crecer. Son buenas plantas aisladas en cestos colgados o estantes.

Microclima 2 Cálido, sol filtrado.
Tamaño Los tallos alcanzan los 30 centímetros de altura y envergadura. Se venden plantas de todos los tamaños.
Abono Añada fertilizante del usado para tomateras una vez al mes de principios de noviembre hasta terminar la floración.
Maceta Cámbiela cada dos primaveras usando dos tercios de tierra de turba y un tercio de arena gruesa. Cuando las macetas tengan 15 centímetros cámbielas todos los años.
Observaciones Riegue menos durante el reposo después de la floración.

Especies de forma parecida
Schlumbergera "bridgesii": es muy semejante pero florece más tarde y los nudos se notan menos.

CEROPEGIA
Ceropegia woodii

Estas pequeñas plantas grasas, de tubérculo, tienen tallos finos colgantes con hojas acorazonadas. Las hojas carnosas, que aparecen por parejas a intervalos en los largos tallos tienen un dibujo plateado en la cara y presentan un envés morado. Flores pequeñas y tubuladas aparecen en verano entre las hojas. Varias ceropegias juntas en un cesto colgado adornan muy bien una habitación cálida. Colóquelas apartadas del paso. También se pueden enrollar los tallos en la maceta para que las flores queden erguidas.

Microclima 1 Cálido, soleado.
Tamaño Las ceropegias no suelen crecer más de 90 centímetros. Pode los tallos desnudos para fomentar el crecimiento de las hojas. Se venden plantas pequeñas.
Abono Añada a las plantas fertilizante líquido normal una vez al mes en primavera y verano.
Maceta Cámbiela para plantas jóvenes en primavera usando tierra de turba y arena gruesa a partes iguales. Las plantas adultas crecen bien en macetas bajas de 8-10 centímetros. Los tiestos colgados tendrán una capa de drenaje de 2 centímetros en el fondo.
Observaciones Riegue menos en invierno.

COLA DE RATA
Aporocactus flagelliformis

Estos cactos tienen largos tallos carnosos cubiertos de muchas hileras de espinas pequeñas y finas. En primavera aparecen una flores rosa-carmesí muy llamativas que duran varios días; la floración se extiende durante dos meses. Son plantas estupendas para cestos colgados o estantes, pero fuera del paso porque las espinas son difíciles de sacar de la piel. También son buenas para jardines de cactos, con sus largos tallos recorriendo un "terreno" rocoso.

Microclima 4 Fresco, soleado.
Tamaño La cola de rata es de crecimiento rápido y sus tallos alcanzan los 90 centímetros (a veces mucho más) en tres o cuatro años. Se venden de todos los tamaños.
Abono Añada fertilizante del usado para tomateras una vez al mes, de finales de diciembre hasta terminar la floración.
Maceta Cámbiela en primavera tras la floración usando tierra de mantillo. Cuando la maceta tenga 15-25 centímetros, cambie la tierra de encima.
Observaciones Riegue menos durante el descanso tras la floración.

Especies de forma parecida
Aporocactus mallisonii: tiene los tallos más gruesos y las flores van del rosa al carmín.

SEDO
Sedum morganianum

Estas curiosas plantas tienen tallos colgantes en los que se apiñan pequeñas hojas gruesas, suculentas. Los tallos parecen sogas. Las hojas son verde claro, cubiertas de pelusilla blanca. En primavera pueden aparecer unas flores rosas al final de cada "soga", pero normalmente en las casas no florece el sedo. Es ideal para cestos colgados donde no se rocen al pasar porque las hojas caen con facilidad.

Microclima 1 Cálido, soleado.
Tamaño Los tallos alcanzan un máximo de 1 metros de largo. Se encuentran a la venta plantas de todos los tamaños.
Abono No es necesario.
Maceta Cámbiela en primavera usando un tercio de arena gruesa y dos tercios de tierra de mantillo. El sedo crece mejor en macetas bajas o cestos colgados donde dispongan de espacio. Cuando la planta sea demasiado grande para una maceta de 20 centímetros, deséchela y cultive una nueva de un esqueje.
Observaciones Riegue menos en invierno.

Guía de color de las plantas de flor

Blancos, cremas y amarillos

Todos reaccionamos ante los colores de la naturaleza; llévelos a casa y verá cómo realzan cualquier tipo de ambiente. Limítese a colores relacionados o a contrastes: agrupe varias plantas de distintas tonalidades de un mismo color para lograr un efecto sutil, o utilice unos complementarios para lograr un efecto llamativo y espectacular. Antes de adquirir plantas de flor para decorar la casa, piense siempre dónde las va a situar y asegúrese, por bonito que sea su color, de que va a resaltar y armonizar con el esquema cromático del ambiente.

La parte más llena de una planta no es siempre la flor; algunas, como la flor de Pascua y el anturio, es la bráctea, u hoja semejante a un pétalo que rodea las flores; en otras, como la nertera y la pimentera, son las bayas y frutas que aparecen tras la floración.

ESPATIFILO
Spathiphyllum "Clevelandii" (ver p. 169)
Flores blancas, parecidas a la cala, que se vuelven verde claro con el tiempo. El color de esta planta es adecuado para cualquier habitación.

PRIMAVERA
Primula obconica (ver p. 181)
Flores blancas con el centro verde, también existen en rosa, rojo y malva. Se usan solas o agrupadas en un cuenco con las distintas tonalidades del blanco al malva.

CAMPANILLA
Campanula isophylla (ver p. 191)
Flores blancas en forma de estrella, también las hay en distintos tonos de azul. Uselas de un color o mezcle azul y blanco, en un cesto colgado o en un estante.

BEGONIA
Begonia semperflorens-cultorum (ver p. 176)
Flores blancas con centros color carmín, también se encuentran rosas y blancas del todo. Uselas en grupos mixtos o iguales en un cuenco o cesto.

VINCA DE MADAGASCAR
Catharanthus roseus
Flores blancas con centros de color carmín, también se encuentran rosas y blancas del todo. Uselas en grupos mixtos o iguales en un cuenco o cesto.

BEGONIA ELATIOR AMARILLA
Begonia "Elatior" híbrida (ver p. 176)
Flores dobles, amarillas, también se encuentran en otros muchos colores. Agrupe plantas de un mismo color para un mejor efecto.

PIMENTERA ORNAMENTAL
Capsicum annum (ver p. 180)
Los frutos pueden ser anaranjados, rojos o amarillos y cambian de color al madurar. Uselos en grupo para una decoración de invierno llena de color.

BEGONIA ELATIOR BLANCA
Begonia "Elatior" híbrida (ver p. 176)
Flores dobles de color crema, se encuentran en muchos otros colores.

BEGONIA AMARILLA
Begonia tuberhybrida (ver p. 176)
Flores de amarillo intenso, también se encuentran en blanco, rosa, rojo y anaranjado.

ver abajo izquierda

VIOLETA AFRICANA
Saintpaulia híbrida (ver p. 175)
Flores blancas enteras y blancas marginadas de morado, también se encuentran en muchas tonalidades de rosa, azul y morado. Agrupe las plantas de un mismo color en un cuenco bajo en un centro de mesa.

TUNBERGIA
Thunbergia alata (ver p. 185)
Flores amarillo-naranja con ojo central negro. Déjelas extender sus ramas por entre otras plantas o sujételas a un soporte para crear una cascada de color.

CRISANTEMO AMARILLO
Chrysanthemun moriflolium híbrido (ver p. 181)
Flores como margaritas amarillas, se encuentran en otros muchos colores.

BEGONIA BLANCA
Begonia tuberhybrida (ver p. 176)
Flores color marfil, también se encuentran en rosa, rojo, amarillo y anaranjado. Ejemplares aislados o agrupados de un mismo/o de varios colores.

CRISANTEMO DORADO
Chrysanthemum morifolium híbrido (ver p. 181)
Flores doradas, existen en otros muchos colores.

CRISANTEMO BLANCO
Chrysanthemum morifolium híbrido (ver p. 181)
Flores blanco crema, existen en otros colores. Agrúpelas en un cesto grande y sitúelas para verlas desde arriba.

ABUTILON
Abutilon hybridum (ver p. 162)
Flores blanco crema en forma de campanilla. Las hay en otros colores. Agrupe varios colores o presente como ejemplar aislado si es grande.

Ver página siguiente

Anaranjados y rojos

PIMENTERA
Capsicum annuum (ver p. 180)
Los frutos brillantes pueden ser naranjas, rojos o amarillos y cambian de color al madurar. Úselos agrupados para hacer un centro de mesa lleno de color en invierno.

BEGONIA ELATIOR BLANCA
Begonia ''Elatior'' híbrida (ver p. 176)
Flores dobles de color crema, también existe en otros muchos colores.

NERTERA
Nertera granadensis (ver p. 192)
Bayas de color naranja fuerte cubren la planta. Para adornar una mesa o un estante.

KALANCOE AMARILLO
Kalanchoe blossfeldiana híbrido (ver p. 196)
Flores amarillo fuerte muy duraderas; también existen en naranja, rosa y rojo. Agrupe varias plantas sobre un alféizar soleado para dar color al invierno.

KALANCOE NARANJA
Kalanchoe blossfeldiana híbrido (ver p. 196)
Flores rosas de larga duración, también existen en amarillo, rojo y naranja.

CRISANTEMO DORADO
Chrysanthemum morifolium híbrido (ver p. 181)
Flores densas, doradas; existen en otros muchos colores.

KALANCOE ROJO
Kalanchoe blossfeldiana híbrido (ver p. 196)
Flores escarlata duraderas; también existen en amarillo, naranja y rosa.

HIBISCO
Hibiscus rosa-sinensis híbrido (ver p. 178)
Flores de un rojo intenso con estambres salientes; también existen con flores blancas, amarillas, rosas o naranjas. Úselos solos o agrupados con ejemplares de otro color.

MIRAMELINDO ROSA
Impatiens wallerana híbrida (ver p. 177)
Flores sencillas rosa fuerte, también existen en blanco,
rojo, naranja y bicolor. Agrupe varias del mismo color
en un cesto colgado o jardinera.

GUZMANIA
Guzmania lingulata (ver p. 174)
Brácteas escarlata rodeando pequeñas flores.
Agrupe varias plantas en una maceta o en un
grupo mixto simétrico. También se cortan para
ramos florales grandes.

GERANIO
Pelargonium hortorum
híbrida (ver p. 179)
Manojos densos de flores
escarlata; también existen en
blanco, malva o rosa. Sitúelos
en el borde de una ventana o
agrúpelos con geranios de hoja.

GLOXINIA
Sinningia speciosa
híbrida (ver p. 175)
Flores rojas en forma de
trompeta, también existen en
blanco o violeta. Agrupe
varias plantas sobre una
mesa baja.

**BEGONIA
ELATIOR ROSA**
Begonia "Elatior" híbrida (ver p. 176)
Flores dobles rosa fuerte; también
existen en otros muchos colores.

ABUTILON
Abutilon hybridum (ver p. 162)
Flores escarlata en forma de
campanilla; existen en otros muchos
colores. Agrupe varias o, si tiene un
ejemplar grande, déjelo solo.

Ver página siguiente

Rosas, malvas y morados

MIRAMELINDO ROSA
Impatiensa wallerana híbrido (ver p. 177)
Flores sencillas rosa fuerte; también las hay
blancas, rojas, naranjas o bicolores. Agrupe
varias del mismo color en un cesto colgado o
jardinera.

ANTURIO
Anthurium andreanum híbrido (ver p. 182)
Brácteas en forma de escudo color salmón rodean la espiga
floral central; también las hay con cabeza floral blanca o
roja. Agrupe varias en un centro exótico.

BEGONIA ROJA
Begonia semperflorens-cultorum (ver p. 176)
Flores escarlata con centro amarillo; también existen en rosa o blanco. Agrupe
varias del mismo color o mezcle con hojas exóticas.

MIRAMELINDO ROSA
Impatiens "Nueva Guinea" híbrido (ver p. 177)
Flores rosa anaranjado y hojas muy matizadas; también con flores
blancas, rosas o naranjas y bicolores.

JUSTICIA
Justicia brandegeana
Flores blancas que emergen de
brácteas rosas en forma de
gamba. Agrupe varias en un cesto
bajo para lograr un efecto de
color suave.

BEGONIA ELATIOR ROSA
Begonia "Elatior"
híbrida (ver p. 176)
Flores dobles de color
rosa fuerte; también en
otros muchos colores.

PLUMBAGO
Plumbago auriculata (ver p. 186)
Manojos de florecitas azules; también
existen con flores blancas. Uselas
bordeando una ventana o sobre un
soporte.

BEGONIA ROSA
Begonia semperflorens-cultorum (ver p. 176)
Flores de color rosa fuerte con ojos amarillos;
también existen en rojo y blanco.

VIOLETA AFRICANA MORADA
Saintpaulia híbrida (ver p. 175)
Flores de color violeta fuerte con centro amarillo;
también las hay rosas, azules o blancas. Agrupe varias
de un color o de distintos tonos de un mismo color en
un cuenco sobre una mesa baja.

CAMPANILLA
Campanula isophylla (ver p. 191)
Flores en forma de estrella, azul
malva; también existen en otros tonos
de azul y en blanco. Agrupe varias de
un mismo color o azules y blancas en
un estante o cesto colgado.

GLOXINIA
Sinninga speciosa
híbrida (ver p.175)
Flores moradas con franjas
blancas; también con flores
blancas o rojas.
Agrupe varias del mismo color
sobre una mesa baja.

**VIOLETA
AFRICANA ROSA**
Saintpaulia híbrida
(ver p. 175)
Flores rosa fuerte con centro
amarillo; también existen
azules, moradas
o blancas.

PASIONARIA
Passiflora caerulea (ver p. 185)
Curiosas flores de pétalos blancos
con filamentos bordeados de
morado; también con pétalos
rosas o morados. Sujételas
alrededor de una ventana soleada
o a un soporte.

BILBERGIA
Aechmea fasciata (ver p. 172)
Flores efímeras, de color azul claro
emergen de unas brácteas rosas.
Úselas como ejemplares o en un
grupo mixto.

EXACUM
Exacum affine (ver p. 178)
Florecitas de color lila con centro dorado; también las hay
blancas. Agrupe varias en un cuenco grande o mézclelas
con flores amarillas de contrapunto.

MIRAMELINDO ROSA
Impatiens wallerana híbrida (ver p. 177)
Flores sencillas rosas, también las hay blancas,
rojas, naranjas o bicolores.

Guía estacional de plantas de flor

Clave

Invierno · Primavera · Verano · Otoño

Planta	Enero	Febrero	Marzo	Abril	Mayo	Junio	Julio	Agosto	Septiembre	Octubre	Noviembre	Diciembre	Comentarios
Pentas (ver p. 177)	■							■	■	■	■		Florece en otras épocas
Capsicastro (ver p. 180)	■							■	■	■	■		Frutos
Tulipán (ver p. 194)	■	■										■	Florece en otras épocas
Cacto de Navidad (ver p. 200)	■	■										■	Florece en otras épocas
Flor de Pascua (ver p. 178)	■	■	■							■		■	
Jacinto (ver p. 195)	■	■	■									■	
Narciso y junquillo (ver p. 194)	■	■	■									■	
Croco (ver p. 194)	■	■	■										
Guzmania (ver p. 174)	■	■	■										
Ciclamen (ver p. 180)	■	■	■	■						■	■		
Jazmín de olor (ver p. 186)	■	■	■	■									
Kalancoe (ver p. 196)	■	■	■	■								■	Florece en otras épocas
Lirio miniatura (ver p. 194)	■	■	■	■									
Amarilis (ver p. 194)	■	■	■	■	■								
Primavera (ver p. 181)	■	■	■	■	■	■							Florece en otras épocas
Esparmania (ver p. 164)		■	■	■									
Violeta africana (ver p. 175)		■	■	■	■	■	■	■	■				Puede florecer continuamente
Mamilaria de borla (ver p. 198)		■	■	■	■								
Cola de rata (ver p. 201)		■	■	■									
Azalea (ver p. 179)		■	■	■									Florece en otras épocas
Nazareno (ver p. 195)			■	■	■								
Afelandra (ver p. 182)			■	■	■	■							
Mamilaria (ver p. 198)			■	■	■								
Geranio (ver p. 179)			■	■	■	■	■						
Ave del paraíso (ver p. 164)			■	■	■	■							Sólo florece la planta madura
Begonia (ver p. 176)			■	■	■	■	■	■					Puede florecer continuamente
Columnea (ver p. 198)			■	■	■	■	■	■	■				Puede florecer continuamente
Euforbia (ver p. 196)			■	■	■	■	■	■	■				Puede florecer continuamente
Cinerarias (ver p. 178)				■	■	■							
Rebutia (ver p. 198)				■	■	■	■						
Espatifilo (ver p. 169)				■	■	■							Florece en otras épocas
Estefanotis (ver p. 185)				■	■	■							
Bontee (ver p. 198)				■	■	■	■	■					
Hibisco (ver p. 178)				■	■	■	■	■					Florece en otras épocas
Vriesia (ver p. 173)				■	■	■	■	■					Sólo florece la planta madura
Bungavilla (ver p. 186)				■	■	■	■	■	■				
Miramelindo (ver p. 177)				■	■	■	■	■	■				Puede florecer continuamente
Plumbago (ver p. 186)				■	■	■	■	■	■				
Naranjo enano (ver p. 162)					■	■	■	■					Florece en otras épocas
Bromelia nido de ave (ver p. 174)					■	■	■	■	■				Sólo florece la planta madura
Estreptocarpo (ver p. 175)					■	■	■	■	■	■			
Tunbergia (ver p. 185)					■	■	■	■	■	■			
Gloxinia (ver p. 175)						■	■	■					
Tillandsia (ver p. 172)						■	■	■	■				Sólo florece la planta madura
Abutilón (ver p. 162)						■	■	■	■				
Bilbergia (ver p. 172)						■	■	■	■				Florece en otras épocas
Achimenes (ver p. 181)						■	■	■	■				
Anturio (ver p. 182)						■	■	■	■				Florece en otras épocas
Begonia elatior (ver p. 176)						■	■	■	■				
Bilbergia (ver p. 173)						■	■	■	■				Florece en otras épocas
Exacum (ver p. 178)						■	■	■	■				
Begonia (ver p. 189)						■	■	■	■				
Pasionaria (ver p. 185)						■	■	■	■	■			
Nertera (ver p. 192)							■	■	■				Frutos
Alamada (ver p. 186)							■	■	■	■			
Neoregelia (ver p. 174)							■	■	■	■			Sólo florece la planta madura
Pimentera (ver p. 180)								■	■	■	■	■	Frutos
Browallia (ver p. 176)								■	■	■	■		
Campanilla (ver p. 191)								■	■	■	■		
Crisantemo (ver p. 181)									■	■	■		Puede florecer continuamente

GUIA
DE FLORES
CORTADAS

Un ramo de flores puede transformar una habitación con sus formas, colores y aromas y llevar a casa el frescor del jardín en cualquier época del año. Los arreglos florales no tienen por qué ser exuberantes: unas cuantas flores convenientemente dispuestas en un recipiente son tan eficaces como un adorno complicado y recargado.

En las páginas siguientes encontrará usted una guía estacional para arreglos florales. Las hojas son otro elemento importante en los adornos con flores cortadas y, como en su gran mayoría se encuentran de primavera a otoño, se han agrupado según su color. Muchos de los tipos de hojas y flores combinan bien para formar espectaculares arreglos estacionales. En los apartados dedicados a cada planta se incluyen consejos sobre la preparación de los tallos cortados y sugerencias sobre su utilización en arreglos florales.

Flores de primavera 1

A primera vista el color del final de invierno y principios de primavera se nos antoja pardo, pero, mirando con detenimiento, se aprecian colores y texturas interesantes. A comienzos de año, el jardín se salpica de manchas blancas, verde limón y verde pálido. Al avanzar la estación hacia la primavera, los colores se van intensificando y, junto al verde fresco de las hojas nuevas, aparecen los amarillos de los narcisos, seguidos del arco iris de color de otros

bulbos y de los árboles en flor. Muchos arbustos son también de floración temprana: el amarillo fuerte de la forsitia, la espuma blanca del espino en flor y los manojos de la bola de nieve dan volumen a un ramo de primavera. Más adelante, las flores de los frutales, como el manzano y el peral, se alían con las primeras perennes del jardín. Estas perennes tempranas incluyen algunos tipos de lirios, violetas, lilas y rododendros.

CONVALARIA
Convallaria majalis

Estas delicadas flores en forma de campanilla, son de fácil cultivo en un rincón umbrío del jardín. Crecen de un rizoma rastrero por lo que se extienden rápidamente. Se pueden forzar consiguiéndose casi todo el año. Quedan mejor en ramilletes sencillos, con su propio follaje verde claro, en un jarroncito de cristal. El persistente aroma de sus flores es un atractivo más de la convalaria. Las variedades blancas también quedan bonitas en ramos mixtos para novia, con otras flores blancas.

Colores Blanco y rosa.

Preparación Corte los tallos sesgados y haga una incisión de 5 centímetros con cuchillo afilado. Quite las hojas del tallo floral y sumérjalo en agua una hora antes de hacer un ramo con abundante agua.

Narcisos y junquillos **1** *"Golden Ducat"* **2** *"Pheasant's Eye"* **3** *"Mrs Backhouse"* **4** *"Inglescombe"* **5** *"Cheerfulness"* **6** *"Mary Copeland"*

NARCISOS Y JUNQUILLOS
Narcissus sp.

Este grupo de bulbos perennes de primavera incluye muchas especies e híbridos diferentes. Se les llama indistintamente junquillos, narcisos o trompetillas, aunque se suelen designar como narcisos a los que tienen las trompetillas más cortas. Se encuentran especies enanas; las más altas alcanzan los 60 centímetros. Los bulbos deben plantarse en otoño pero luego reaparecen todas las primaveras. Uselos en ramos campestres de primavera. También van bien con la forsitia y la candelilla. Se agrupan en un recipiente sencillo para producir una mancha de color.

Colores Existen en toda una gama de combinaciones de blanco, crema, amarillo, anaranjado y melocotón.

Preparación Corte los tallos sesgados y haga una incisión de 5 centímetros con un cuchillo afilado. Pase los cortes por una llama para cerrarlos. Déjelos en agua una hora antes de colocarlos con poca agua.

FRITILARIA
Fritillaria sp.

Las fritilarias no son fáciles de cultivar en jardín, pero en floristerías se encuentran fritilarias de invernadero. El tamaño y forma de la flor dependen de la especie —algunas presentan un manojo de flores grandes al final de un tallo alto, otras tienen flores pequeñas que crecen de una en una,

en forma de campanilla, sobre un tallo colgante. Las hojas recuerdan a las del tulipán por su forma, aunque en algunas plantas son largas y muy estrechas. Las fritilarias son de las primeras flores de tallo que aparecen en primavera y las flores en racimo quedan muy decorativas en ramos grandes. Las especies más pequeñas tienen cabezas florales colgantes por lo que quedan mejor agrupadas entre sí en un jarrón sencillo.

Colores Rojo, naranja, amarillo, blanco, marrón y morado. Las flores de las especies más pequeñas suelen presentar manchas de otro color.

Preparación Corte los tallos con un cuchillo afilado para no dañarlos. Déjelos en agua fría antes de hacer el arreglo.

Lilas **1** *"Katherine Havemeyer"* **2** *"Maud Notcutt"* **3** *"Massena"*

LILA
Syringa sp.

Las lilas son arbustos leñosos, fáciles de cultivar en jardines, que florecen profusamente en primavera. Lilas forzadas se encuentran a finales de invierno y comienzos de primavera en floristerías. Cómprelas con tallo largo ya que las de tallo corto no duran mucho. Las florecitas, muy perfumadas, están dispuestas en racimos alargados y mezclan bien con otras flores de color pastel, como amapolas claras y peonías, en un jarrón sencillo.

Colores Morado, rosa, blanco, blanco verdoso y amarillo.

Preparación Corte los tallos sesgados y haga una incisión de 5 centímetros con un cuchillo afilado. Quite las hojas de los tallos florales y sumérjalos en agua hirviendo antes de dejarlas una noche en agua fría. Colóquelas en abundante agua.

Otras características
Larga duración, hojas utilizables, fragante, válido para secado.

Convalaria

Principales características
De larga duración
Follaje utilizable
Aromático
Adecuado para secar

Lilas

LIRIO
Lilium híbrido

Los lirios son de las flores más atractivas, con su elegante forma. Pese a su apariencia frágil, muchos se cultivan en jardín, aunque otros se importan. Deben componerse arreglos sencillos sin nada que distraiga la atención de la flor. Los lirios de color marfil son ideales para ramos de novias y adornos para iglesias.

Colores Los lirios existen en cualquier color menos el azul. Muchos presentan dos o más colores, en su mayoría con puntos o líneas de otro color.

Preparación Corte los tallos en diagonal y haga una incisión de 5 centímetros con un cuchillo afilado. Quite las hojas de los tallos florales y déjelos una noche en agua fría antes de hacer el arreglo.

TULIPAN
Tulipa híbrida

La amplia gama de color y forma hace que el tulipán sirva para muy distintos tipos de arreglos. Además de la forma tradicional en copa, los tulipanes pueden ser dobles, plumosos, en forma de vasija o de lirio. Los tallos tienden a doblarse una vez cortados por lo que no sirven para arreglos de composición estricta. Mezclan bien con muchos tipos de flores y sus colores armonizan con casi todos los arreglos. Quizá la mejor forma de presentarlos sea agrupados en un mismo color, con sus propias hojas.

Colores Existen en prácticamente todos los colores, desde casi negro hasta blanco puro. Muchos están listados con otros colores.

Preparación Corte los extremos blanquecinos de los tallos y todas las hojas y envuelva el ramo en papel de periódico. Métalo en abundante agua templada durante unas horas para que queden erguidos los tallos doblados. Pinche los tallos justo debajo de la flor con un alfiler y colóquelos en agua con una cucharadita de azúcar.

Rododentros

RODODENTRO
Rhododendron sp.

Son flores grandes y robustas. Utilícelas sobre tallo largo para dar un punto focal a un arreglo grande, variado; las flores sobre tallos cortos se usan sobre jarrones pequeños con primaveras. Las cabezas florales también se dejan flotar en platos con agua.

Colores Blanco, rosa, rojo y morado.

Preparación Corte los tallos sesgados y haga una incisión de 5 centímetros con un cuchillo afilado. Quite las hojas de los tallos florales y déjelos una noche en agua caliente. Colóquelos en agua fresca con un poco de lejía.

Tulipanes

"White Triumphator" · "Aster Neilson" · "Dyanito" · "Blue Parrot" · "West Point" · "Flying Dutchman" · "Black Parrot" · "May Blossom" · "Captain Fryatt" · "Groenlandia" · "China Pink"

Flores de primavera 2

Freesias

FREESIA
Freesia híbrida

Son flores de aspecto muy delicado que "se pierden" en composiciones grandes mixtas. Su forma alargada queda mejor si se presenta un solo tallo en un jarrón, aunque también se usa en ramos de novia. La variedad doble dura más que la sencilla.

Colores Blanco, amarillo, malva, rosa, rojo y naranja.

Preparación Corte los tallos sesgados y haga una incisión de 5 centímetros con un cuchillo afilado. Déjelas en abundante agua antes de hacer un ramo con bastante agua.

EUFORBIA
Euphorbia sp.

Estas plantas arbustivas pequeñas deberían incluirse en todos los jardines de flor para cortar, ya que duran mucho cortadas y añaden una extraordinaria gama de colores, formas y texturas a los arreglos florales campestres. Las grandes inflorescencias

están constituidas por flores diminutas rodeadas de brácteas finas como papel y son un buen contraste con hierbas u hojas finas.

Colores Naranja, rojo, amarillo y verde.

Preparación Corte los tallos sesgados y haga una incisión de 5 centímetros con un cuchillo afilado. Escalde las puntas en agua hirviendo o páselas por una llama para detener el flujo de látex del corte. Déjelas un buen rato antes de hacer el arreglo.

LIRIO
Iris sp.

Son flores muy útiles, sobre todo si las cultiva usted en el jardín ya que las hojas son tan decorativas como las flores. Existen muchas variedades, con una enorme gama de formas, colores y tamaños. Algunos lirios son muy altos y tienen cabezas florales grandes, ideales para combinar con flores de gran tamaño. Los lirios silvestres, de menor tamaño, se agrupan con sus propias hojas y unos tulipanes.

Colores Malva, morado, amarillo, marrón, naranja, gris y blanco. Las flores suelen presentar motas o rayas de otro color.

Preparación Corte los tallos sesgados y haga una incisión a 5 centímetros con un cuchillo afilado. Quite las hojas de los tallos florales y métalos en agua fresca.

MIMOSA
Acacia dealbata

Estas delicadas y ligeras cabezas florales combinan bien con todas las flores de primavera. Se pueden utilizar en ramos informales, pero también quedan muy bonitas agrupadas en jarrón de terracota con unos narcisos amarillos y sus propias

hojas. Estas, plumosas y de color gris verdoso, son muy buen fondo para muchos arreglos florales y el fuerte aroma de la flor añade atractivo a la planta.

Colores Amarillo.

Preparación Déjelas envueltas en plástico para excluir el aire el mayor tiempo posible antes de hacer el arreglo. Justo antes, quite el plástico y moje las cabezas florales en agua fría un momento. Corte los tallos sesgados y haga una incisión de 5 centímetros con un cuchillo afilado. Meta los tallos en agua hirviendo unos segundos y luego déjelos un buen rato en agua templada hasta que se sequen las flores.

Alhelíes **1** *"Violeta de Parma"* **2** *"Amarillo de Niza"* **3** *"Princesa Alicia"*

ALHELI
Matthiola incana

Los alhelíes abundan en jardines y floristerías. Los cultivados en invernadero se encuentran todo el año. Sus cortas espigas

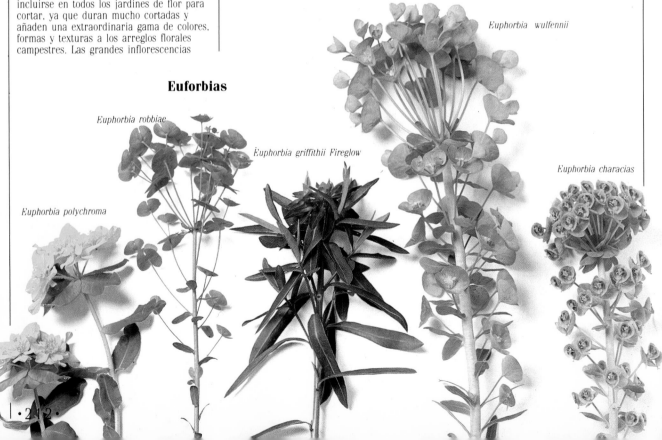

Euforbias

Euphorbia wulfennii

Euphorbia robbiae

Euphorbia griffithii Fireglow

Euphorbia characias

Euphorbia polychroma

Principales características
De larga duración
Follaje utilizable
Aromático
Adecuado para secar

están cuajadas de florecitas redondas que pueden constituir un punto focal o un relleno de un arreglo floral campestre.

Colores Blanco, amarillo, carmín, malva, morado rosa y naranja.

Preparación Corte los tallos sesgados y haga una incisión de 5 centímetros con un cuchillo afilado. Quite las hojas de los tallos florales. Mójelos en agua hirviendo unos minutos antes de dejarlos un buen rato en agua fría. Colóquelos en abundante agua.

PRIMULA
Primula vulgaris

Estas pequeñas plantas arbustivas tienen flores tubulares que se ensanchan formando un disco con un ocelo (ojo) en relieve. La variedad de colores es inmensa, ya que continuamente se están produciendo nuevos híbridos. Se pueden cultivar en el jardín pero es más fácil comprarlas en las floristerías a comienzos de primavera. Elija prímulas de tallo corto, ya que las de tallo largo se marchitan antes. Unos sencillos ramilletes envueltos en sus hojas quedan muy bonitos en recipientes lisos. También se usan con flores de color parecido, como heléboros o brezos, en ramos pequeñitos.

Colores Las prímulas existen en cualquier color, incluido azul. Muchas variedades tienen un círculo amarillo en torno al ojo.

Preparación Corte los tallos cortos con un cuchillo afilado. Moje el extremo en agua hirviendo unos minutos y luego déjelos en agua. Pinche los tallos justo debajo de la flor con un alfiler para que salgan las burbujas de aire atrapadas. Así fluye mejor el agua por el tallo.

GIPSOFILA
Gypsophila paniculata

Êstas delicadas florecillas se consideraban antes relleno de otras más robustas. Desde luego añaden un efecto suave a ramos de rosas y claveles, pero un buen manojo agrupado en un jarrón alto o una urna queda muy decorativo en ambientes modernos. La gipsófila se usa corrientemente en ramos.

Colores Blanco y rosa.

Preparación Corte los tallos sesgados y haga una incisión de 5 centímetros con un cuchillo afilado. Quite las hojas del tallo floral y déjelas un rato en agua caliente antes de hacer el arreglo. Rocíe con fijador porque las flores caen fácilmente. Cambie el agua regularmente para evitar que se descomponga.

Gipsófila

Alstroemeria

ALSTROEMERIA
Alstroemeria pelegrina

Estas flores elegantes y muy atractivas son muy difíciles de cultivar en el jardín pero se encuentran en floristerías casi todo el año. Tienen tallos erguidos y fuertes terminados en grupos de flores, lo que los hace ideales para jarrones, con sólo unas cuantas de sus hojas.

Colores Blanco, rosa, rojo, naranja y lila. Algunas flores presentan puntos morados.

Preparación Corte los tallos sesgados y haga una incisión de 5 centímetros con un cuchillo afilado. Quite las hojas de los tallos florales y déjelos un rato en abundante agua fresca antes de hacer el arreglo.

CALA
Zantesdeschia aethiopica

Se pueden cultivar estas flores en el exterior, en lugar resguardado pero los mejores ejemplares proceden de invernaderos. Tienen tallos erguidos terminados en una flor grande y fuerte. Las hojas acorazonadas son de verde intenso y unas cuantas flores solas en un florero redondo constituyen un arreglo elegante. La forma característica de la cala hace de ella un buen punto focal en un grupo verde; son buenas también en arreglos importantes que deban verse de lejos.

Colores Blanco, amarillo, verde y rosa.

Preparación Corte los tallos sesgados y haga una incisión de 5 centímetros con un cuchillo afilado. Déjelos un rato en agua templada antes de hacer el arreglo. Moje las hojas en una solución de almidón 24 horas para que duren más.

Flores de frutales **1** *Prunus serrulata* **2** *Prunus serrulata* "Ukon" **3** *Pyrus calleryana* "Chanticleer" **4** *Malus eleyi* **5** *Prunus* "Shirotae" **6** *Prunus serrulata* "Kwanzan"

FLORES DE FRUTALES
Prunus sp. y Malus sp.

Es un grupo importante de árboles frutales y ornamentales que dan a comienzos de primavera unos delicados manojos de flores excelentes como material de fondo para arreglos con tulipanes rosas o con narcisos amarillos. Se puede lograr un efecto japonés presentando unos tallos de alguna variedad de flor blanca en un decorado rojo y negro.

Colores Rojo, rosa y blanco.

Preparación Corte los tallos sesgados y haga una incisión de 5 cm. con un cuchillo afilado. Déjelos en agua fresca antes de hacer un arreglo con abundante agua.

PENSAMIENTO
Viola wittrockiana

Los pensamientos son unas flores bonitas que presentan una "cara" redonda con manchas. Su tamaño pequeño y delicado las hace adecuadas para centros de mesa o para arreglos florales pequeños. Muchas tienen un suave aroma.

Colores Los pensamientos se encuentran en todos los colores, incluido azul y negro. Existen muchas variedades lisas y muchas con marcas.

Preparación Los tallos tiernos deben cortarse con un cuchillo afilado para no aplastarlos. Moje las flores en agua unos minutos antes de hacer el arreglo.

Otras flores de primavera

Croco	Lunaria
Espino	Liátride
Romero	Alhelí amarillo
Campanilla	Magnolia
Forsitia	Amapola
Clematide	Ranúnculo
Spirea	Primavera
Clivia	Nigella
Alisio	Retamas
Jazmín	Malva
Jacinto	Membrillo

Flores de verano 1

E l verano es época de abundancia de flores y hojas, de todas formas, colores y texturas. Los colores van del amarillo claro, los rosas pastel, los melocotones y los blancos de los claveles y digitales a los tonos más intensos y cálidos de las peonías y minutisas. Muchas flores del verano como la amapola, el guisante de olor y la rosa, se encuentran en toda una gama de colores y sirven para numerosas composiciones. Por otra parte las flores suelen ir acompañadas de un follaje de formas y colores variados entre los que destacan por su

utilidad el de la hermosa de día, el aligustre y la hiedra.

Muchas de las plantas son herbáceas o perennes, pero también hay arbustos en flor: utilice sus ramas solas o con flores cortadas en arreglos grandes e importantes, eligiendo la weigela o la bola de nieve entre otros.

Los arreglos florales de verano aprovecharán la abundancia de material y en ellos prevalecerá la "masa". La mayoría de las flores de esta época tienen un fuerte aroma que las hace agradables.

ALQUIMILA
Alchemilla mollis

Estas plantas son de fácil cultivo en jardines aunque no se suelen encontrar en floristerías. La alquimila ofrece muchas posibilidades: las flores se utilizan en arreglos elegantes o informales y sus bonitas cabezas florales amarillo-verdosas combinan bien con casi todos los colores de flor y hoja. También quedan bien agrupadas entre sí o con hierbas y hojas en un jarrón sencillo de cristal o metal. Las hojas redondeadas son suaves y colgantes, contrastando bien con hojas rojas o bronce en un arreglo.

Colores Amarillo verdoso

Preparación Corte los tallos sesgados y haga una incisión de 5 centímetros con un cuchillo afilado. Quite las hojas de los tallos florales y haga inmediatamente el arreglo en abundante agua, para que no se formen burbujas en los tallos.

Alquimila

Peonías **1** *Paeonia lactiflora* **2** *Paeonia officinalis* "Rubra-plena" **3** *Paeonia officinalis*

PEONIA
Paeonia sp.

La peonía más común es la variedad de flor grande color magenta intenso. Aunque es muy bella hay que utilizarla con precaución ya que domina un arreglo floral; queda bien con hojas rojas o verde amarillas. Existen otras muchas clases de peonías, todas pueden usarse como puntos focales de un arreglo. Las rojas combinan bien con otras flores rojas, y las rosas son preciosas con las espigas florales color salmón de las digitales o de los gladiolos. Las grandes se pueden utilizar en arreglos importantes que deban verse a distancia.

Colores Matices de rosa, rojo, magenta, anaranjado y blanco.

Preparación Una vez cortadas se pueden dejar las peonías varios días sin agua en una habitación fresca. Si se dejan envueltas en plástico en lugar fresco se mantienen varias semanas. Antes de hacer el arreglo, corte los tallos sesgados y haga una incisión de 5 centímetros con un cuchillo afilado. Déjelos un buen rato en agua templada antes de hacer el arreglo.

EREMURUS
Eremurus sp.

Estas largas espigas están cubiertas de florecitas, muy juntas, en forma de estrella. Las flores se abren desde abajo del tallo hacia arriba y, como los tallos alcanzan de 60 cm. a 2 m. de altura, resultan majestuosos en un jarrón alto y estrecho con unas hojas fuertes.

Colores Blanco, amarillo, rosa y naranja.

Preparación Corte los tallos sesgados y haga una incisión de 5 centímetros con un cuchillo afilado. Déjelos un rato en agua antes de hacer el arreglo.

CLAVELES
Dianthus caryophyllus

Los claveles suponen un gran reto para el cultivador ya que se consiguen híbridos fácilmente y éstos están continuamente apareciendo en el mercado. Esos híbridos pueden ser grandes, pequeños, más olorosos, con colores más fuertes, o con una mezcla de colores, hay mucho donde elegir. Los claveles y las clavelinas son parecidos aunque aquéllos tienen flores mayores, hojas más anchas y tallos más largos. Ambos son flores para arreglos importantes, sobre todo los de tallos largos y rectos de las floristerías. Se pueden utilizar en cualquier arreglo de verano, aunque también quedan bonitos solos en un jarrón sencillo y alto. Utilice los colores blancos y rosas con hojas grises como eucalipto y artemisa.

Colores Existen en casi todos los colores menos azul. Muchos presentan dibujos de otro color.

Preparación Corte los tallos sesgados entre los nudos (abultamientos en los tallos). Haga una incisión de 5 centímetros con un cuchillo afilado y quite las hojas de los tallos florales. Déjelos un buen rato en agua abundante antes de hacer un arreglo con agua templada.

"Purple Frotesd"

"Crowley Sim"

Principales características
De larga duración
Foliaje utilizable
Aromático
Adecuado para secar

Gladiolos **1** *"Albert Schweitzer"* **2** *"Angel blanco"* **3** *"Madame Butterfly"*

GLADIOLOS
Gladiolus híbridos

Con su elegante porte, los gladiolos son flores apreciadas para todo tipo de arreglos. También se cultivan fácilmente en el jardín.

Existen muchas variedades, de diferentes tamaños, colores y tipos de florete aunque siempre las flores miran hacia un mismo lado de la espiga. Presente los pequeños de color suave con rosas de color rosa u otras flores pequeñas. Tres o cuatro espigas solas en un jarrón alto y elegante resultan muy vistosas.

Colores Gran variedad, incluidos rojo, naranja, amarillo, rosa y blanco.

Preparación Corte los tallos sesgados y haga una incisión de 5 centímetros con un cuchillo afilado. Corte los tallos bajo el agua y, para que dure más la flor, corte un trozo de tallo cada cuatro o cinco días. Si no va a utilizar las flores inmediatamente, déjelas en lugar fresco hasta una semana.

AMAPOLA
Papaver sp.

El concepto popular de la amapola es una flor de color rojo muy vivo y de pétalos grandes. Sin embargo existen muchos híbridos y cultivares en una gama de colores y tamaños. Las amapolas tienen los pétalos muy delicados por lo que no sirven para arreglos elaborados. Son de vida corta, normalmente no más de un día. Utilice las de color rojo vivo con hojas verde oscuro. Todos los tonos pastel van bien con flores sutiles: lilas, rosas, y espuelas.

Colores Muchas tonalidades de rojo, rosa, naranja, amarillo, crema y blanco.

Preparación Corte con un cuchillo afilado. Sumerja el extremo en agua hirviendo o páselo por una llama para sellarlo y que la savia no enturbie el agua. Déjelos un buen rato en agua antes de hacer el arreglo.

Minutisa

MINUTISA
Dianthus barbatus

Las numerosas variedades de minutisa se encuentran en floristerías y son fáciles de cultivar en jardín. Sus cabezas florales redondas y achatadas consisten en pequeñas flores muy juntas. Sus vivos colores combinan bien con los de otras flores de verano en arreglos informales, sobre todo agrupados en un cesto de mimbre.

Colores Las flores suelen presentar dos o más de estos colores: rojo, rosa, carmín y blanco, en círculos de color alrededor del centro.

Preparación Corte los tallos sesgados y haga una incisión de 5 centímetros con un cuchillo afilado. Quite las hojas de los tallos florales. Déjelos un buen rato en agua fresca antes de hacer el arreglo.

Claveles

"Zebra"

"Portrait"

"Joker"

"Allwood's Cream"

"Arthur Sim"

"Fragant Ann"

"Comoco Sim"

"Inchmery"

Flores de verano 2

Espuela

ESPUELA DE CABALLERO
Delphinium sp.

La espuela es una flor popular tanto en floristerías como en jardines. Siguen apareciendo híbridos nuevos ampliando la gama de colores y tamaños. Las largas espigas están repletas de flores pequeñas y fragantes y son buenas para arreglos en jarrones altos. Utilice las variedades grandes y blancas para arreglos importantes. Si no dispone de espacio para ellos, existen híbridos más cortos de todos los colores que

Digitales

Digitalis purpurea

D. purpurea "Alba"

D. grandiflora "Ambigua"

resultan muy atractivos agrupados con parte de sus propias hojas plumosas.

Colores Muchos tonos de azul y malva. También rosa, blanco y crema.

Preparación Corte los tallos sesgados y haga una incisión de 5 centímetros con un cuchillo afilado. Déjelos un buen rato en agua fresca antes de hacer el arreglo. Para que las flores duren más en una ocasión especial, llene de agua los tallos huecos y tapone luego con algodón.

AJO ORNAMENTAL
Allium sp.

Estos miembros de la familia de la cebolla presentan numerosas flores en un manojo grande esférico. Uselos como punto focal en un arreglo de flores grandes.

Colores Amarillo, morado, rosa y blanco.

Preparación Corte los tallos sesgados y haga una incisión de 5 centímetros con un cuchillo afilado, antes de hacer el arreglo con abundante agua. Añada al agua una cucharadita de lejía para que no huela a ajo.

DIGITAL-DEDALERA
Digitalis sp.

Estas bonitas flores silvestres aparecen con creciente frecuencia en los jardines, aunque rara vez en floristerías. Trate de cultivarlas ya que es una especie silvestre protegida. Son excelentes para arreglos florales ya que conservan los pétalos mucho tiempo. Los delicados colores de la digital van bien con otras flores de tonos pastel y su forma alargada perfila los arreglos importantes. También son bonitas en un cesto o cacharro de barro, en un arreglo informal.

Colores Malva, morado, blanco, crema, rojo, amarillo, y dorado. La mayoría presentan manchas de color en su interior.

Preparación Corte los tallos sesgados y haga una incisión de 5 centímetros con un cuchillo afilado. Quite las hojas de los tallos florales y déjelos una noche en agua templada antes de hacer el arreglo.

Rosas de té híbrida **1** *"Message"* **2** *"Goldgleam"* **3** *"Pascali"* **4** *"Margaret Merrill"*

ROSA DE TE HIBRIDA
Rosa sp.

La variedad de rosas no deja de incrementarse con nuevos híbridos y cultivares. El único inconveniente es la pérdida de aroma de algunos cultivares. Las rosas de té híbridas son rosas compactas de flor doble. Se pueden utilizar en arreglos importantes y ramos. Las rosas de un mismo color, agrupadas en un recipiente sencillo o un cesto, resultan muy atractivas.

Colores Las rosas existen en todos los tonos de cualquier color menos azul.

Preparación Corte los tallos sesgados y haga una incisión de 5 centímetros con un cuchillo afilado. Quite las hojas de los tallos florales y mójelos en agua hirviendo un minuto. Déjelos un buen rato en agua fría antes de hacer el arreglo.
Aquilea "Coronation Gold"

Aquilea-Milenrama "Coronation Gold"

AQUILEA-MILENRAMA
Achillea filipendulina

Estas flores de cabeza achatada y de aspecto rústico existen en una amplia gama de tamaños y colores. Son de cultivo fácil en jardín y se encuentran silvestres. Utilice las cabezas florales grandes y amarillas

Principales características
De larga duración
Follaje utilizable
Aromático
Adecuado para secar

· F L O R E S
D E V E R A N O ·

como puntos focales de arreglos grandes y las pequeñas de amarillo claro o blancas con flores blancas como rosas, o con hojas matizadas. Como los pétalos no se caen y las flores se secan bien, se pueden incluir en arreglos de flores secas mientras están frescas.

Colores Muchos tonos de amarillos, dorados y blancos.

Preparación Corte los tallos sesgados y haga una incisión de 5 centímetros con un cuchillo afilado. Quite las hojas de los tallos florales y déjelos en agua un buen rato antes del arreglo.

GERBERA
Gerbera jamesonil

Estas grandes flores en forma de margarita, de color vivo, tienen pétalos suaves y aterciopelados y tallos lisos sin hojas. Se pueden cultivar en invernadero y se encuentran con creciente frecuencia en floristerías. Las flores amarillas y naranjas quedan bien con crisantemos y hojas de eucalipto y también pueden utilizarse en arreglos otoñales de flores secas, ya que su color complementa los tonos cálidos de las flores secas. También constituyen un bonito contraste con las espigas florales de gladiolos y espuelas del mismo color.

Colores Morado, carmín, rojo, rosa, blanco, amarillo y naranja.

Preparación Corte los tallos sesgados y haga una incisión de 5 centímetros con un cuchillo afilado. Moje las puntas de los tallos en agua hirviendo y déjelos luego en agua fresca antes de hacer el arreglo.

Gerberas
Variedades de color

Agapanto

AGAPANTO
Agapanthus africanus

Estas plantas perennes tienen hojas satinadas en forma de lanza y tallos largos y gruesos. Las flores individuales son pequeñas y forman un manojo esférico en lo alto del tallo. Pueden cultivarse en jardín en lugar resguardado y se encuentran en floristerías. Los agapantos se utilizan en arreglos florales grandes y constituyen un bonito y refrescante adorno de verano, combinando sus cabezas florales con flores altas de espigas blancas como lirios y gladiolos.

Colores Azul y blanco

Preparación Corte los tallos sesgados y haga una incisión de 5 centímetros con un cuchillo afilado. Póngalos en abundante agua.

Guisantes de olor
Variedades de color

GUISANTES DE OLOR
Lathyrus odoratus

Estas delicadas flores son muy apreciadas por su aroma que puede llenar una habitación. Se cultivan fácilmente en jardín: si florecen con profusión habrá que poner un soporte a los tallos trepadores. También se encuentran en floristerías durante el verano. Aparecen normalmente cuatro o cinco flores por tallo y un ramillete de flores de un mismo color armoniza bien con rosas de igual tono: es un arreglo aromático.

Colores Una amplia gama de rojos, rosas, morados, albaricoques y blancos.

Preparación Los guisantes de olor deben tocarse lo menos posible. Corte los tallos largos con un cuchillo afilado y métalos en agua fresca varias horas antes de hacer el arreglo.

Otras flores de verano

Molucela	Carraspique
Genciana	Caléndula
Angélica	Clarkia
Aciano	Salicaria
Aquileña	Lavanda
Brodiaea	Malvarrosa
Zinnia	Petunia
Anthemis	Salvia
Margarita	Amapola de
Geranio	California
Campanilla	Margarita de
Boca de dragón	Livingstone
Altramuz	

Flores y bayas de otoño 1

Los colores de las flores de otoño son más intensos que los de primavera y verano. Predominan los morados, rojos, marrones y dorados entre las flores y las hojas. El amarillo profundo de las rudbeckias y los girasoles y el rojo fuego de las tritomas dan riqueza al colorido del otoño mientras los diversos tipos de dalias ofrecen una espléndida gama de tonos y formas. Cuando han terminado las flores quedan las frutas, las bayas y el follaje del otoño para hacer arreglos. También las verduras, como la alcachofa, añaden una textura y un color interesante a cualquier adorno. Bayas y frutos, como los escaramujos y las manzanas silvestres, dan color a los arreglos y resultan muy atractivos solos o con algo de follaje. Las hojas del otoño vienen a sustituir a las flores del jardín. Algunas cambian de color, adquiriendo tonalidades rojizas, anaranjadas, marrón cobrizo y morado. Al final de la estación hay que buscar material importado. Uno o dos grandes leucospermos bastan para prolongar los arreglos finales del otoño, añadiendo variedad a la forma y color del conjunto

RUDBECKIA
Rudbeckia sp.

Estas preciosas flores en forma de margarita tienen un colorido muy rico. En el centro de la flor se eleva un cono oscuro. Se encuentran flores sencillas y dobles y, agrupadas en cantidad, de diferentes colores, en un jarro de terracota, ponen en el interior todos los tonos del otoño. También combinan con follaje rojizo o amarillo.

Colores Amarillo, anaranjado y marrón; a veces con margen rojo. Los centros son marrón oscuro.

Preparación Corte los tallos sesgados y haga una incisión de 5 cm. con un cuchillo afilado. Quite las hojas de los tallos florales y moje los bordes del corte en agua hirviendo unos minutos. Déjelos en abundante agua antes de hacer el arreglo.

LIRIO DE EL CABO
Crinum powellii

Estas elegantes plantas tienen manojitos de flores en forma de trompetilla reunidos arriba de un tallo grueso y carnoso. Las flores se producen en sucesión y deben quitarse conforme se van marchitando. Estos lirios se utilizan en ramos importantes. La variedad blanca es ideal para ramos de novia. También en jarrones de porcelana lisos y blancos, con flores delicadas sin nada de hoja.

Colores Rosa y blanco

Preparación Corte los tallos sesgados y haga una incisión de 5 centímetros con un cuchillo afilado. Déjelos un buen rato en agua antes de hacer el arreglo. Los tallos huecos se pueden rellenar con agua y taponarlos con algodón para que las flores duren más.

Lirio de El Cabo

Manzano silvestre "John Downie"

MANZANO SILVESTRE
Malus sp.

Los frutos del manzano silvestre son pequeños y redondos y no suelen ser comestibles crudos. Se encuentran en jardines y campos más que en floristerías; el atractivo colorido de las frutas y los tonos cobrizos de la hoja lo hacen muy indicado para arreglos otoñales. Combínelos con flores de tonos otoñales, como dalias, tritomas o rudbeckias, o con matas leñosas como el abutilón o el evónimo. También fresco queda bien en arreglos secos, aunque la manzana se va arrugando poco a poco.

Colores Las frutas y hojas adoptan los tonos del otoño: rojos, amarillos, naranjas. Las flores de primavera son rojas, rosas o blancas.

Preparación Raspe los tallos y hágales una incisión de 5 centímetros con un cuchillo afilado. Déjelos un rato en abundante agua antes de arreglar.

HIPERICO
Hypericum elatum

Mata frecuente en los jardines, muy fácil de cultivar; no suele encontrarse en floristerías. El hipérico es una mata semi-perenne: conserva las hojas en invierno pero no verdes, sino de color rojizo y son aromáticas al frotarlas entre los dedos. Las flores amarillas son muy delicadas pero duran hasta octubre, en que son sustituidas por manojos de bayas ovaladas. Las ramas son muy útiles como material de fondo en toda clase de arreglos y las bayas quedan bien en composiciones de frutas y flores de otoño.

Colores Las flores del verano son amarillas y las hojas verdes; las bayas de otoño son rojas y las hojas verde-rojizas.

Preparación Corte los tallos sesgados y haga una incisión de 5 centímetros con un cuchillo afilado. Quite las hojas de los tallos florales. Déjelos en abundante agua antes de hacer el arreglo con agua fría.

ABUTILON
Abutilon hybridum

Arbustos leñosos frecuentes en jardines, aunque las ramas se encuentran pocas veces en floristerías. Las flores delicadas, como de papel, tienen forma de tubo ancho y cuelgan de las axilas de las hojas. Las ramas leñosas son verde claro, a veces moteadas; las hojas, intercaladas con las flores, quedan decorativas solas en un jardín sencillo o con otro material delicado.

Colores Las flores son una combinación de rojo, amarillo, malva y azul claro.

Preparación Corte sesgados los tallos y haga una incisión de 5 centímetros con un cuchillo afilado. Quite las hojas de los tallos florales y déjelos en agua antes de arreglar.

Abutilón

Principales características
De larga duración
Follaje utilizable
Aromático
Adecuado para secar

Evónimo

EVONIMO
Euonymus panipes

Las bayas de este arbusto son muy curiosas: son redondas y carnosas y se abren como una flor descubriendo una masa de semillas de color naranja brillante. Las hojas son verde oscuro aclarándose hasta el verde salpicado de blanco y amarillo. El evónimo queda mejor utilizado al fondo de un arreglo floral.

Colores Las bayas pueden ser rojas, rosas o blancas, con semillas naranja.

Preparación Raspe las puntas de los tallos y haga una incisión de 5 centímetros con un cuchillo afilado, antes de arreglar.

JARILLA DE JARDIN
Aster nova-belgii

La jarilla tiene tallos erguidos que se dividen en otros más cortos terminados en flor. Debido a su aspecto desordenado, no combinan bien con otras flores. Se agrupan de un solo color y se colocan en un cacharro de cobre situándolo donde refleje el sol de otoño.

Colores Blanco, morado y rosa.

Preparación Corte los tallos sesgados y haga una incisión de 5 centímetros con un cuchillo afilado. Quite las hojas de los tallos florales y mójelos en agua hirviendo unos segundos y luego déjelos en agua 12 horas

Jarilla de jardín híbrida **1** *"Ada Ballard"*
2 *"Blandie"*

ALCACHOFA
Cynara scolymus

Las alcachofas son muy útiles en todas las etapas de su desarrollo. Aparte de ser comestibles, las yemas florales están constituidas por brácteas solapadas que añaden textura e interés a la base de una composición otoñal. Más adelante aparecen los penachos de flores moradas. Las cabezas de las semillas y las hojas finas como helechos también son decorativas.

Colores Las yemas florales son verde claro; las flores moradas.

Alcachofa

Preparación Las yemas florales no requieren preparación especial. Las hojas duran mucho más si se dejan los tallos en agua hirviendo durante 30 segundos y luego se sumerge toda la hoja en agua fría una hora.

FLOR DE PAJA
Helichrysum bracteatum

Estas flores, que se ven con más frecuencia secas, también se utilizan en arreglos de flores frescas. Las cabezas florales en forma de margarita están rodeadas de brácteas finas como el papel que producen la impresión de que la flor está seca cuando en realidad sigue fresca. Los colores de las flores son estupendos para combinar en cualquier composición de otoño y con cualquier flor. Agrupe las flores en cestos y sitúelos en nichos o en el hogar de la chimenea. Como no pierde los pétalos, deje secar las flores y tendrá un ramillete seco.

Colores Amarillo, rojo, naranja, magenta, morado y combinaciones de estos colores.

Preparación Corte los tallos con un cuchillo afilado y mójelos en agua hirviendo. Déjelos un buen rato en agua fría antes de hacer el arreglo.

Flores de paja

Variedades de color

Flores y bayas de otoño 2

Girasol

GIRASOL
Helianthus annuus

Los girasoles abundan en los jardines porque son fáciles de cultivar y sobre todo alcanzan gran tamaño. Las grandes cabezas florales pueden desequilibrar un arreglo floral por lo que deben usarse como punto focal con otras flores grandes, o con follaje y bayas.

Colores Pétalos amarillo dorado con discos centrales marrón oscuro.

Preparación Corte los tallos sesgados y haga una incisión de 5 centímetros con un cuchillo afilado. Moje las puntas en agua hirviendo y déjelos en agua un buen rato antes de arreglar.

Acanto espinoso

ACANTO ESPINOSO
Acanthus spinosus

Estas largas y curiosas espigas están constituidas por florecitas encerradas en brácteas a lo largo del tallo suculento. Las espigas dan un buen perfil a composiciones importantes e informales de flores y hojas de otoño. También son un buen contraste para flores grandes y redondas como girasoles y dalias. El follaje espinoso resulta muy atractivo en un jarrón con flores rosas.

Colores Flores morado-verdosas envueltas en brácteas morado-verdosas de aspecto de hojas.

Preparación Corte los tallos sesgados y haga una incisión de 5 centímetros con un cuchillo afilado. Moje las puntas en agua hirviendo o déjelas varias horas en agua fría. Los tallos de hojas también

deben escaldarse un momento, luego se sumerge la hoja entera en una solución rebajada de almidón, durante 12 horas.

DALIA
Dahlia híbridos

Las dalias son flores corrientes en los jardines por su cultivo fácil, y también se encuentran en floristerías. Existen en muchos tamaños, formas y colores. Cada forma recibe un nombre distinto: "cacto", "pompón", "encañonado", "capricho", etcétera. La gama sigue ampliándose ya que los cultivadores no cesan de probar nuevos cruces e híbridos. Las dalias combinan bien con todo tipo de arreglos florales, por su forma redondeada tan bonita y su "cara" predominante; siempre se sabe dónde situarlas dentro del adorno. Utilice las flores de color melocotón y albaricoque con arreglos otoñales de hoja y los rojos vibrantes en un jarrón de rosas rojas o de tritomas. Combine las blancas con otras flores blancas y hojas verdes para lograr más efecto, o agrupe las dalias de un mismo color pero de distinta forma en un arreglo floral informal.

Colores Las dalias existen en muchos colores distintos y en muchas tonalidades de un mismo color, ya que las nuevas hibridaciones consiguen tonos cada vez más sutiles. El único color no logrado es el azul.

Preparación Corte los tallos sesgados y haga una incisión de 5 centímetros con un cuchillo afilado. Quite las hojas de los tallos florales y moje las puntas en agua hirviendo unos minutos. Déjelos en agua fría una noche antes de hacer un adorno con abundante agua. Para ocasiones especiales en que las flores tengan que durar mucho, añada al agua una cucharadita de azúcar y una aspirina.

Dalias

"Little Conn"

"Rockesley Mini"

"Authority"

"Super"

"Glorie van Heernstede"

Principales características
De larga duración
Follaje utilizable
Aromático
Adecuado para secar

Drupas de rosal **1** *Rosa sp.* **2** *R. Moyesii*
3 *R. rugosa*

DRUPAS DE ROSAL
Rosa sp.

Antes los setos se cubrían en otoño de los frutos rojos del escaramujo, pero éstos cada vez abundan menos. Se encuentran sí los frutos de rosales cultivados, aunque normalmente se despuntan, que son de gran belleza y existen en gran variedad de formas y tamaños, según el tipo de rosal. Las drupas de la rosa combinan bien en los arreglos florales de otoño, sobre todo si además incorporan alguna flor de rojo oscuro y algo de follaje. Los frutos también se usan para dar puntos de color a los arreglos de hojas y semillas secas.

Colores Las drupas del rosal aparecen en muchos tonos de rojo, según cuándo se corten.

Preparación Corte los tallos sesgados y haga una incisión de 5 centímetros con un cuchillo afilado. Quite las hojas y espinas de los tallos. Meta las puntas en agua hirviendo un minuto antes de dejarlos un buen rato en agua.

PLANTA DEL TABACO
Nicotiana affinis

Estas plantas se cultivan comercialmente por sus hojas con las que se elabora el tabaco. Las variedades de jardín se cultivan por sus flores llenas de color y su fuerte aroma. Las flores son tubulares, abiertas en forma de estrella. Su infinidad de colores las hace ideales para arreglos florales informales. Utilice las de color vivo con flores u hojas rojas, haga un arreglo floral auténticamente otoñal con variedades naranjas y rojo anaranjado. Las flores de color verde limón añaden interés a un grupo de hojas delicado.

Colores Blanco, rojo, naranja, carmín, verde limón, crema y rosa.

Preparación Los tallos son muy tiernos y deben cortarse con un cuchillo afilado. Déjelos en agua templada antes de hacer el arreglo con abundante agua.

TRITOMA
Kniphofia uvaria

Estas plantas fácilmente cultivables en jardín no suelen verse en floristerías. Son excelentes flores cortadas, aunque su gran tamaño las hace difíciles de colocar. Sus colores combinan perfectamente con los arreglos de otoño y añaden interés a los grandes adornos informales. Los tallos gruesos de las tritomas tienden a seguir creciendo, incluso cortados, retorciéndose, por lo que habrá que retocarlos.

Colores Las espigas de las tritomas son verdes cuando aparecen pero se van volviendo rojas. Existen actualmente híbridos en crema y amarillo y crema y rosa.

Preparación Corte los tallos sesgados y haga una incisión de 5 centímetros con un cuchillo afilado, luego déjelos un buen rato en agua fresca antes de utilizarlos.

Tritoma

Bayas de bola de nieve

BOLA DE NIEVE — VIBURNO
Viburnun opulus

Las bayas doradas translúcidas que aparecen en otoño son tan útiles como la aromática flor de la primavera. Las bayas se agrupan en manojos sobre ramas que conservan las hojas incluso cuando están muy secas. El viburno va bien como fondo en arreglos de flores frescas o secas.

Colores Las bayas pueden ser rojas, amarillas, doradas o azules. Las flores en primavera son blancas, verdes o rosas. El follaje es verde vivo.

Preparación Raspe las puntas y córtelas sesgadas. Haga una incisión de 5 centímetros con un cuchillo afilado y moje el corte en agua hirviendo durante un momento. Déjelos una noche en agua fresca antes de hacer el arreglo.

LEUCOSPERMO
Leucospermum nutans

Estas espectaculares cabezas florales pertenecen a la familia de las proteas y se importan de Africa del Sur. Las cabezas son redondas, cubiertas de espigas amarillas terminadas en un bulbo rojo. Los leucospermos ponen un punto focal en los arreglos grandes de materiales fresco o seco.

Colores Amarillo-rojo.

Preparación Corte los tallos sesgados y haga una incisión de 5 centímetros con un cuchillo afilado. Déjelos un buen rato en agua antes de hacer el arreglo con agua fresca.

Otras flores de otoño

Anémona del Japón	Valeriana roja
Clemátide	Farolillo chino
Hortensia	Montbretia
Caléndula	Seda
Sedum	Nomeolvides
Estática	Malvarrosa
Flox	Verbena
Cotoneaster	Croco de otoño
Margarita shasta	Escabiosa

Flores y bayas de invierno

E n invierno se imponen las plantas perennes, con su follaje de atractiva textura y sus bayas resplandecientes. El término perenne incluye una gran cantidad de colores de hoja, incluidos los tipos variegados, y de texturas, por lo que se consiguen arreglos muy bonitos con sólo hojas perennes. A finales de invierno, muchos de los arbustos caducifolios se cubren de las flores más pálidas, muchas de ellas con un intenso aroma que se conserva una vez cortada la rama y llevada a casa. Las camelias de invierno florecen entonces en color blanco y rosa. Abriéndose paso entre la hierba y la tierra asoman los narcisos de las nieves, seguidos de los acónitos de invierno, algunos crocos y los primeros narcisos. La elección de flores se aumenta con las de invernadero: anémonas, lilas, claveles y rosas. También entonces se importan orquídeas. Las floristerías cuentan con buen surtido pero, para economizar, haga uso de la vegetación perenne o de unas buenas ramas desnudas. Alguna brotará en el calor de su casa.

ACEBO
Ilex aquifolium

Las hojas brillantes, verde oscuro con sus bordes espinosos ondulados y los racimos de bayas rojas son casi un símbolo de la Navidad y se encuentran en jardines, en forma de arbustos o de árboles. También alegran el campo en estado silvestre, pero recuerde que es especie protegida. Utilice el cultivado por usted en adornos y coronas de Navidad, en guirnaldas y como material de fondo para flores rojas.

Colores Las hojas de acebo pueden ser verde oscuro o variegadas. Las bayas rojas, rojo anaranjado o amarillas.

Preparación Utilice podadora para cortarlo. Dura más si no se conserva en agua.

Acebo común

Mimosa-Acacia

MIMOSA — ACACIA
Acacia longiflora

Este delicado arbusto está emparentado con la mimosa que florece en primavera y sus flores amarillas son muy parecidas. Pero, a diferencia de la mimosa, las hojas gris verdosas de la mimosa-acacia no están divididas y son semejantes a las del sauce. Las flores olorosas contrastan con la hoja y sus ramas son una buena idea para añadir a arreglos florales y de hoja en invierno.

Colores Flores esféricas amarillas y hojas gris verdoso.

Preparación Consérvela envuelta en plástico, al amparo del aire antes de utilizarla. Justo antes de hacer el arreglo, quite el plástico y sumerja las flores en agua fría un momento. Corte los tallos sesgados y haga una incisión de 5 centímetros con un cuchillo afilado. Moje las puntas en agua hirviendo unos segundos y luego métalos en abundante agua templada hasta que se sequen las flores.

ANEMONA
Anemone coronaria

Estas delicadas plantas se presentan en gran variedad de formas y tamaños, aunque las de la fotografía son las más familiares. Sus frágiles flores están constituidas no por pétalos sino por sépalos (suelen ser verdes y son las estructuras parecidas a hojas que rodean la flor) que tienen forma de copa en torno a un disco central de color azul intenso. En el jardín las anémonas aparecen en primavera, verano y otoño, según la especie, pero en las floristerías se encuentran todo el año. Pueden combinarse con otras flores pero quedan mejor agrupadas en un jarrón de cristal. Póngalas muy prietas ya que sus tallos tienden a curvarse y el ramo puede parecer desordenado.

Colores Rojo, azul, malva, rosa, blanco, amarillo, magenta y escarlata. Muchas presentan un disco central bordeado de otro color.

Preparación Corte los tallos sesgados y haga una incisión de 5 centímetros con un cuchillo afilado. Moje las puntas en agua hirviendo unos segundos. Antes de hacer el arreglo déjelos un buen rato en agua fresca.

Anémonas Variedades de color

LECHE DE GALLINA
Ornithogalum thyrsoides

Estas flores, importadas en invierno, vienen a sumarse a la gama de flores disponibles en esta época. Las espigas muy densas se abren de abajo arriba y pronto se convierten en una masa de flores blancas en forma de estrella. Quedan muy bien con ramitas de acebo o de cotoneaster en Navidad.

Colores Blanco.

Preparación Algunas flores vienen con un sello de cera en el extremo. Córtelo y haga una incisión de 5 centímetros con un cuchillo afilado. Déjelos un buen rato en agua templada y luego varios días en agua fría para que se abran todas las flores.

Principales características
De larga duración
Follaje utilizable
Aromático
Adecuado para secar

Cotoneaster

Orquídea

ORQUIDEA
Dendrobium sp.

Estas exóticas flores se importan de Extremo Oriente. Se presentan en distintos tamaños y formas, todas con el "labio" rodeado por un anillo de sépalos y pétalos. Las flores deben verse de cerca para apreciarlas mejor por lo que los arreglos serán sencillos, o bien las orquídeas solas, o con los tallos rojos desnudos del cornejo, en un ambiente poco recargado.

Colores Rojo, naranja, amarillo, blanco y morado. Las flores suelen presentar dibujos o manchas de otro color.

Preparación Estas orquídeas suelen comprarse con los tallos fijos a un tubito con agua. Los tallos se pueden sacar del tubo para cambiar el agua cada dos o tres días.

JAZMIN DE INVIERNO
Jasminum nudiflorum

Estos arbustos son de cultivo fácil en jardín y los tallos cortados se encuentran en las floristerías. En verano, el arbusto se cubre de hojas verde oscuro, pero durante el invierno está plagado de flores tubulares amarillas. Presente unas ramitas en un recipiente de terracota sencillo o mézclelas con unos narcisos tempranos.

Colores Amarillo.

Preparación Corte los tallos sesgados y haga una incisión de 5 centímetros con un cuchillo afilado. No se requiere más preparación antes de hacer el arreglo.

CRISANTEMO
Chrysanthemum híbridos

En una época en la que escasean las flores de colores vivos, los crisantemos son muy apreciados y utilizados en adornos florales. En jardín aparecen en otoño, pero en floristerías los crisantemos forzados se encuentran todo el año. Existen en flores aisladas o en varias por tallo y varía también su forma y tamaño. Las flores aisladas son más fáciles de colocar como puntos focales de un jarrón. Las flores múltiples en un solo tallo son más difíciles de situar y es preferible agruparlas en un jarrón o dividirlas en flores aisladas para adornos pequeños.

Colores Los crisantemos se presentan en una amplia gama de colores: rojo, naranja, caldero, rosa, blanco, amarillo, verde limón, melocotón y crema. Muchas de las flores en forma de margarita tienen un disco central de otro color.

Preparación Corte los tallos sesgados y haga una incisión de 5 centímetros con un cuchillo afilado. Moje esas puntas en agua hirviendo unos segundos. Meta todo el tallo en agua fresca y déjelo un buen rato antes de hacer un arreglo con abundante agua.

COTONEASTER
Cotoneaster "Cornubius"

Las hojas lanceoladas verde oscuro de este arbusto perenne presentan unas nerviaciones marcadas y son mates, de textura atractiva. Las bayas rojas aparecen en grandes panículos. Utilice las ramas en decoraciones estacionales de una mesa o sustituyendo al acebo en coronas y guirnaldas. El cotoneaster también se utiliza como fondo de color para un arreglo floral grande.

Colores Hojas verde fuerte, bayas rojas en invierno, flores crema en verano.

Preparación Corte los tallos sesgados y haga una incisión de 5 centímetros con un cuchillo afilado. Déjelos un buen rato en agua fresca antes de hacer el arreglo.

ACONITO DE INVIERNO
Eranthis hyemalis

Estas bonitas flores aparecen en los jardines en febrero. Son pequeñas y amarillas parecidas al botón de oro, con un anillo de sépalos verde limón. Preséntelas con sus propias hojas en un arreglo miniatura.

Colores Amarillo.

Preparación Corte los tallos sesgados y haga una incisión de 5 centímetros con un cuchillo afilado. Colóquelas en agua fresca.

Crisantemos

Crisantemos de pétalo fino

Crisantemo de flor sencilla en manojo

Otras flores de invierno

Narciso de invierno	Mahonia
Heléboro	Linaria
Cymbidium	Lirios
Chionodoxa	Ciclamen
Camelia de invierno	Escila
	Hepática
Hamámelis	Jacinto
Nazareno	Leucojum
Skimmia	Rosa
Crataegus	Brezo
Bérberis	Chiococca

Follaje 1

as hojas desempeñan un papel primordial en los arreglos florales, tanto como las flores en sí. Las hojas o ramas pueden utilizarse como fondos o como material de relleno en arreglos mixtos, pero también solas, en composiciones atractivas. La elección de follaje en las floristerías puede ser limitada, pero jardines y bosques proporcionan una enorme variedad de hojas con una fascinante gama de colores, formas y texturas con la que experimentar. Las hojas verdes lisas van desde el verde oscuro del pitosporo al verde manzana de la hermosa de día; las hojas pueden estar matizadas con blanco, con crema o con amarillo o ser doradas como las del evónimo o tener sólo el borde de color, como el acebo variegado. El follaje plateado o gris resulta precioso con flores amarillas o rosas y puede utilizarse solo; varias texturas agrupadas en un arreglo monocromático resultan muy atractivas. Las hojas rojas o bronce suelen asociarse con el otoño, pero

muchas conservan ese color todo el año. Cuando proyecte el adorno floral, trate de utilizar la configuración de las hojas o de las ramas como parte integrante del diseño. Utilice las espigas foliares como material de perfil, la hiedra y los helechos de forma suave para añadir curvas dentro del adorno o colgado por fuera de un recipiente y las hojas de perfil marcado como las de la hermosa de día y la hortensia de invierno para hacer un arreglo moderno y espectacular. Los adornos hechos solamente de hojas pueden resultar igual de atractivos que los de flor.

Para preparar el follaje cortado, primero acondiciónelo dejándolo en agua una noche para las hojas maduras y un par de horas para las jóvenes. No moje el follaje plateado o gris porque tiende a reblandecerse. Lave el follaje perenne en una solución de detergente suave para devolverle el brillo. Puede prensar cualquier tipo de hoja; en cada apartado se indica si el ejemplar se puede secar al aire o en glicerina.

FOLLAJE VERDE

VIBURNO
Viburnum rhytidophyllum

Estas hojas verde fuerte tienen una textura arrugada característica, debida a las profundas nerviaciones de la cara superior. Combinan bien con pensamientos y dalias blancas o rojas y se pueden utilizar para variar la textura de un arreglo verde. Las hojas perennes secan particularmente bien al aire o en glicerina.

HELECHO
Polystichum setiferum

Las hojas de helecho tienen una textura suave y un buen color verde brillante. Están

finamente divididas y se arquean graciosamente, siendo una envoltura perfecta para flores cortadas. Combinan bien con los cardos y las ramas secas en arreglos modernos. Esta clase de helecho, por ser perenne, no seca bien.

MAGNOLIA
Magnolia grandiflora

Estas hojas verdes, satinadas, tienen una textura como el cuero y un envés color caldero, aterciopelado. Se pueden utilizar como fondo de flores rojas. Las hojas, perennes, no secan bien.

HERMOSA DE DIA
Hosta sp.

Las hojas de la hermosa de día son grandes

y anchas y de color verde vivo. Su tamaño y su textura brillante, profundamente surcada, las hace ideales para adornos modernos; combinan bien con flores grandes como lirios o amapolas. Las hojas están mejor en primavera.

COTONEASTER
Cotoneaster horizontalis

Las hojitas delicadas, verde oscuro, aparecen sobre ramas fuertes. Las hojas presentan una cara satinada y un envés gris velludo. Las largas y estrechas espigas foliares son buenas para marcar el perfil de un arreglo; las hojas menudas complementan los elementos mayores y dominantes con su aspecto delicado. El follaje es perenne pero se vuelve rojizo en otoño. Las hojas pueden secar al aire o en glicerina.

ANGELICA DEL JAPON
Aralia chinensis

Las hojas ovaladas son de un intenso color verde, existiendo también una variedad amarilla y verde. El número de folíolos por rama hace de esta aralia un buen material de relleno para todo tipo de composiciones. Son hojas caducas que secan bien al aire.

HORTENSIA DE INVIERNO
Bergeria sp.

Las grandes hojas verde oscuro son de textura suave y brillante, con nerviaciones muy marcadas. Son buenas para puntos de interés focal y adecuadas para composiciones modernas y grandes. Las hojas están mejor en invierno.

PITOSPORO
Pittosporum tobira

Estas bonitas hojas en forma de lágrima son de un verde lustroso con una nerviación central prominente. Su textura gruesa y fuerte contrasta bien con hojas ásperas o aterciopeladas. Como las hojas son pequeñas, el pitosporo constituye un buen fondo para flores cortadas. Es planta perenne que se puede usar todo el año.

Follaje verde 1 Viburno **2** Helecho **3** Magnolia **4** Hermosa de día **5** Cotoneaster **6** Angélica del Japón **7** Hortensia de invierno **8** Pitosporo

Follaje verde y amarillo

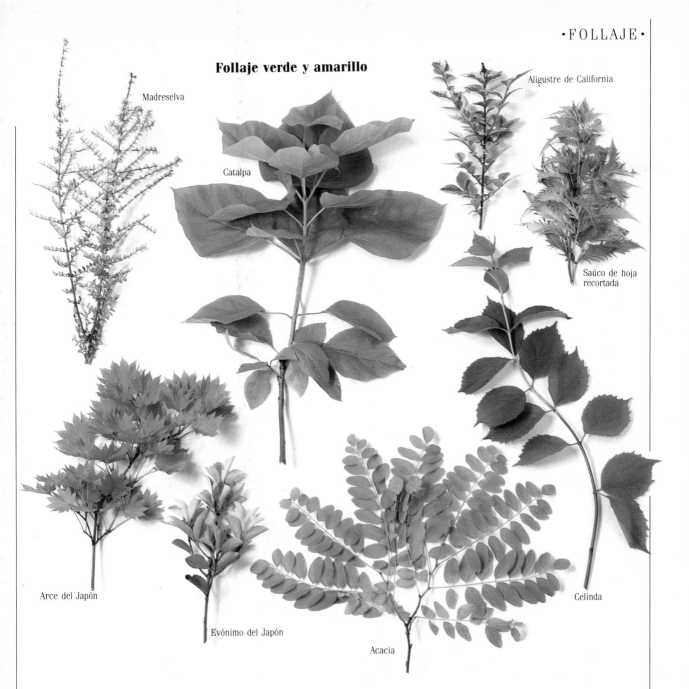

Madreselva

Catalpa

Aligustre de California

Saúco de hoja recortada

Arce del Japón

Evónimo del Japón

Acacia

Celinda

FOLLAJE VERDE Y AMARILLO

MADRESELVA
Lonicera nitida "Baggesen's Gold"

Las hojitas doradas y verde claro crecen en hilera sobre espigas erguidas. Esta forma arbustiva de la madreselva puede utilizarse para marcar las líneas de un arreglo, o como material de relleno de composiciones florales o foliares, sobre todo con rosas amarillas. Las hojas perennes pueden usarse frescas o secadas al aire en cualquier época.

CATALPA
Catalpa bignonioides

Con sus grandes hojas acorazonadas de color verde pálido amarillento, estas ramas son buenas para composiciones grandes —aunque si se frotan entre los dedos despiden un olor penetrante. En otoño aparecen unas vainas de semilla. Las hojas están mejor en verano. No secan bien.

ALIGUSTRE DE CALIFORNIA
Ligustrum ovalifolium "Aureum"

Esta variedad de aligustre es verde claro con anchos márgenes amarillos. Otras variedades pueden ser verdes o blancas y verdes. Las hojas son de textura suave. Son hojas perennes en rama arbustiva, útiles en muchos adornos, aunque no secan bien.

SAUCO DE HOJA RECORTADA
Sambucus racemosa "Plumosa Aurea"

Estas curiosas hojas amarillo dorado y verdes tienen los bordes profundamente serrados. Las hojas crecen en ramos útiles para suavizar la línea de un arreglo grande. Produce bayas en otoño, pero cuando mejor están las hojas es en primavera o verano. No secan bien, pero son útiles para composiciones frescas.

ARCE DEL JAPON
Acer japonicum "Aureum"

Los márgenes profundamente dentados dan a estas hojas grandes una forma muy decorativa. El colorido fresco y brillante y la curiosa forma de abanico hacen de estas hojas un buen punto focal para arreglos foliares grandes, sobre todo sencillos. Las hojas amarillas adquieren un fuerte color carmín en otoño. Resultan especialmente atractivas prensadas.

EVONIMO DEL JAPON
Euonymus japónicus "Ovatus Aureus"

Son hojas pequeñas, ovaladas, con una atractiva textura satinada. Crecen en manojos densos y son un buen material de relleno para composiciones de flores pequeñas y amarillas. Son hojas perennes que no secan bien.

ACACIA
Robinia pseudoacacia

Cuando nacen las hojas son doradas volviéndose verde claro en verano. La variedad "Frisia" tiene las hojas amarillo dorado toda la temporada. Los pequeños folíolos están dispuestos por parejas sobre ramitas finas. Utilice las ramas de forma que se luzca su forma de abanico y su interesante textura.

CELINDA
Philadelphus coronarius "Aureus"

Cuando aparece el follaje de esta celinda es amarillo dorado, volviéndose verde oscuro. Las hojas redondeadas terminan en punta y tienen márgenes dentados. Su mejor época es la primavera. Uselas como complemento de flores grandes de cualquier color.

Follaje 2

FOLLAJE VERDE Y BLANCO

CORNEJO
Cornus alba "Elegantissima"

Este follaje semiverde presenta márgenes irregulares en blanco y crece sobre tallos rojos. Las variedades verdes lisas adquieren una tonalidad roja o naranja en otoño. Todas constituyen un buen aporte de color para grupos florales o foliares, combinando especialmente bien con flores blancas. Las hojas están mejor en otoño. No secan bien.

SAUCO MATIZADO
Sambucus nigra "Albo-variegata"

Estas esbeltas hojas en punta, verde oscuro, tienen un fino margen amarillo claro. Despiden un olor desagradable si se frotan entre los dedos, pero son un fondo ideal para flores amarillas. Las hojas están mejor en primavera y verano. No secan bien.

ALIGUSTRE
Ligustrum vulgare "Auro-variegatum"

Las hojas largas y elegantes crecen sobre ramas densas de forma general alargada. Las hojas más pequeñas presentan más amarillo, por lo que cada rama ofrece una gama de colorido. Son hojas perennes que secan bien al aire.

ACEBO VARIEGADO
Ilex aquifolium "Golden Queen"

Las hojas espinosas verde oscuro presentan un borde blanco o plateado. El acebo es perenne y se usa tradicionalmente en guirnaldas y coronas de Navidad. También combina bien con heléboros, claveles blancos o rojos o con hiedra. Dura más si no se le pone agua. Seca bien al aire.

VINCA PERVINCA
Vinca major "Variegata"

Son hojas ovaladas de un verde intermedio bordeado de blanco. Aparecen dispuestas en pareja sobre tallos finos curvados que se pueden dejar colgar o enrollar. Utilice estas hojas perennes como material colgante en un jarrón sobre pedestal.

HIEDRA
Hedera helix híbrida

Estas hojas pequeñas, acorazonadas, son de un verde intermedio con bordes blancos irregulares. Son perennes colgantes que también pueden enrollarse en una composición. Contrastan bien con candelillas y narcisos tempranos en un arreglo de invierno, pudiéndose utilizar también con freesias y digitales en tonos amarillos. Las hojas son apropiadas para secar en glicerina.

Follaje verde y blanco

Cornejo

Saúco

Vinca pervinca

Hiedra

Hiedra

Aligustre

Aligustre

Acebo

Hermosa de día

Pitosporo

HIEDRA DE CANARIAS
Hedera canariensis "Variegata"

Estas hojas grandes y fuertes son verde oscuro bordeadas de blanco. Son acorazonadas y crecen sobre tallos rojos. Quedan bien en composiciones con flores grandes, como narcisos y gerberas. Se pueden dejar colgando algunas ramas por fuera del recipiente. Secan bien en glicerina.

HERMOSA DE DIA
Hosta sp.

Estas hojas grandes y anchas, tienen un margen prominente de amarillo claro. Su tamaño y sus profundos surcos las hacen indicadas para composiciones modernas, también combinan bien con flores grandes, como rosas o con helechos en arreglos foliares. Están mejor en primavera.

PITOSPORO
Pittosporum tenuifolium "Garnetti"

Estas hojas verde claro presentan márgenes estrechos e irregulares de color amarillo y sus tallos son negros. Tienen un aspecto abierto y son estupendo material de relleno en cualquier época. Las hojas se secan en glicerina.

ALIGUSTRE
Ligustrum ovalifolium "Albo-marginatum"

Estas hojas brillantes, de verde intermedio, presentan anchos márgenes irregulares de color blanco crema. Las ramas son buen material de relleno y combinan bien con otras hojas, en cualquier época del año.

FOLLAJE GRIS

EUCALIPTO
Eucalyptus gunnii

El característico follaje del joven eucalipto es redondo, rodeando el fino tallo gris (las hojas se van alargando al crecer). El color varía del azul verdoso al blanco plateado. Las hojas quedan bien con flores rosas o azules en un ambiente moderno, o con hierbas y helechos en arreglos secos. También el aroma es atractivo. Se pueden utilizar todo el año, pero son más atractivas de jóvenes. Se secan en glicerina.

CRAMBE MARITIMA
Crambe maritima

Las hojas de esta verdura de verano son grandes, carnosas y frágiles, con un característico color azul verdoso. Su forma arrugada y festoneada las hace contrastar con formas más corrientes: crean un buen efecto en composiciones abstractas con hojas de diferentes texturas. Su mejor época es el verano. No secan bien.

AJENJO
Artemisia "Powis Castle"

Una ramita de ajenjo parece un árbol en miniatura. Las delicadas hojas gris plata están profundamente divididas en finos filamentos de textura satinada. Dan un perfil

interesante a adornos pequeños. Son hojas perennes difíciles de secar.

SENECIO
Senecio "Sunshine"

Las hojas pequeñas y ovaladas presentan dos colores y texturas distintos. Tienen una superficie verde oscuro, como cuero y un envés verde claro, densamente afelpado. Quedan bien en arreglos florales y foliares ya que producen un buen efecto los dos lados de las hojas. Aunque son perennes, su mejor época es el invierno. No secan bien.

SAUCE BLANCO
Salix alba

Estas hojas de dos tonos son verde oscuro en la cara y blanco en el envés. Son largas y estrechas y aparecen por parejas sobre los tallos leñosos. Utilizadas con mesura, añaden interés a grupos de flores y de hojas. Las hojas están mejor en verano. No secan bien.

GORDOLOBO
Verbascum sp.

Estas hojas grandes, gris claro, tienen una textura suave y una forma agradable que combina bien con otras hojas de textura suave. Quedan atractivas con flores, sobre todo de color rosa pálido, azul o verde, en una composición en tonos pastel. Las hojas perennes están mejor en verano. No secan bien.

SENECIO MARITIMO
Senecio maritima

Una fina pelusilla blanca cubre ambas caras de estas hojas fuertemente hendidas, dándoles un aspecto plateado muy bonito. Las hojas son de textura suave, ideales para

dar interés a un adorno pequeño. Combinan bien particularmente con rosas y estátice de color rosa. Las hojas son perennes y están mejor en verano. No secan bien.

AVENA ORNAMENTAL
Helicotrichon sempervirens

Estas hojas largas, estrechas y arqueadas, son de intenso color azul-gris. Dan un contraste y una definición marcados y van bien con flores azules, como lirios y espuelas en composiciones modernas y atrevidas. Aunque son perennes, las hojas están mejor en verano.

BALLOTA
Ballota pseudodictamnus

Las curiosas hojas de esta planta crecen densamente sobre tallos finos y erguidos. Son acorazonadas, con los bordes ligeramente festoneados y son de color gris; constituyen una excelente variación textural en composiciones de flor y de hoja. Las hojas son perennes pero están mejor en verano. No secan bien.

ESTRAGON
Artemisia "Douglasiana"

Las hojas lineales crecen sobre altas espigas. La cara inferior es gris claro y la superior algo más ocura. La forma alargada y esbelta de los tallos proporciona gracia de líneas y una buena definición a grupos mixtos, ya se utilicen como punto focal o como fondo para flores rosas o azules, como rosas, espuelas o acianos. Las hojas están mejor en verano y se pueden secar al aire.

Follaje gris **1** Eucalipto **2** Crambe maritima **3** Ajenjo **4** Senecio **5** Sauce blanco **6** Gordolobo **7** Senecio marítimo **8** Avena ornamental **9** Ballota **10** Estragón

Follaje 3

FOLLAJE BRONCE

PARRA ORNAMENTAL
Vitis vinifera "Purpurea"

Estas hojas color carmín se vuelven rojo-Burdeos en otoño. Existen también tipos variegados rojos y verdes. La forma de mariposa de sus hojas es una característica muy atractiva que debe aprovecharse en composiciones otoñales; combina bien con flores amarillas y naranjas y con follaje de otoño. Las hojas no secan bien.

HAYA
Fagus sylvatica "Purpurea"

Las delicadas hojas ovaladas presentan bordes dentados y un intenso color cobre. Mezclan bien con otro follaje, siendo un buen fondo para composiciones grandes, sobre todo con flores blancas o rojas. Utilice las hojas maduras ya que las jóvenes son verdes. Las hojas están mejor en primavera y secan bien en glicerina.

AGRACEJO DEL JAPON
Berberis thumbergii "Atropurpurea"

Las hojas pequeñas, de intenso color bronce oscuro, crecen en manojos sobre largos tallos. Se vuelven rojo vivo en otoño, igual que la variedad de color verde intermedio.

Este follaje es excelente por su colorido y combina espectacularmente bien con madera y piñas en composiciones modernas. Las hojas están en su mejor época en otoño y secan al aire.

FORMIO
Phormium tenax "Purpureum"

Estas hojas largas como correas, fuertes como el cuero, pueden ser rojas o verdes, algunas incluso listadas de amarillo. Alcanzan los 3 metros de largo, pero ése es un tamaño excesivo para su uso en composiciones. Las hojas más cortas proporcionan líneas elegantes a los arreglos y conservan buen color todo el año aunque no secan bien. Se pueden sin embargo utilizar frescas en arreglos temporales.

ARCE DE NORUEGA
Acer platanoides "Goldsworth Purple"

Aparte del morado carmín de este follaje, existen variedades con márgenes blancos y verde claro. La notable forma de las hojas de arce las hace adecuadas para composiciones grandes, siendo un excelente material de relleno que combina bien con flores grandes como tulipanes o crisantemos amarillos.
Las hojas están mejor en otoño y se pueden secar en glicerina.

COTINUS
Cotinus coggygria

Estas hojas elípticas crecen en densos racimos. Son verdes con nerviaciones rojas y adquieren un intenso color rojo en otoño. La delicada masa de tallos florales que emerge de los manojos de hojas crea un curioso efecto "nebuloso" muy efectivo en composiciones de estilo japonés. Combinan también con flores naranjas. Las hojas están mejor en otoño. No secan bien.

AVELLANO DE HOJA MORADA
Corylus maxima "Atropurpurea"

Estas hojas grandes y redondas crecen sobre esbeltos tallos arqueados y son de intenso color púrpura. Son un buen elemento para composiciones grandes, combinando bien con flores rojas, moradas o malvas. Están mejor en otoño, pero son difíciles de secar.

SEDO
Sedum maximum "Atropurpureum"

Las hojas carnosas verdes y rojas del sedo se presentan junto a racimos de florecitas de igual tono. Utilice las ramas para añadir textura y color a una composición de flores frescas o secas de tonos otoñales. Están mejor a finales de verano y secan bien al aire.

Follaje bronce

Parra ornamental

Haya

Agracejo

Formio

Cotinus

Avellano

Sedo

Arce de Noruega

GUIA DE FLORES SECAS

Las flores secas tienen un encanto que no depende de la estación, y crean una preciosa paleta de colores pálidos y fuertes, y de formas quebradizas y suaves.

Las flores no son el único material adecuado; se pueden utilizar otros materiales secos, enriqueciendo la variedad de formas, texturas y colores. Los tonos suaves y neutros de las hierbas y cereales son un buen acompañamiento de las flores. Los ricos colores del follaje otoñal combinan armoniosamente con gramíneas y flores, al mismo tiempo que las semillas familiares o exóticas ofrecen sus insólitas formas y texturas.

En las páginas siguientes encontrará una selección de flores secas (clasificadas por su color), de follaje, de cereales, de hierbas, de semillas y de frutos, con los que podrá componer adornos atractivos y duraderos. Para cada elemento se aconseja sobre su utilización y sobre el mejor método de secado.

Flores secas 1

Blancos y amarillos

Esta gama de colores, desde los tonos apagados de los blancos verdosos a los blancos puros brillantes y los vibrantes amarillos, aporta frescor y luminosidad a cualquier composición. Combinan bien con otros colores y se pueden utilizar o bien para evocar el resplandor del verano, con otras flores secas de colores vivos, o para reflejar el dorado del otoño, combinadas con flores, hojas y hierbas en tonos anaranjados y marrones. Sus colores armonizan con cestos de mimbre y cristal esmerilado.

Métodos de secado

Al aire   Glicerina   Sílice-bórax   Prensado

ALQUIMILA
Alchemilla mollis
Delicadas flores verde-amarillas que combinan bien con hierbas, cereales y semillas.

AMARANTO
Amaranthus sp.
Espigas verdes que sirven tanto para composiciones de flor como de hoja.

BOTON BLANCO
Chrysantemum híbrido
Una vez quitados los pétalos, la parte central de la flor puede teñirse de cualquier color.

ESTATICE
Limonium sinuatum
Las flores amarillas, blancas, rosas, moradas o rojas quedan muy bonitas agrupadas en un recipiente de barro.

TANACETO
Tanacetum vulgare
Las flores amarillo vivo, como botones, ponen una mancha de color en un apartamento.

HELIPTERUM
Helipterum roseum
Flores blancas con centro amarillo; añaden su color delicado a adornos pequeños y coronas.

FLOR DE PAJA
Helichrysum bracteatum
Flores en forma de margarita
amarilla, Blancas, anaranjadas
o rosas. Deben insertarse en
alambre antes de secarlas.

▨

ACROLINIO
Acrolinium sanfordii
Atractivas flores amarillo fuerte; dan
color a las composiciones de invierno.

▨

SIEMPREVIVAS
Anaphalis margaritacea
Manojitos de cabezas florales
blanco marfil que pueden teñirse
con tinte o spray.

▨

MARGARITA AMARILLA
Anthemis tinctoria
Flores amarillas muy versátiles.
Pueden teñirse con tinte o spray.

 ▨

MILENRAMA
Achillea filipendulina
Las achatadas cabezas florales
blancas o amarillas constituyen un
punto focal en un arreglo floral.

▨

GIPSOFILA
*Gypsophila
paniculata*
Las flores
blancas o rosas
suelen usarse en
ramos o coronas
pero también
solas son
bonitas.

▨

Flores secas 2

Rosas, rojos y naranjas

Los colores de este grupo abarcan desde los delicados rosas pálidos hasta los rojos más vivos y los naranjas más intensos. Las más vistosas son las rojas, las más llamativas, pero adquieren un tono más sutil cuando se combinan con marrón, amarillo y azul. Los rosas añaden luminosidad y delicadeza a una composición, y les favorece contrastar con blanco y verde. Las flores de un intenso color naranja resultan más encantadoras combinando con los amarillos y rojos del follaje otoñal.

ROSA
Rosa sp.
Agrupe las rosas en cestos bajos o recipientes altos para crear un punto focal de color.

CARTAMO
Carthamus tinctorius
Flores rojo anaranjado y hojas verde-gris que configuran el perfil de un arreglo floral.

FLOR DE PAJA
Helichrysum bracteatum
Las flores naranjas con forma de margarita deben insertarse en un alambre antes de secarlas.

LIMONIO
Limonium suworowii
Los largos racimos de flores rosas añaden unas líneas originales a cualquier grupo.

CELOSIA
Celosia argentea "Cristata"
Las flores moradas o rosas recuerdan al musgo y constituyen un espectacular punto focal en una composición grande.

FAROLILLO CHINO
Physalis alkekengi
Las vainas florales naranjas y verdes pueden utilizarse en composiciones otoñales mixtas, aunque también resultan bonitas agrupadas.

CALISTEMON
Callistemon citrinus
Las cabezas florales
naranja resaltan en
arreglos foliares y
florales.

ESTATICE
Limonium sinuatum
Las flores rosas,
moradas, amarillas,
blancas o rojas quedan
atractivas agrupadas en
un recipiente
de barro.

HELIPTERUM
Helipterum roseum
Flores rosas con centros amarillos;
añaden un delicado color a adornos
pequeños y coronas.

AJO ORNAMENTAL
Allium sp.
Las flores pueden ser rosas, azules o
amarillas; agrúpelas en un recipiente
alto.

ESPUELA
Delphinium consolida
Flores rosas, malvas, azules o blancas que dan
altura a composiciones con flores delicadas;
son excelentes para coronas pequeñas.

GOMPHRENA
Gomphrena globosa
Flores delicadas, parecidas a
las del trébol. Deben insertarse
en alambre antes de secarlas.

FLOR DE PAJA
Helichrysum bracteatum
Flores delicadas, con forma de
margarita. Deben insertarse en
alambre antes de secarse.

EUPATORIO
*Eupatorium
purpureum*
Utilice estas
delicadas flores
de color rosa
como material
de relleno en
composiciones
grandes.

ARABIDE ALPINA
Arabis alpina "Rosea"
Las diminutas flores rosas se sitúan en
ramilletes y en coronas, pero también están
bonitas agrupadas en un recipiente delicado.

Flores secas 3

Azules y morados

El color de estas flores secas va de los fríos azules plateados a los cálidos tonos del malva y el morado. Los colores fríos pueden ser luminosos y estimulantes si se combinan con los colores complementarios amarillo y naranja; también se yuxtaponen a los blancos o se utilizan en composiciones monocromáticas. Las flores malvas y moradas añaden un toque cálido a una habitación, combinadas con flores y follaje rojos.

Métodos de secado
Al aire Glicerina Sílice-bórax Prensado

ESPUELA
Delphinium elatum
Utilice alguna espiga para dar altura a una composición.

LIATRIDE
Liatris spicata
Estas largas espigas de flores diminutas se utilizan para configurar un arreglo.

ESPUELA
Delphinium consolida
Las flores azules, malvas, rosas o blancas dan altura a las composiciones de flores delicadas y son excelentes para coronas pequeñas.

HORTENSIA
Hydrangea macrophylla
Densos manojos de flores azules, blancas o rosas. Pueden usarse en coronas y guirnaldas o en botellas de cristal de cuello ancho llenas de una combinación de flores secas.

ESTATICE
Limonium sinuatum
Las flores moradas, rojas, amarillas, blancas o rosas quedan atractivas agrupadas en un recipiente de barro.

ASTILBE
Astilbe japonica
Estas flores plumosas quedan bien en composiciones de flores o hierbas. Su follaje ornamental se puede prensar.

ROMAZA
Rumex acetosa
Estas plantas de color
herrumbre constituyen un buen
material de relleno, aunque
también agrupadas en un
manojo rústico quedan bien en
un cesto de paja.

XERANTHEMUM
Xeranthemum annuum
Flores moradas, lilas, blancas y
rosas que deben agruparse en
ramilletes sujetos con alambre
antes de utilizarlos en arreglos.

LAVANDA
Lavandula officinalis
Las aromáticas flores moradas
pueden usarse en ramilletes,
coronas, potpourris y almohadillas
de hierbas.

CARDO YESQUERO
Echinops ritro
Las cabezas, redondas y azules,
combinan bien con flores
amarillas.

**ERINGE-CARDO
MARITIMO**
Eryngium maritimum
Los tallos y las cabezas azul
plateado se utilizan para añadir
textura a una composición.

ARMERIA
Armeria maritima
Flores esféricas rosa plateado;
constituyen un buen punto focal
en un grupo.

GOMPHRENA
Gomphrena globosa
Delicadas flores semejantes a las
del trébol que deben insertarse
en alambre antes de secarlas.

Hojas, hierbas y cereales secos

Las hojas, cereales y hierbas deben considerarse esenciales en las composiciones secas. En efecto, pocos adornos pueden hacerse prescindiendo de uno o más de estos ingredientes que añaden variación en el color, la forma y la textura. Son algo más que un mero acompañamiento de las flores: con un poco de imaginación pueden constituir de por sí un magnífico adorno vegetal.

AGROSTIS
Agrostis curtisii
Esta hierba gris verdosa tiene una densa cabeza floral, adecuada para muchas composiciones, incluidas coronas.

LAGURUS
Lagurus ovatus
Esta delicada hierba se usa con flores o con follaje, con semillas o con otras hierbas.

BRIZA
Briza media
Estas delicadas flores añaden una graciosa ligereza a adornos pequeños.

JUNCO
Typha latifolia
La esbelta línea del junco es útil en composiciones grandes.

PLATYLOBIUM
Platylobium angulare
Este original follaje puede usarse como material de fondo en composiciones con flores delicadas.

EUCALIPTO
Eucalyptus sp.
Las hojas rojas o marrones añaden su marcada forma y color a los arreglos florales.

GREVILLEA
Grevillea triternata
Hojas parecidas a las de un helecho; su finura da variedad a una composición.

HIERBA DE LA PAMPA
Cortaderia selloana
Un buen material de fondo para grupos grandes; el "plumero" también resulta atractivo solo en una urna.

Métodos de secado
Al aire · Glicerina · Sílice-bórax · Prensado

HAYA
Fagus sylvatica
Estas bonitas hojas de color cobre
constituyen un excelente fondo para
composiciones grandes.

BROMUS
Bromus sp.
Esta hierba silvestre con su textura plumosa, pone
interés en una composición seca.

CEBADA-PASPAYAS
Hordeum vulgare
Esta hierba se utiliza
tradicionalmente para dar variedad
a la forma y textura de una
composición.

AVENA
Avena sp.
Esta gramínea verde claro
combina con otras hierbas y
con follaje o bien se utiliza
en arreglos florales.

AGROSTIS
Agrostis sp.
Esta hierba pálida añade una
delicada ligereza a los arreglos
foliares o de hierbas.

EPTERIDE
Pteridium aquilinum
Todos los helechos dan delicadeza
a los grupos de flores secas.

Semillas y frutas secas

E l material seco no se limita únicamente a las flores, gramíneas y hojas; las semillas y las frutas amplían la gama. Muchas plantas tienen semillas atractivas que aparecen cuando muere la flor. Son muy útiles, ya que aportan una gran variedad de formas, colores y texturas. Los frutos pueden insertarse en alambre para utilizarlos en composiciones o bien se colocan alrededor de la base del recipiente para crear interés.

CALABAZA ORNAMENTAL
Cucurbita pepo ovifera
Existen muchos colores, formas y texturas. Las calabazas secas pueden encerarse o barnizarse y se agrupan en un cuenco o se mezclan con fruta fresca. Las calabazas barnizadas se conservan bien.

AMAPOLA
Papaver sp.
Existe una gran variedad de frutos de diferente forma. Se pueden insertar en alambre para utilizar en coronas.

PROTEA
Protea sp.
Estas cabezas resultan espectaculares en composiciones grandes. Varias agrupadas en un cesto de paja quedan vistosas.

ALGODON
Gossypium sp.
Estos penachos blancos son una adición poco vista y muy interesante en composiciones de hojas o hierbas.

BANKSIA
Banksia menziesii
Estas semillas de color marrón fuerte son excelentes para incluirlas en composiciones modernas abstractas.

Al aire Glicerina Sílice-bórax Prensado

HAYUCOS
Fagus silvatica
Estos frutos de color marrón fuerte contrastan con la delicadeza de las hierbas en una composición. También se insertan en alambre para usarlos en coronas.

ESCABIOSA
Scabiosa caucasica
Estas delicadas flores se pueden utilizar en composiciones otoñales o mezclarse con flores secas en una composición ligera.

PIMENTERA
Capsicum annuum
Estos frutos rojos, naranjas o amarillos perfilan y dan color a una composición foliar de otoño. Insértelos en alambre para utilizarlos en coronas.

CARDO
Cynara cardunculus
Estas bonitas cabezas dan altura y textura a una composición de gran tamaño.

MAIZ
Zea mays
Se puede utilizar entero en composiciones grandes de semillas y hojas. También se usa sólo la mazorca en alambre para composiciones menores.

NIGELLA
Nigella damascena
Los frutos en forma de capullo de rosa, pueden presentar rayas rojas o moradas. El etéreo follaje alrededor de las cabezas de semilla pone un toque de ligereza en composiciones delicadas.

CARDO
Dipsacus fullorum
Estos cardos pueden cortarse por la mitad a lo largo para hacer "flores" estrelladas. Insertados en alambres, se utilizan para coronas.

7

EL CUIDADO
DE LAS PLANTAS

En el exterior, las plantas se defienden solas, con
alguna ayuda ocasional por nuestra parte. En un
jardín de interior, en cambio, las plantas dependen de
nosotros para cubrir sus necesidades: nosotros
decidimos el nivel de luz y de humedad que han de
recibir, la cantidad y la regularidad del riego y del
abono, el espacio de que han de disponer las raíces y
la temperatura mínima del invierno.
Se dice de los buenos jardineros y de quienes logran
que prosperen las plantas de interior que tienen
"buena mano". Efectivamente, algunas personas
parecen sentir qué necesitan las plantas y cómo hay
que cuidarlas, mientras que otras fracasan totalmente.
Pero no hay ningún misterio en el cultivo de las
plantas; cualquiera que esté dispuesto a comprender
las necesidades de las plantas y a establecer una
rutina para cuidarlas, puede conseguir buenos
resultados. Recuerde siempre que se trata de materia
viva; unos ejemplares enfermos son un espectáculo
deprimente y dicen poco en su favor.
Cuidar las plantas es un placer —no un trabajo— si
se eligen con esmero. Las cualidades decorativas son,
naturalmente, importantes, pero también debe usted
confiar en su capacidad para cuidarlas y estar seguro
de que podrán prosperar en las condiciones que
puede usted ofrecerles en su casa.

Plantación casera en macetas
El cuidado de las plantas no es complicado ni
largo. Plantar en macetas unos ejemplares,
como estos geranios matizados (*Pelargonium*
híbrido) es rápido y fácil. La planta crecerá
correctamente si utiliza usted el tamaño de
maceta y la tierra adecuados.

Requerimientos de una planta sana

Las plantas que cultivamos dentro de casa proceden de áreas templadas, subtropicales y tropicales en las que existen condiciones de crecimiento muy distintas. Por ejemplo, unas están expuestas al sol, otras protegidas de sus abrasadores rayos tropicales por plantas vecinas, por los árboles, mientras que otras crecen en un sotobosque umbrío. Esta diversidad de hábitat natural explica por qué las distintas plantas requieren diferentes condiciones en un interior.

Dicho esto, sin embargo, hay que tener en cuenta que la capacidad de adaptación a condiciones extrañas es la principal razón del cultivo de muchas plantas de interior. A la mayoría les disgustan los cambios bruscos de temperatura, aunque el descenso de temperatura por la noche sienta bien a muchas plantas caseras. El fresco durante el día (en que la calefacción puede estar apagada) y el calor al anochecer (cuando quizá se conecte la calefacción) son contrarios al esquema natural, pero aún así las plantas de interior han demostrado poderse adaptar a esas condiciones. Por supuesto, algunas son mas resistentes que otras.

El cultivo y cuidado de las plantas en casa aporta muchas satisfacciones. Conservar sanas y atractivas las plantas no supone un trabajo complicado ni largo, sólo requiere una atención inteligente y sensible a las necesidades básicas de las plantas. Para crecer bien, éstas necesitan luz adecuada, con la intensidad más apropiada y durante el tiempo justo, una temperatura confortable y un buen nivel de humedad ambiental. Se las debe regar cuando empiezan a secarse ligeramente, y algunas requieren un período de reposo en invierno, con riegos menos frecuentes para que la planta descanse y fomentar su producción de flores posterior. También hay que abonarla, proporcionarle el ambiente adecuado y cambiarla de maceta cuando sus raíces hayan invadido la maceta anterior. Estas y otras necesidades son las que se describen en las páginas siguientes.

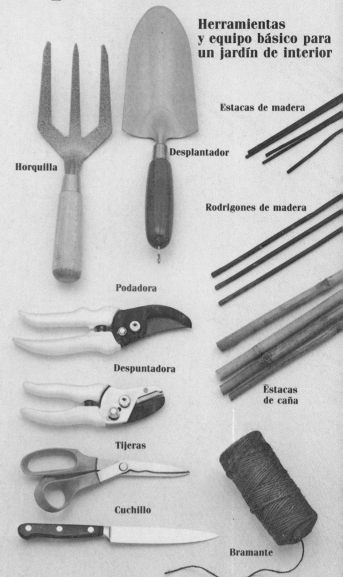

Herramientas y equipo básico para un jardín de interior

Horquilla

Desplantador

Estacas de madera

Rodrigones de madera

Podadora

Despuntadora

Estacas de caña

Tijeras

Cuchillo

Bramante

Fotosíntesis

Es el proceso llevado a cabo por las partes de la planta que contienen el pigmento verde o clorofila; en el cual la energía de la luz se utiliza para producir hidratos de carbono a partir del agua y del dióxido de carbono. Durante las horas de luz, el dióxido de carbono del aire pasa por los poros (estomas) de las hojas situados sobre todo en el envés. La fotosíntesis se realiza por acción de la luz sobre la clorofila de las hojas. La energía de la luz se utiliza para dividir las moléculas de agua en oxígeno e hidrógeno. El hidrógeno se combina entonces con el dióxido de carbono absorbido por los estomas para formar hidratos de carbono como la glucosa, que proporciona nutrientes a las plantas. Para que se realicen estas complejas reacciones químicas, se precisan ciertos minerales y éstos se obtienen del agua a través de las raíces.

Procesos esenciales

La fotosíntesis se realiza durante el día, o cuando las partes verdes de la planta reciben luz. En este dibujo vemos el camino recorrido por el dióxido de carbono, el oxígeno, el agua y los minerales durante el proceso. La fotosíntesis no puede realizarse en la oscuridad y entonces se invierte el camino del oxígeno y del dióxido de carbono, y se dice que la planta "respira".

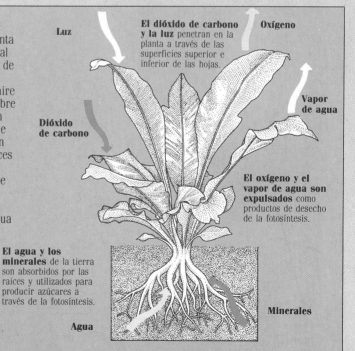

Luz

El dióxido de carbono y la luz penetran en la planta a través de las superficies superior e inferior de las hojas.

Oxígeno

Vapor de agua

Dióxido de carbono

El oxígeno y el vapor de agua son expulsados como productos de desecho de la fotosíntesis.

El agua y los minerales de la tierra son absorbidos por las raíces y utilizados para producir azúcares a través de la fotosíntesis.

Minerales

Agua

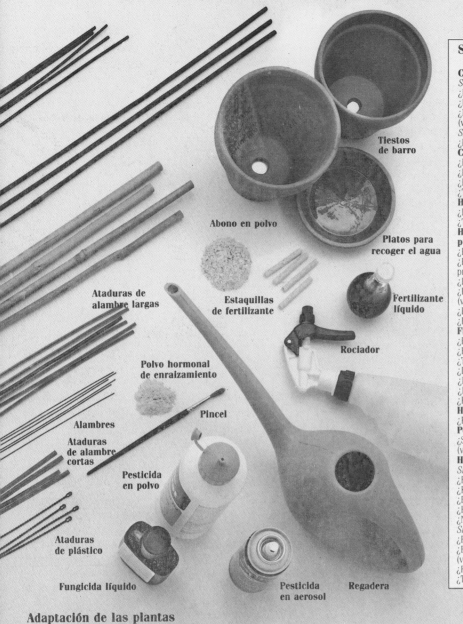

Tiestos
de barro

Abono en polvo

Platos para
recoger el agua

Ataduras de
alambre largas

Estaquillas
de fertilizante

Fertilizante
líquido

Polvo hormonal
de enraizamiento

Rociador

Pincel

Alambres

Ataduras
de alambre
cortas

Pesticida
en polvo

Ataduras
de plástico

Fungicida líquido

Pesticida
en aerosol

Regadera

Síntomas de mala salud

Crecimiento lento o débil
Si los síntomas aparecen en verano:
¿Exceso de riego? (ver p. 251)
¿Falta de abono? (ver p. 252)
¿Necesita la planta un cambio de maceta?
(ver p. 257)
Si los síntomas aparecen en invierno:
¿Es un período de reposo natural?
Clorosis
¿Está muy seca la tierra? (ver p. 251)
¿Exceso de riego? (ver p. 251)
¿Exposición demasiado soleada? (ver p. 245)
¿Temperatura muy alta? (ver p. 246)
Hojas lacias y tierra húmeda
¿Exceso de riego? (ver p. 251)
¿Tiene el drenaje adecuado? (ver p. 255)
**Hojas marrones en las
puntas/manchas marrones**
¿Exceso de riego? (ver p. 251)
¿Exposición excesivamente soleada o muy
próxima a una fuente de calor? (ver p. 246)
¿Falta de humedad? (ver p. 247)
¿Está la planta en una corriente de aire?
(ver p. 246)
¿Exceso de abono? (ver p. 252)
¿Ha salpicado de agua las hojas? (ver p. 249)
Flores, hojas, brotes que caen
¿Exceso de riego? (ver p. 251)
¿Falta de riego? (ver p. 251)
¿Temperatura inadecuada? (ver p. 246)
¿Luz inadecuada? (ver p. 245)
¿Exceso de abono? (ver p. 252)
¿Falta de abono? (ver p. 252)
¿Falta de humedad? (ver p. 247)
Hojas variegadas se vuelven verdes
¿Recibe la planta luz suficiente? (ver p. 245)
Podredumbre en las axilas de las hojas
¿Se ha estancado agua en la axila?
(ver p. 249)
Hojas amarillas
Si el crecimiento es ralo
¿Exceso de agua? (ver p. 251)
¿Recibe la planta suficiente luz? (ver p. 245)
¿Es la temperatura muy alta? (ver p. 246)
¿Falta de abono? (ver p. 252)
¿Necesita un cambio de maceta? (ver p. 257)
Si se caen las hojas
¿Exceso de agua? (ver p. 251)
¿Está la planta en una corriente de aire?
(ver p. 246)
¿Falta de humedad? (ver p. 247)
¿Temperatura muy baja? (ver p. 246)

Adaptación de las plantas

Hojas finas de aspecto delicado
Suelen indicar que la planta procede de
regiones tropicales donde están protegidas
del calor o frío extremos.

Hojas que parecen de cuero o cera
Suelen indicar que la planta procede de un
área seca y calurosa, ya que estas plantas
almacenan agua, reduciendo la pérdida de
líquido por transpiración.

Espinas o pelillos
Indican que la planta es de área desértica,
ya que presenta poca exposición al sol: las
espinas han sustituido a las hojas y el tallo
se hace grueso y suculento.

La luz

La luz es esencial para todas las plantas. Sin suficiente luz, el crecimiento se altera y las hojas se vuelven pequeñas y pálidas. Un crecimiento sano depende de la fotosíntesis, desencadenada por la acción de la luz sobre el pigmento verde o clorofila. Este pigmento se encuentra en las hojas rojas, bronce, moradas y gris lo mismo que en las verdes; los colores son una capa superficial que cubre al verde. Las plantas de hojas variegadas, sin embargo, están en desventaja ya que las partes amarillas, blancas o crema carecen de clorofila. Por eso, las plantas de hoja matizada necesitan por lo general más luz para mantener el contraste de color en sus hojas.

Niveles de luz en un interior

Las plantas en su hábitat se han adaptado a una serie de distintos grados de luz. Dentro de casa hay que procurar proporcionarles la intensidad luminosa que cada planta prefiere. Para ello, hay que comprobar la cantidad de luz que reciben las diferentes partes de una habitación. Puede resultar difícil porque el ojo humano no es un buen juez de la intensidad luminosa; se adapta a los distintos niveles de luz para dar impresión de iluminación regular. La única forma de medir la intensidad luminosa con precisión es utilizando un fotómetro fotográfico o cámara con fotómetro incluido que nos indiquen los niveles de luz. Seguramente le sorprenderá comprobar los niveles tan bajos de luz que hay en un interior: junto a una ventana orientada al sur, las plantas reciben la mitad de luz que si estuvieran fuera debido a la refracción del cristal. Y a un metro de la ventana la luz es las tres cuartas partes que junto a ella. Dicho esto, sin embargo, hay que añadir que la mayoría de las plantas de interior son muy tolerantes y su adaptabilidad es lo que las ha hecho tan populares.

Duración del día

Además de la intensidad de la luz, otro factor importante para determinar la cantidad de luz que recibe una planta, es la duración del día. La mayoría de las plantas requieren de 12 a 16 horas de luz para su crecimiento activo. Las plantas de hoja de interiores se dividen en dos grandes grupos: las que dejan de crecer a finales de otoño y necesitan descansar en invierno, y las que continúan su crecimiento en invierno permaneciendo atractivas. Las plantas de hoja de los trópicos que, en su hábitat reciben unas 12 horas de sol diarias a lo largo de todo el año, seguirán creciendo en climas templados si se les proporciona luz suficiente en invierno, utilizando una luz artificial complementaria, y si se mantienen en una habitación caldeada. Las plantas de regiones más frías dejan de crecer (o reducen su crecimiento considerablemente), con la llegada del invierno y los días más cortos.

Por lo general, las plantas de flor necesitan más luz que las de hoja para iniciar la floración y que los brotes florales se abran adecuadamente. En muchas plantas la floración está relacionada con la duración de los días. Estas plantas se dividen en dos grupos: las de días largos y las de días cortos. Las de días largos florecen cuando reciben más de 12 horas de sol diarias durante un cierto tiempo (no importa si

Intensidad de luz y orientación

Los niveles de intensidad de la luz que llega a una casa desde cualquier punto: la zona más clara corresponde a la luz más fuerte y la zona más oscura a la más débil (suponiendo que el sol brilla desde el sur). Estudiando la orientación de su casa puede usted situar las plantas en zonas de luz adecuadas.

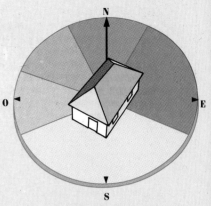

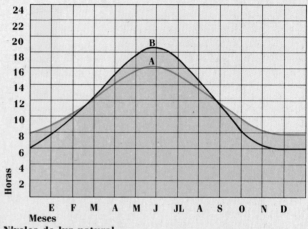

Niveles de luz natural

En las regiones más al norte (B), las plantas reciben más luz pero menos intensa en veano y menos adecuada en invierno que en las regiones más al sur (A).

la luz es natural o artificial; las violetas africanas —*Saintpaulia* híbrida— pueden florecer en cualquier época bajo luz artificial). Las plantas de días cortos florecen cuando reciben menos de 12 horas de luz al día durante cierto tiempo. Las flores de Pascua (*Euphorbia pulcherrima*), los crisantemos (*Chrysanthemum* híbrido), las azaleas (*Rhododendron simsii*) los cactos de Navidad (*Schlumbergera* sp.) son plantas de días cortos que florecen en otoño, aunque hoy se pueden comprar crisantemos todo el año porque en viveros se simulan días cortos tapando las plantas con plástico negro unas horas al día. Muchas plantas no demuestran preferencia por una duración del día y florecen casi todo el año.

Cómo buscan luz las plantas

Todas las plantas vuelven sus hojas hacia la fuente de luz, aparte de las especies con hojas duras como la sanseviera (*Sansevieria* sp.), muchas palmeras y dráceas y las bromeliáceas en forma de roseta. Las habitaciones con paredes blancas o claras reflejan la luz sobre las plantas, mientras las decoradas en colores oscuros absorben la luz. Para contrarrestar esta tendencia y fomentar un crecimiento erguido, gire las plantas con frecuencia.

Niveles de luz para las distintas plantas

En la *Guía de plantas*, se indica la preferencia de cada planta por la luz con uno de tres símbolos, que significan soleado, sol filtrado, y semisombra y que describimos en detalle en la página siguiente.

Soleado

Una posición soleada es la que recibe luz directa durante todo el día o parte de él. Las ventanas orientadas al sur reciben luz del sol durante gran parte del día. Las orientadas al este reciben varias horas de sol por la mañana y las orientadas al poniente por la tarde. La fuerza del sol dependerá de la latitud y de la orientación de la habitación. Las orientadas al sur la reciben más intensa, pero en verano ésta penetra menos en la habitación que en las orientadas al este o al oeste. En latitudes más bajas o junto al mar, donde la luz es más viva debido al reflejo del agua, se requiere cierta sombra en verano ante una ventana orientada hacia el sur para evitar que se abrasen las plantas y que se seque con demasiada frecuencia la tierra. Este tipo de luz intensa es adecuado para plantas como los cactos del desierto, la grasa de la estepa o la sabana, las bromelias de hoja fuerte que crecen en los árboles y algunas plantas de flor que gustan del sol.

Sol filtrado

El sol filtrado es un sol directo que se filtra por visillo o una persiana, o por un árbol que exista en el exterior. Es el nivel de luz que se encuentra también entre 1 y 1,5 metros de una ventana que recibe el sol todo el día o parte de él. Aunque no llega aquí el sol directo, el nivel de luminosidad es elevado. El sol filtrado tiene una intesidad de una a tres cuartas partes del sol directo. Si duda usted de la cantidad de luz que requieren sus plantas, póngalas en sol filtrado ya que a pocas plantas le gusta el sol directo y caliente del verano. En general, por otra parte, recibir menos luz de la debida no es tan dañino para la planta como recibir más de la debida. Las palmeras, las plantas de selva tropical y arbustos como las dráceas, los cordilines (*Cordyline terminalis*) y las dicigotecas (*Dizygotheca elegantissima*) y las bromelias de hoja tierna como la guzmania (*Guzmania lingulata*) y las vrieseas (*Vriesea splendens*) prefieren esta clase de luz.

Semisombra

Esta posición es la que no recibe sol ni directo ni indirecto, pero que cuenta con un nivel luminoso adecuado. Este nivel es el que se encuentra junto la ventana orientada al norte. También se encuentra en zonas de semisombra de una habitación soleada —por ejemplo junto a las paredes laterales— donde las plantas quedan fuera del alcance del sol pero no más de 1,5 a 2 metros de una ventana soleada. La semisombra recibe la cuarta parte de luz que la posición soleada. Este nivel luminoso es adecuado para plantas de sotobosque tropical, donde están al amparo de los rayos del sol. Sin embargo, la duración del día en la selva tropical es considerablemente mayor que en el hemisferio norte en invierno por lo que habrá que mover entonces las plantas hacia la fuente de luz. Ninguna planta de flor o con hojas variegadas prosperará en una zona de semisombra. Sin sol perderán sus hojas o al menos el matizado de color.

Niveles de intensidad luminosa

Distintos niveles de luz en una habitación tipo, en el hemisferio norte, en un día soleado cuando el sol no está velado por nubes. En latitudes inferiores, la luz será más brillante pero penetrará menos en la habitación. Naturalmente, la cantidad de luz que entra en una habitación dependerá de los factores como número y tamaño de las ventanas y presencia de edificios o árboles en la vecindad.

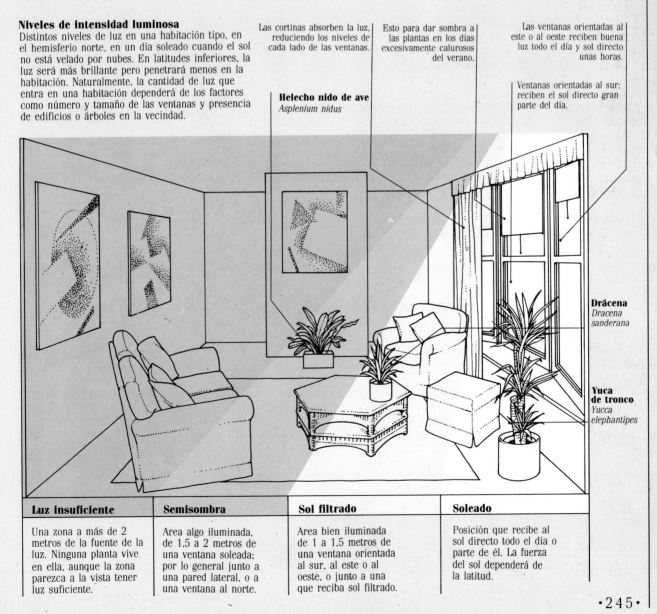

Las cortinas absorben la luz, reduciendo los niveles de cada lado de las ventanas.

Esto para dar sombra a las plantas en los días excesivamente calurosos del verano.

Las ventanas orientadas al este o al oeste reciben buena luz todo el día y sol directo unas horas.

Ventanas orientadas al sur; reciben el sol directo gran parte del día.

Helecho nido de ave
Asplenium nidus

Drácena
Dracena sanderana

Yuca de tronco
Yucca elephantipes

Luz insuficiente	Semisombra	Sol filtrado	Soleado
Una zona a más de 2 metros de la fuente de la luz. Ninguna planta vive en ella, aunque la zona parezca a la vista tener luz suficiente.	Area algo iluminada, de 1,5 a 2 metros de una ventana soleada; por lo general junto a una pared lateral, o a una ventana al norte.	Area bien iluminada de 1 a 1,5 metros de una ventana orientada al sur, al este o al oeste, o junto a una que reciba sol filtrado.	Posición que recibe al sol directo todo el día o parte de él. La fuerza del sol dependerá de la latitud.

Temperatura y humedad

Temperatura

Las plantas de interior prefieren un nivel de temperatura en el que crecen espléndidas y otro que toleran. La mayoría de las plantas de interior más frecuentes proceden de zonas tropicales y subtropicales y prosperan a temperaturas de 15 grados a 21 grados (las semillas suelen germinar mejor cuando la temperatura alcanza un mínimo de 18 grados y los esquejes y retoños arraigan de 18 a 24 grados centígrados). Otros tipos de plantas —sobre todo las perennes de zona templada y las de flor— prefieren un ambiente más fresco, de 10 a 15 grados. Estas son las dos gamas de temperatura descritas en los microclimas de la *Guía de las plantas* como "cálido" y "fresco". Aunque estas son las condiciones idóneas para las plantas, seguramente toleran éstas temperaturas ligeramente inferiores o superiores al menos durante un tiempo.

Las plantas que proceden de un hábitat fresco Algunas se pueden adaptar, llegando incluso a crecer más de lo conveniente en un interior, aunque el período de floración de algunas plantas de flor puede verse muy reducido a temperaturas más elevadas de lo necesario. Es raro que una planta de ambiente cálido crezca bien con frío.

Una bajada de 2 a 5 grados por la noche es natural en el exterior y aconsejable en los interiores. Algunas plantas, como los cactos, toleran descensos mucho mayores, pero las fluctuaciones de más de 8 o 10 grados deben de evitarse dentro de casa.

Los bulbos que florecen en invierno y en primavera deben "invernar" a unos 7 o 10 grados durante un tiempo para fomentar el crecimiento de las raíces y detener el crecimiento aéreo. Por otra parte, muchas plantas de interior, sobre todo las especies perennes, requieren un descanso invernal, lejos del continuo calor de la calefacción. Es conveniente reservarles una habitación que pueda mantenese algo fresca durante varios meses.

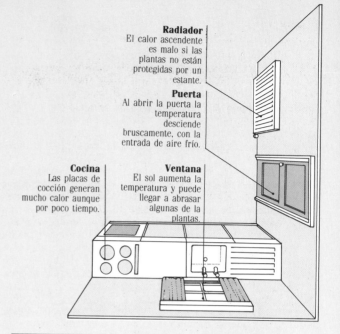

Radiador El calor ascendente es malo si las plantas no están protegidas por un estante.

Puerta Al abrir la puerta la temperatura desciende bruscamente, con la entrada de aire frío.

Cocina Las placas de cocción generan mucho calor aunque por poco tiempo.

Ventana El sol aumenta la temperatura y puede llegar a abrasar algunas de la plantas.

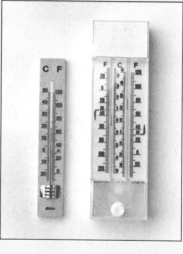

Temperaturas variables *arriba* Esta cocina tipo no tiene una temperatura uniforme y hay que tener en cuenta este factor cuando se coloquen las plantas.

Control de la temperatura *izquierda* Siempre es buena idea comprobar la temperatura. En la fotografía vemos un termómetro sencillo registrando los niveles más alto y más bajo alcanzados.

Esquema de temperaturas Amplitudes adecuadas a las plantas descritas en la *Guía de plantas*

Período de reposo invernal
Amplitud idónea para el crecimiento activo

Mínimo tolerado en el periodo de reposo invernal

Mínimo tolerado por la mayoría de la plantas tropicales de interiores

Máximo tolerado por la mayoría de las plantas de interior sin aumentar la humedad.

Semillas						
Esquejes						
Suculentas						
Helechos						
Cactos de selva						
Palmeras						
Otras plantas de interior						
Cactos del desierto						
Bulbos perennes antes de la floración						
Grados centígrados	0	5	10	15	20	25	30

Humedad

La humedad es la cantidad de vapor de agua
contenida en el aire. Varía según la temperatura: el
aire cálido es capaz de retener más que el frío
y hará que se evapore agua de todas las fuentes
posibles, incluidas las hojas de las plantas. La
cantidad de agua del aire se mide en una escala de
"humedad relativa", es decir, comparada con el
punto de saturación a una temperatura dada. El cero
por ciento equivale a aire muy seco y el 100 por
ciento a aire muy saturado. Una humedad relativa de
al menos el 40 por ciento es la que necesitan la
mayoría de las plantas. Para mantenerla, el aire
cálido deberá contener más agua que el aire frío.

Los cactos y suculentas están acostumbrados a un
nivel de 30-40 por ciento, pero las plantas corrientes
de interior prefieren un nivel aproximado del 60 por
ciento. Las plantas de selva de hoja fina como el
culantrillo *(Adiantum raddianum)* y los cóleos
(Coleus blumei) prefieren un nivel del 80 por ciento.
Estos tres valores corresponden a las categorías de
humedad "baja" "moderada" y "alta" indicadas en
la *Guía de plantas*. La humedad relativa de un salón
con calefacción central y sin humidificador es sólo
del 15 por ciento por lo que el ambiente de cuartos
de baño y cocinas es más favorable.

Síntomas de humedad deficiente

Existen varios síntomas que indican que una planta
se ve afectada por la falta de humedad: las hojas
empiezan a arrugarse o a presentar señales de
sequedad, puntas marrones en las hojas largas y
estrechas, como las cintas *(Chlorophytum comosum)* y
las palmeras; se caen los capullos o las flores se
marchitan antes.

Las plantas pierden humedad por los diminutos
poros (estomas) de las hojas. Estos se abren durante
el día para tomar dióxido de carbono del aire, pero
al mismo tiempo escapa el agua de los tejidos de las
hojas; este proceso se conoce como transpiración.
Unos niveles de humedad bajos significan que la
planta perderá más agua por transpiración. Las
plantas cultivadas en habitaciones cálidas sufren
todos los inconvenientes; el aire cálido fomenta su
crecimiento, pero "chupa" la humedad de sus hojas
y evapora antes el agua de la tierra, haciendo
necesaria una mayor frecuencia de riego. Se puede
mejorar la situación aumentando la humedad.

Cómo aumentar la humedad

Se puede instalar un humidificador eléctrico para
aumentar el nivel de humedad de una habitación.
Son aparatos eficaces que, al conservar un nivel de
30 a 60 por ciento de humedad en la casa, beneficia
a personas, muebles y plantas. Cultivando varias
plantas juntas también se mantiene más húmedo el
aire a su alrededor ya que la humedad liberada por
una planta aumenta el nivel para las demás. Reunir
las plantas en un cuenco o en una jardinera mejora
las condiciones de crecimiento. Otras formas de
aumentar la humedad incluyen el rociado y la
adición de una bandeja o plato bajo la maceta.

En última instancia, la solución para las plantas
que requieren un alto grado de humedad es
cultivarlas en recipientes cerrados o casi cerrados,
como botellas y terrarios.

Formas de aumentar la humedad

Rociado *izquierda*
Un rociador de mano
con boquilla fina
utilizado una o dos
veces al día, forma
una película temporal
de humedad sobre la
hoja y el tallo. El
rociado también
elimina el polvo y
evita ciertos insectos.

Bandejas con guijarros
derecha. Ponga las macetas
sobre una bandeja con
guijarros mojados. El agua
se evapora humedeciendo
el aire.

**Enterrar los tiestos en
turba** *abajo*
Entierre los tiestos hasta el
borde en un recipiente
mayor y rellene con turba
o con vermiculite mojados
(ver pp. 48-9)

Forrado de cestos
derecha
Forre los cestos
colgados con musgo y
humedézcalo bien con
regularidad (ver pp. 54-5).
De cuando en cuando
sumerja el cesto en un
cuenco con agua.

Relación temperatura/humedad

Agua en gramos

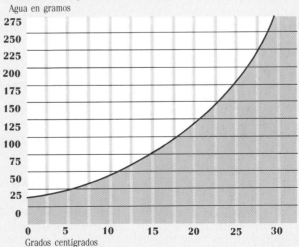

Grados centígrados

Cuanto más elevada es la temperatura, más cantidad de agua
puede retener el aire. Si no se sumistra el agua artificialmente, la
humedad se arrebata a las plantas; así pues, si la temperatura es
alta, hay que aumentar la humedad.

El riego 1

En la naturaleza, el agua aparece en forma de lluvia, niebla o bruma y es absorvida principalmente por el sistema de raíces. Las plantas de interior dependen de nosotros para paliar sus necesidades de agua. Esta es esencial para todas las plantas; sin ella mueren. El tiempo que tardan en hacerlo varía desde un día para los plantones jóvenes hasta varios meses en el caso de una planta grasa, pero al final, todas mueren. El agua actúa como medio de transporte, igual que hace la sangre en el caso de los animales, y es también esencial en el proceso de la fotosíntesis que proporciona alimento a la planta. El agua de la tierra pasa por las raíces a todas las partes de la planta, fortaleciéndolas y llenándolas (turgencia); sin ella no pueden permanecer erguidas. Cualquier deficiencia de agua la acusan los tallos y las hojas languideciendo e inclinándose; las flores se marchitan rápidamente y los capullos caen antes de abrirse. Una sequía temporal hace que las hojas se arruguen y se vuelvan marrones por los bordes y las puntas, estropeando el aspecto de las plantas.

Cuándo regar

Puede resultar difícil saber cuándo se debe regar pero, como norma general, hay que regar las plantas en maceta cuando lo necesiten. Puede parecer una perogrullada, pero es así. El problema está en saber cuándo lo necesitan. Las hojas lacias y los tallos blandos son síntomas evidentes de que la planta necesita agua, pero no hay que esperar a esos extremos. Existen síntomas más sutiles: algunas hojas se vuelven traslúcidas y algo pálidas cuando necesitan agua; en otras, los brotes florales se secan y arrugan. Cada planta tiene sus propias necesidades de agua, según su tamaño, su hábitat natural, y sobre todo, la época del año; las plantas en crecimiento activo necesitan mucha agua, pero en su período de reposo invernal necesitan muy poca. No riegue nunca de forma rutinaria sólo porque le digan que debe regar cada cierto número de días. Es mucho mejor comprobar primero el estado de la tierra ya que él nos indicará si la planta necesita agua o no. "Sopesar" el tiesto en la mano también nos puede dar idea

de la cantidad de agua que tiene la tierra; una maceta saturada de agua pesa más que una seca. Es un método fiable pero requiere cierta práctica y tampoco se puede hacer con macetas grandes o jardineras. Existen medidores que indican la humedad exacta de la tierra. De un vistazo se aprecia si ésta está mojada, húmeda o seca y se actúa en consecuencia. Se pueden comprar unos "palitos" muy sencillos que se meten en la tierra y que cambian de color según la humedad de ésta. Como norma general, juegue sobre seguro y, ante la duda de si debe regar o no, espere uno o dos días antes de tomar la decisión.

Cómo regar

Casi todas las plantas prefieren un buen trago de agua y les gusta que el trago se repita cuando se ha secado una cantidad dada de tierra. Regar con frecuencia y poquito es una mala práctica. Dar muy poco muchas veces significa que el agua no llega nunca a las capas inferiores de la tierra que se endurecen en torno a las raíces; y regar demasiado y con excesiva frecuencia significa encharcar la tierra. El encharcamiento expulsa el aire de la tierra, propiciando la acción de las bacterias que pudren las raíces y de los hongos.

El agua de riego

El agua del grifo es segura para la mayor parte de las plantas, aunque sea "dura". Siempre es preferible aplicarla tibia, o al menos a temperatura ambiente; deje un recipiente con agua toda una noche en la misma habitación donde se encuentre la planta para que el agua se ponga a la temperatura ambiente y para que se volatilice parte del cloro. Lo ideal es que el agua no contenga cal. El agua de lluvia está bien si se vive en el campo, pero en las ciudades está contaminada por productos químicos. Se puede hervir el agua (dejándola enfriar) en el caso de plantas que no admiten cal, como las azaleas (Rhododendron simsii); el agua destilada tampoco tiene cal, pero resulta cara para utilizarla en cualquier planta a no ser que se trate de un ejemplar precioso. No utilice agua de un ablandador de aguas doméstico ya que está lleno de productos químicos.

Tabla de riego

Plantas que necesitan mucha agua

● Plantas con crecimiento activo.

● Plantas con hojas finas de aspecto delicado, p. ej. el caladio (*Caladium hortelanum* híbrido).

● Plantas en una habitación excesivamente caldeada, sobre todo junto a una ventana en verano.

● Plantas con muchas hojas grandes que transpiran gran cantidad de agua.

● Plantas cuya raíz ha invadido la maceta.

● Plantas que se encuentran en macetas relativamente pequeñas, p. ej., la violeta africana (*Saintpaulia* híbrida).

● Plantas en ambientes secos.

● Plantas de pantanos y marismas, como el papiro o el paraguas (*Cyperus,* sp.).

● Plantas cultivadas en tierra con buen drenaje, incluida la tierra de turba.

● Plantas en macetas de barro.

● Plantas con brotes de flor y de hoja.

Plantas que necesitan menos agua

● Plantas en reposo y las que carecen de brotes de flor o de hoja.

● Plantas de hojas gruesas como de cuero, p. ej. el ficus o planta del caucho (*Ficus elastica*)

● Plantas en habitaciones frescas, sobre todo en invierno.

● Plantas suculentas, adaptadas a almacenar agua para su uso posterior, p. ej., los cactos; transpiran mucho menos que las plantas de hoja.

● Plantas recién cambiadas de maceta y aquellas cuyas raíces aún no han penetrado en toda la tierra.

● Plantas que disponen de un alto nivel de humedad, p. ej. los helechos, y las cultivadas en semisombra o en botella o terrarios.

● Plantas cultivadas en tierras que retienen bien el agua, como la tierra de mantillo.

● Plantas en macetas de plástico o barnizadas.

● Plantas con raíces gruesas carnosas o secciones que almacenan agua en las raíces, p. ej., la cinta (*Chlorophytum comosum*) y las esparragueras (*Asparagus setaceus*).

Métodos de riego

Riego desde arriba
izquierda
Vierta agua sobre la superficie de la tierra; así se controla mejor la cantidad de agua que recibe la planta y se eliminan las sales minerales sobrantes acumuladas.

Riego desde abajo *derecha*
Coloque la maceta sobre un plato con agua. Así las sales minerales ascienden a las capas superiores de la tierra, pero se pueden eliminar echando agua por arriba.

Riego de las bromelias
Vierta el agua sobre la "copa" con una regadera de pico estrecho.

Cantidad de agua en los riegos

Es muy importante elegir la cantidad de agua adecuada, ya que se daña a las plantas tanto echándoles poca agua como mucha. Probablemente el riego excesivo sea más peligroso que la falta de él (ver también pp. 250-1). En la *Guía de plantas* se utilizaban tres símbolos para indicar la cantidad de agua que debe suministrarse a cada planta: riego abundante, moderado o escaso. Abajo se ofrece la explicación de las tres recomendaciones. Aunque en las ilustraciones se presenta el riego desde arriba, se incluyen detalles del riego desde abajo.

Riego escaso
Cada vez que riegue, eche agua suficiente para apenas mojar toda la tierra. Hágalo en varias veces, añadiendo un poco de agua cada vez. No eche nunca tanta agua que llegue a salirse por el agujero de drenaje del fondo. Cuando riegue desde abajo, no ponga más de un centímetro en el plato cada vez. Repita si fuera necesario.

1 Compruebe la tierra con un palito. Será el momento de regar cuando esté seca la tierra en los dos tercios superiores.

2 Eche agua suficiente en la superficie de la tierra para que empape sin llegar a salirse al plato.

3 Vuelva a comprobar con el palito. Añada algo más de agua si encuentra zonas secas. No deje nunca agua en el plato.

Riego moderado
Significa mojar toda la tierra, pero dejando secar de 1 a 3 centímetros de superficie entre riego y riego. Cuando añada agua desde abajo, ponga la maceta en 1 centímetro de agua repitiendo hasta que se humedezca la superficie de la tierra.

1 Cuando la tierra se note seca al tacto, riegue la planta con moderación.

2 Eche agua suficiente para humedecer, sin saturar toda la tierra.

3 Deje de añadir agua en cuanto empiecen a aparecer gotas por el agujero de drenaje. Quite toda el agua del plato.

Riego abundante
Quiere decir que hay que mantener toda la tierra húmeda, sin que llegue a secarse ni siquiera la superficie. Riegue de forma que siempre se salga algo por el agujero de drenaje del fondo de la maceta. Si riega desde abajo, rellene el plato hasta que la maceta no absorba más agua. Suele bastar media hora.

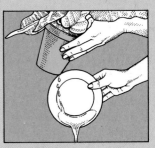

1 Cuando note la tierra seca al tacto, riegue bien la planta.

2 Inunde la superficie de la maceta hasta que aparezca agua por el agujero de drenaje.

3 Vacíe el plato quitando el agua rebosada por el drenaje de la tierra.

El riego 2

Marcharse de vacaciones puede presentar problemas si se cuenta con una colección de plantas de interior sanas de las que nadie va a cuidar. Una ausencia de unos cuantos días no causa mucho daño a las plantas; si se riegan bien y se dejan en una habitación fresca, sobrevivirán estupendamente. Aumentar la humedad es también buena idea (ver p. 247). Pero para períodos más largos, se impone una forma de auto-regado para que las plantas no sufran.

Algunos de los métodos presentados más abajo son más apropiados para macetas de plástico; otros son adecuados para los tiestos de barro que necesitan un mayor y más constante aporte de agua. Los métodos de riego automático no sirven para plantas sin agujero de drenaje en el recipiente porque se corre el peligro de encharcar la tierra. Afortunadamente estos recipientes suelen estar barnizados y así la pérdida de agua es menor que en el caso de tiestos de barro poroso. Las plantas en tiestos de barro poroso deben regarse bien antes de dejarlas y situarlas en un lugar donde no les dé el sol ni mucha luz, en bandejas llenas de guijarros mojados o incluso sobre una almohadilla de periódicos mojados —ambos métodos aumentan la humedad y permiten a la planta sobrevivir a la sequía.

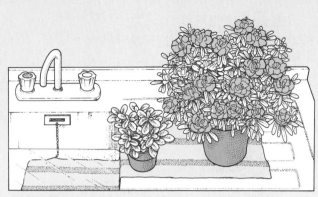

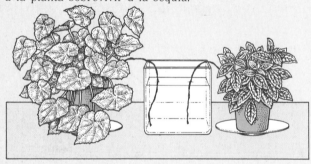

Alfombrillas capilares
Coloque la alfombrilla capilar sobre el escurreplatos o en un estante junto a la bañera y deje que la mitad de la alfombrilla llegue a la pila o a la bañera, que deberá llenarse de agua. Como estas alfombrillas son de fieltro grueso o engomado, el agua pasará a las plantas, que absorberán por acción capilar. Utilice alfombrillas capilares para las plantas en macetas de plástico; el poco espesor del plástico y los gruesos agujeros de drenaje permitirán el paso del agua. Los tiestos de barro son demasiado gruesos, absorben el agua y ésta no pasa a la tierra.

Capucha de material transparente *derecha*
Se pueden meter las plantas dentro de una bolsa de plástico grande o de unas cúpulas especialmente hechas para eso. Los procesos de respiración y de fotosíntesis originan un vapor de agua que se condensa en las paredes de la bolsa. No utilice este método para largos períodos porque la planta llegaría a pudrirse.

Mechas temporales *izquierda*
Son unas simples mechas para utilización temporal, de material absorbente como mechas de quinqués de petróleo, cordones de algodón o ligas viejas. Ponga una punta en un recipiente con agua y sujete el otro extremo en la tierra. La acción capilar hará lo demás.

Fabricación de una mecha de "auto-regado"

Este tipo de mecha, muy semejante al de la mecha temporal, se introduce en la tierra del tiesto y se puede dejar permanentemente. Permite a la planta tomar el agua automáticamente, por acción capilar, y ahorra tiempo y trabajo. Algunos cultivadores "mechan" sus plantas y las mantienen así todo el año. Si embargo hay que hacer de cuando en cuando una comprobación del agua que recibe la planta (ni mucha, ni poca). Si el riego no fuera el adecuado, quite la mecha.

Estas mechas sirven para tiestos de barro o de plástico. El recipiente del agua tendrá que soportar la maceta y se tapará con una tapadera (agujereada para que entre la mecha) para que no se evapore el agua.

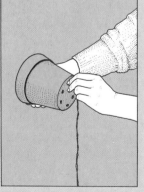

1 Saque con cuidado la planta de la maceta, procurando no dañar de ningún modo la raíz.

2 Haga una mecha con una cinta de algodón o de nilón. Pásela por uno de los orificios del fondo de la maceta.

3 Con cuidado empuje el extremo de la mecha entre las raíces, valiéndose de una caña fina o de un lápiz.

4 Pase de nuevo la planta a la maceta y colóquela sobre el depósito del agua, asegurándose de que la "cola" se sumerge bien.

Posibles problemas del riego

Si se siguen las instrucciones de riego de la *Guía de plantas,* la cantidad de agua que reciben las plantas es la adecuada para su crecimiento sano. Sin embargo, surgen algunos problemas si se riega en exceso o por defecto, sobre todo durante el reposo invernal.

Riego en invierno

En algún momento a lo largo de los doce meses del año, la mayoría de las plantas precisan una época de reposo. Muchas deberán regarse y abonarse menos que durante el resto del año, y otras no deberán ni regarse ni abonarse en absoluto. La temporada de reposo se produce naturalmente cuando se reduce la cantidad de luz que reciben las plantas (es decir que coincide con el invierno) y proporcionar un exceso de agua en ese período estimula un crecimiento que no se corresponde con una luz adecuada. El resultado es un crecimiento ralo, a veces mohoso, con hojas marrones o prematuramente caídas.

Falta de riego

También la planta sufre de falta de riego cuando se aplica el método de "poco a menudo", porque la planta necesita una buena dosis de agua que llegue bien a sus raíces. Si la tierra se secara demasiado (lo que ocurre sobre todo en la tierra de turba), se contrae y queda un hueco entre la masa de raíces y la maceta. El agua que se echa a la maceta escapa rápidamente. La única solución es sumergir el tiesto en un cuenco o cubo de agua hasta que la tierra se vuelva a hinchar y se cierre el hueco. Los síntomas de falta de agua se reconocen fácilmente y normalmente se llega a tiempo de salvar la planta. Las más susceptibles a estos problemas son las de tallo grueso y suculento como los cóleos (*Coleus brumei*), los miramelindos (*Impatiens* sp.) y las prímulas y selaginelas.

Exceso de riego

Los síntomas de exceso de riego pueden tardar más en presentarse que los de falta de agua. Una vez más el sistema de "poco y a menudo" puede desembocar en el exceso de riego. Muchas plantas necesitan empezar a secarse antes de beber y si se mantiene la tierra permanentemente húmeda, ésta se encharca fácilmente. Un síntoma de advertencia es la presencia de musgo verde en la superficie de la tierra, musgo que sólo crece en un entorno continuamente húmedo. El exceso de agua acaba por matar a la planta. El primer indicio de que algo va mal es que a la planta se le caen unas hojitas o se le ponen amarillas, o que la planta crece poco. La falta de aire y el exceso de agua en la tierra hace que se pudran las raíces y entonces a la planta encharcada hay que sacarla con cuidado de la maceta y comprobar las raíces; si están blandas y se parten fácilmente es que están podridas y es mejor eliminarlas. Vuelva a poner la planta en la maceta con parte de tierra nueva que contenga la cuarta parte de arena para favorecer el drenaje. Las plantas más susceptibles a los problemas del encharcamiento son los cactos y plantas grasas, cuyos cuerpos u hojas están adaptados para retener el agua.

Recuperar una planta agostada

Si la planta empieza a secarse, suele ser preferible podar el tallo de crecimiento y esperar al crecimiento del año siguiente. Pero si se llega a tiempo, se puede intentar el siguiente tratamiento de urgencia.

Cepellón seco

Problemas en el cepellón

Con frecuencia, el cepellón se ha encogido separándose de las paredes de la maceta y el agua escapa rápidamente. También puede ser que la tierra haya quedado demasiado compacta y el agua no penetre el ella.

Cepellón compacto

1 Esta planta está lacia, los tallos florales y foliares están caídos y no se sujetan.

2 Empiece por resucitar la planta utilizando un tenedor para deshacer la masa de tierra compacta. No dañe las raíces.

3 Sumerja la maceta en un cubo con agua hasta que dejen de salir burbujas de la tierra de la maceta. Rocíe las hojas.

4 Deje escurrir el sobrante de agua y ponga la planta en lugar fresco. Al cabo de unas horas empezará a revivir.

Síntomas de peligro

Falta de agua
- Las hojas empiezan a marchitarse rápidamente y quedan lacias.
- El crecimiento de las hojas es lento.
- Las hojas inferiores se rizan o amarillean.
- Las hojas inferiores caen prematuramente.
- Las flores se marchitan y caen, como consecuencia, rápidamente.

Exceso de agua
- Salen manchas blandas, de podredumbre, en las hojas.
- Poco crecimiento de hojas.
- Las puntas de las hojas se vuelven marrones.
- Las hojas se rizan o amarillean.
- Las flores se vuelven mohosas.
- Las hojas nuevas y las viejas caen al mismo tiempo.
- Se pudren las raíces.

Abono

Las plantas son capaces de fabricar su propio alimento pero, para ello han de disponer de suficiente luz, minerales y agua. Los minerales están presentes en la tierra de jardín y en la tierra especial para macetas, pero además se fabrican fertilizantes a base de los minerales que necesitan las plantas para realizar el proceso de la fotosíntesis. La planta se encarga del trabajo de convertir las materias primas en el alimento que necesita para crecer sana (ver p. 242). Cuando se compra una planta en maceta, los minerales incluidos en la tierra durarán varias semanas. La tierra de mantillo es rica en nutrientes; presenta la ventaja de liberar minerales durante varios meses, por lo que las plantas cultivadas con ella aguantan más sin adición de abono que las cultivadas en tierra de turba. Sin embargo, el mantillo de la tierra puede variar considerablemente en valor nutritivo.

Las tierras de turba empezaron a utilizarse por el elevado costo y la dificultad de encontrar un buen mantillo. Contienen una mezcla de musgo de turba y de arena a la que se añade perlite y vermiculite. La mezcla no tiene valor nutritivo, pero algunos fabricantes añaden nutrientes: leyendo la lista de sus ingredientes en la bolsa, podrá comprobar usted si los llevan incluidos. Los nutrientes que se incluyen en esta mezcla son de larga duración y servirán a la planta unas ocho semanas. Pero otros nutrientes desaparecen con los riegos o son rápidamente asimilados por la planta, por lo que es aconsejable proporcionar abono a las plantas cultivadas en tierra de turba unas seis semanas después de la compra u ocho semanas tras el cambio de maceta.

Síntomas de falta de abono

Una planta a la que falta abono parece desvaída. El crecimiento es lento y ralo; los tallos están débiles; las hojas son pequeñas y amarillentas; las hojas inferiores caen antes de tiempo y las flores, si aparecen, son escasas. No se debe dejar que las plantas lleguen a estos extremos antes de abonarlas.

Frecuencia del abono

En la *Guía de las plantas* se recomienda la frecuencia de abono idónea para cada planta. El fertilizante debe aplicarse solamente durante la época de crecimiento activo, ya que si se añade durante el reposo de la planta ésta crecerá pálida y desgarbada. Muchos cultivadores utilizan el sistema de "abonar cada vez", es decir cada vez que se

---

Ficha de abono

Falta de abono

- Crecimiento lento, con poca resistencia a las enfermedades y a los insectos.
- Hojas pálidas, a veces con motas amarillas.
- Las flores, de haberlas, pueden ser pequeñas y con poco color.
- Tallos débiles.
- Las hojas inferiores se caen.

Exceso de abono

- Hojas marchitas o malformadas.
- Corteza blanca en la maceta de barro y sobre la superficie de la tierra.
- En invierno, crecimiento desgarbado; en verano escaso.
- Las hojas pueden tener manchas marrones y bordes quemados.

---

riegan, añadiendo fertilizante muy diluido (a la mitad o cuarta parte). Es una forma de poner a la disposición de la planta un suministro constante aunque flojo lo que es muy importante para plantas cultivadas en macetas pequeñas o en tierra de turba. También evita una innecesaria y dañina reserva de nutrientes. Las plantas nuevas o las recién cambiadas de maceta no requieren abono durante un tiempo: las que están en tierra de mantillo aguantan sin abono unos tres meses, las que están en tierra sin mantillo (turba etc.) unas seis semanas solamente.

Los consejos de abono dados en la *Guía de plantas* dan por supuesto que se desea un crecimiento fuerte y vigoroso para las plantas. En algunos casos quizá sea conveniente que una planta conserve su tamaño aunque con salud. Si se añade fertilizante líquido normal tres veces durante el período de crecimiento activo (por ejemplo a mediados de marzo, a mediados de junio y a mediados de septiembre), las plantas se mantienen sanas sin crecer excesivamente.

Normas generales de abono

- El fertilizante no es una medicina para una planta enferma, sino que incluso puede perjudicarla más. Si una planta parece enferma, busque las posibles causas, incluidos parásitos, antes de añadirle fertilizante.

- El exceso de abono es tan perjudicial como su carencia. Añada fertilizante en la dosis indicada (o en dosis menor) en la etiqueta.

- No abone con mayor frecuencia de la recomendada en la etiqueta o en la *Guía de plantas*.

Efectos de los fertilizantes

Fertilizante	Suministrado como	Efecto	Uso
N Nitrógeno	Nitratos N	Fabricación de la clorofila.	Crecimiento interior de la hoja, al inicio del crecimiento.
P Fósforo	Fosfato p_2O_5	Producción de raíces sanas. Producción de brotes florales.	Las plantas de interior, sobre todo las cultivadas por su flor.
K Potasio	Potasa K_2O	Formación de hojas sanas; producción de flores y frutos.	Las plantas de interior de flor, bulbos y plantas con frutos.
Oligoelementos	Hierro, zinc, cobre, manganeso, magnesio	Procesos esenciales como fotosíntesis y respiración.	Todas las plantas de interior.

Tipos de fertilizante

Los fertilizantes pueden comprarse en distintas formas: líquido, polvos y cristales solubles, píldoras o tabletas y "estaquillas" o "clavos". Los fertilizantes líquidos, comprados en forma concentrada, son muy prácticos porque los frascos se guardan fácilmente y basta con diluir el contenido en agua. Los polvos y cristales solubles en agua también son de manejo fácil y basta con remover el agua una vez añadida la cantidad indicada. Las "estaquillas" y "clavos" son cartoncitos impregnados de productos químicos que van liberando al mojarse con el riego. Se les llama fertilizantes lentos ya que sirven de tres a siete meses, liberando despacio su contenido mineral. La desventaja que presentan es que tienden a producir "puntos calientes" —concentraciones de abono en torno a la estaquilla— que pueden llegar a quemar las raíces más próximas. Además de los fertilizantes que se aplican a la tierra, existen los fertilizantes foliares: fertilizantes que se diluyen en agua y que se rocían sobre las hojas de aquellas plantas que no absorben fácilmente los nutrientes por la raíz. Los abonos foliares también tienen un inmediato efecto tonificante sobre las plantas depauperadas. Siga siempre las instrucciones de la etiqueta ya que un exceso de abono puede perjudicar a las plantas.

Qué contienen los fertilizantes

El crecimiento equilibrado de una planta depende de tres minerales esenciales. El nitrógeno (suministrado en forma de nitratos) es vital para la producción de la clorofila y para el crecimiento de hojas y tallos sanos. El fósforo (suministrado en forma de fosfatos) permite el desarrolo de raíces sanas. El potasio (suministrado en forma de potasa) es esencial para la fructificación y la floración y la resistencia general de la planta. En los ingredientes de los fertilizantes se indica siempre el contenido químico relativo (en tanto por ciento) de estos tres nutrientes, además de mencionar otros ingredientes como el hierro, cobre y manganeso, por lo general bajo el epígrafe "oligoelementos". Normalmente se indican los tres minerales más importantes con todas las letras, nitrógeno, fósforo y potasio, o quizá con sus símbolos N, K y P. A veces solamente aparecen las cifras de los porcentajes, pero siempre se citan en el mismo orden para evitar confusiones.

Qué se debe abonar

Los fertilizantes para plantas de interior suelen presentar un equilibrio de esos nutrientes esenciales. Se llaman fertilizantes normales o equilibrados y basta para proporcionar un buen crecimiento a la mayoría de las plantas. Sin embargo existen algunos fertilizantes especiales para ciertos casos. Los de alto contenido en nitratos fomentan el crecimiento de las hojas y son adecuados para las plantas de hoja. Los fertilizantes con más potasa son los llamados para tomateras, porque se utilizan en estas plantas cuando empiezan a florecer y fructificar; son adecuados para plantas de flor y fruto. Los fertilizantes fosfatados o con alto porcentaje de fosfatos desarrollan las raíces y fomentan la formación de brotes florales, aunque el crecimiento de las hojas sea más lento.

Sistemas de abonado

El sistema de abonar depende del tipo de planta y de la forma de fertilizante elegido. Si utiliza usted fertilizante líquido o polvos o cristales que deban disolverse en agua, aplíquelo al regar la planta normalmente. Antes de añadir cualquier tipo de abono, asegúrese de que la tierra esté húmeda —añadir abono a una tierra seca es arriesgarse a que se "quemen" las raíces por alta concentración de minerales—. Los abonos foliares se aplicarán con un rociador, utilizado en el exterior o en la bañera para evitar su inhalación o que manche los muebles. Este tipo de abono se absorbe rápidamente y actúa de inmediato sobre una planta con hojas pobres. Las píldoras fertilizantes son una forma muy práctica de abono porque se meten en la tierra y se las deja actuar. Las estaquillas se pueden cambiar de sitio o quitar si le parece que la planta se beneficiará de una temperatura de reposo sin fertilizante. También se encuentran ahora alfombrillas fertilizantes: se colocan bajo la maceta y la tierra va absorbiendo los nutrientes que contiene.

Estaquillas fertilizantes lentas
Como tienden a producir "puntos calientes" de fertilizante, pínchelas junto al borde de la maceta.

Rociadores foliares
Diluya siempre la dosis adecuada antes de rociar ambos lados de las hojas con un rociador fino.

Fertilizantes líquidos
Añádalos al agua de regar normalmente. Se puede aplicar regando por arriba o por abajo.

Píldoras fertilizantes lentas
Deben hundirse en la tierra con el lado romo de un lápiz. Procure no dañar las raíces al hundir la píldora.

Macetas y tierras

Tipos de maceta

La mayoría de las plantas de interior se venden en macetas de plástico, ya que es la forma más barata de tenerlas, pero existen otros recipientes incluidos los típicos tiestos de barro o los más sofisticados de cerámica o porcelana. Casi todos los recipientes domésticos sirven para presentar las plantas (ver pp. 28-31), pero pueden no proporcionar las condiciones necesarias para que la planta crezca sana. Todas las macetas tendrán uno o más orificios de drenaje para que salga el agua sobrante. Se pueden cultivar plantas en cuencos u otros recipientes sin orificio de drenaje, pero habrá que forrarlos con materia de drenaje y tener cuidado al regar para que no se pudran las raíces.

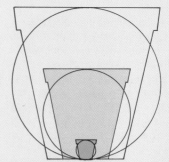

Forma del tiesto
izquierda
Todas las macetas, desde la más pequeña, de un diámetro de 3 centímetros hasta la mayor, con un diámetro de 30 centímetros, tienen una profundidad igual al diámetro del borde.

Trozos de tiesto y grava
Aumentan el drenaje en un tiesto. Poner una capa de ellos es muy importante en los tiestos sin orifico de drenaje.

Grava

Trozos de tiesto

Macetas de plástico
Las plantas cultivadas en macetas de plástico requieren menos riegos; todos los tiestos tienen varios agujeros en la base.

Tiestos de barro
Las plantas cultivadas en macetas de barro se secan antes; los tiestos de barro, presentan un solo orificio de drenaje.

La profundidad de la maceta
Medida desde el borde hasta la base, es igual al diámetro del borde.

El diámetro de la maceta
Medido en el borde, es igual a la profundidad.

Dimensiones normales de las macetas

Son siempre más anchas en el borde que en la base. Las cuadradas son muy útiles cuando se desea agrupar varias plantas.

5 cm.

7 cm.

10 cm.

Macetas bajas *abajo*
Las macetas bajas tienen menos profundidad que anchura. Se encuentran de hasta 10 centímetros de diámetro. Utilícelas para plantar semillas, arraigar esquejes o para cultivar plantas con un sistema de raíces poco profundo.

Platos *derecha*
Son de material semejante al de las macetas, un poco más anchos que la base del tiesto.

Tiestos con plato incorporado *abajo*
Suelen ser de plástico decorativo y se venden con un platito incorporado.

Tierras de maceta

La tierra de jardín no sirve para maceta dentro de casa. Está llena de insectos, de esporas de enfermedades y de semillas de malas hierbas, además de que su contenido químico y su composición física no son muy fiables. Las plantas de interior deben cultivarse en tierras ya preparadas o en una mezcla que puede hacer usted combinando las tierras preparadas. Estas vienen ya listas para adecuarse a distintas plantas y se han esterilizado sus ingredientes. Unas cuantas mezclas básicas

bastan para las diferentes necesidades de las plantas de interior descritas en este libro; se indican detalles en la *Guía de las plantas*. Existen dos mezclas principales, la tierra de mantillo tiene una textura pesada adecuada para plantas grandes; aunque esterilizado, el mantillo contiene algunos microorganismos que descomponen la materia orgánica en minerales esenciales, manteniendo la fertilidad del suelo. Las mezclas a base de turba son más ligeras y más limpias de manejar pero no suelen contener nutrientes.

Tipos de tierra para maceta

Las tierras para maceta se venden normalmente en bolsas de plástico de distinto tamaño: cuanto mayores, más económicas

resultan. Las mezclas básicas son de mantillo y turba. Los aditivos se pueden comprar por separado para mezclarlos con la tierra.

Tierra para bromelias *derecha*
Esponjosa y porosa, es muy adecuada para el sistema de raíces poco profundas de las bromelias.

Fibra para bulbos *abajo*
Limpia, ligera y buen drenaje. Lo del buen drenaje es esencial para que los bulbos no se pudran.

Tierra de mantillo *izquierda*
Una mezcla densa, adecuada para grandes plantas, de porte pesado.

Carbón vegetal *abajo*
Absorbe el exceso de minerales y los sobrantes, manteniendo "dulce" la tierra.

Tierra de turba *derecha*
Mezcla ligera normalizada; contiene muy pocos nutrientes.

Tierra para helechos *arriba*
Contiene perlite o arena y carbón vegetal para mantenerla bien drenada.

Perlite *abajo*
Da ligereza a la tierra, permitiendo una mayor aireación y un mejor drenaje.

Vermiculite *izquierda*
Absorbe y retiene los nutrientes y el agua.

Conglomerado
Constituido por bolitas de arcilla, tiene estupendas propiedades para retener el agua. Se utiliza en hidrocultivos y para propocionar drenaje.

Musgo esfagno
Excelentes propiedades de retención de agua.

Tierra de macetas

Tierra de mantillo
Indicada para plantas grandes, establecidas. Una buena mezcla casera consiste en un tercio de marga fibrosa esterilizada, un tercio de musgo de turba de grado intermedio, mantillo de hojas o corteza de árboles, y un tercio de arena gruesa o perlite fino. También hay que añadir un fertilizante equilibrado.

Tierra de turba
Una buena mezcla lleva un tercio de musgo de turba, un tercio de vermiculite mediano, y un tercio de arena gruesa o de perlite mediano. Añada dos cucharadas de caliza de dolomita en polvo por cada

medio litro de la mezcla para contrarrestar la acidez de la turba.

Tierra para bromelias
Es una mezcla muy abierta, rica en humus y prácticamente sin cal. Una buena mezcla consiste en mitad de arena gruesa o perlite y mitad de musgo de turba. Algunos cultivadores añaden otros ingredientes, incluidos trozos de corteza de árbol parcialmente descompuesta (se vende en bolsitas) y agujas de pino (se recogen en el bosque), todo ello para drenar rápidamente el sobrante de la humedad.

Tierra para helechos
Una mezcla rica en humus que debe tener buen drenaje. Consiste en tres quintas partes de tierra de turba y

dos quintas partes de arena gruesa. Añada una taza de gránulos de carbón por cada kilo de tierra y un fertilizante equilibrado, en gránulos o en polvo.

Fibra para bulbos
Utilícela sólo para bulbos de interior; no contiene suficientes nutrientes para las de exterior. Una buena mezcla lleva seis partes de musgo de turba, dos de conchas de ostras molidas y una de carbón vegetal.

Aditivos de utilidad

Humus (mantillo de hojas)
Retiene los nutrientes.

Estiércol
Utilizado en seco y molido, es rico en nutrientes.

Musgo de turba
Retiene muy bien el agua y el fertilizante.

Corteza de árbol
Retiene muy bien el agua y el fertilizante.

Caliza de dolomita en polvo
Reduce la acidez de la tierra de la maceta.

Cáscara de huevo/concha de ostra
Reduce la acidez y facilita el drenaje.

Trocitos de caliza
Reduce la acidez y contribuyen al buen drenaje.

Arena gruesa
Abre la tierra, facilitando la aireación y el drenaje.

Lana mineral
Retiene la humedad y hace pasar el aire.

Cambio de macetas y trasplantes

Las plantas del jardín pueden extender sus raíces tanto como les sea necesario para buscar agua y nutrientes. Con pocas excepciones (bromelias y otras plantas epífitas), la mayoría de las plantas silvestres desarrollan sus raíces bajo tierra donde suelen encontrar humedad y alimento y donde la temperatura del terreno (fresca) es casi constante. Por el contrario, las raíces de plantas de interior están confinadas en un recipiente relativamente pequeño. Las plantas jóvenes y sanas no tardan en invadir la maceta con sus raíces y pronto descubren para escapar el orificio de drenaje o la superficie de la tierra. Cuando las raíces han invadido el tiesto, la tierra se seca enseguida y hay que regar y abonar más. Se impone entonces un cambio a una maceta mayor. A veces no basta con ver a la planta para saber si necesita un cambio de maceta por lo que hay que sacarla del tiesto y examinar el cepellón y el sistema de raíces. Mire si las raíces han invadido toda la tierra existente; si es así, es hora de cambiar a una maceta mayor —el tamaño siguiente, por lo general; si no es así vuelva a poner la planta en su maceta original—. Algunas plantas gustan de estar en un tiesto pequeño, en cuyo caso habrá que examinar las raíces y cambiar parte de la tierra antes de meter la planta en su mismo tiesto. Así pues se puede cambiar la planta de maceta o de tierra.

Cuando ya se ha alcanzado el tamaño máximo de la maceta, o si la planta es muy grande, se revitaliza la tierra cambiando el centímetro superior y sustituyéndola por tierra nueva que contenga fertilizante.

Los cambios de maceta y de tierra manchan mucho y es preferible hacerlos con varias plantas de un golpe, protegiendo muebles y suelo con periódicos. Tenga a mano todo lo necesario: tierra, macetas, fertilizante y materiales de drenaje. Asegúrese de que todos los tiestos estén limpios y moje los de barro hasta que dejen de salir burbujas para que luego no absorban el agua de la tierra.

Cómo se saca una planta de su maceta

Puede resultar difícil si la planta es grande, tiene forma complicada o espinas. Cubra el área de trabajo con periódicos y riegue la planta una hora antes de la operación: Así se deslizará más facilmente de la maceta, evitando que sufran las raíces y que se esparza la tierra. Pase a la nueva maceta cuanto antes para que no se sequen las raíces.

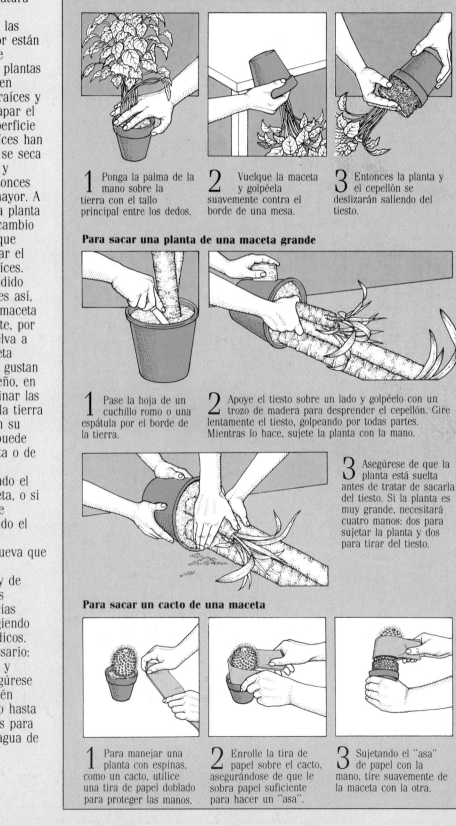

Para sacar una planta de una maceta pequeña

1 Ponga la palma de la mano sobre la tierra con el tallo principal entre los dedos.

2 Vuelque la maceta y golpéela suavemente contra el borde de una mesa.

3 Entonces la planta y el cepellón se deslizarán saliendo del tiesto.

Para sacar una planta de una maceta grande

1 Pase la hoja de un cuchillo romo o una espátula por el borde de la tierra.

2 Apoye el tiesto sobre un lado y golpéelo con un trozo de madera para desprender el cepellón. Gire lentamente el tiesto, golpeando por todas partes. Mientras lo hace, sujete la planta con la mano.

3 Asegúrese de que la planta está suelta antes de tratar de sacarla del tiesto. Si la planta es muy grande, necesitará cuatro manos: dos para sujetar la planta y dos para tirar del tiesto.

Para sacar un cacto de una maceta

1 Para manejar una planta con espinas, como un cacto, utilice una tira de papel doblado para proteger las manos.

2 Enrolle la tira de papel sobre el cacto, asegurándose de que le sobra papel suficiente para hacer un "asa".

3 Sujetando el "asa" de papel con la mano, tire suavemente de la maceta con la otra.

Trasplante

"Trasplantar" puede significar tanto pasar los esquejes y plantones a una maceta como cambiar una planta a una maceta mayor. Esta segunda operación debe realizarse al comenzar la época de crecimiento. No trasplante ni durante ni antes de la temporada de reposo, ya que no se producirán raíces nuevas que penetren en la tierra recién puesta y las raíces podrían llegar a pudrirse por exceso de agua. No cambie de maceta una planta enferma porque le produciría un trauma innecesario. No abone una planta recién trasplantada hasta pasadas cuatro a seis semanas; deje que extiendan sus raíces en busca de nutrientes.

Planta que necesita una maceta mayor

El primer síntoma indicativo es que las raíces jóvenes empiecen a cubrir todo el cepellón. Terminan por formar una densa maraña en espiral en la base de la maceta. Es preciso cambiar la maceta.

Masa de raíces nuevas visibles en la superficie del cepellón.

Las raíces forman una espiral en la base.

Las raíces forman una masa en la base de la maceta y asoman por el orificio del drenaje.

1 Quite cualquier musgo o superficie verde de la parte superior del cepellón.

2 Forre la maceta nueva con material de drenaje y asegúrese de poner la planta al mismo nivel.

3 Prepare un molde rellenando el espacio entre la maceta nueva y la antigua con tierra.

4 Meta la planta, rellene los huecos a los lados del cepellón y apriete la tierra suavemente para afianzar la planta.

Replantar en la misma maceta

No siempre las plantas deben de cambiar de maceta. Si las raíces no han invadido el tiesto, o si es una planta que prefiere una maceta pequeña, basta con replantar: Sacar la planta de la maceta y ponerla en otra de igual tamaño con parte de tierra nueva. A veces basta con sacudir un poco de la tierra vieja y poner tierra nueva rica en nutrientes. Pero si la planta crece mucho, se pueden despuntar las raíces para dejar sitio a la tierra nueva.

1 Saque la planta despacio de la maceta. Si la riega una hora antes, saldrá mejor del tiesto.

2 Para dejar sitio a la tierra nueva, puede tener que despuntar las raíces cortando unas tiras del cepellón.

3 Ponga la planta en tiesto limpio de igual tamaño. Rellene los bordes con tierra nueva y apriete.

Cambio de la tierra superficial

Por último, en el caso de plantas bien establecidas a las que ya se ha cambiado varias veces de maceta, no resulta práctico trasplantarlas. Hay que buscar otra forma de proporcionarles alimento extra. Cambiar la tierra superficial en primavera es la mejor forma de lograrlo. Es un sistema adecuado para las plantas de interior como el amarilis (*Hippeastrum* híbrido) que se resisten si se les tocan las raíces y florecen mejor en tiestos pequeños. Utilice siempre tierra nueva a la que se le haya añadido un fertilizante de acción lenta.

1 Rasque suavemente los centímetros superiores de la tierra con un tenedor de cocina viejo o similar, cuidando de no dañar las raíces.

2 Rellene la maceta hasta su nivel anterior con tierra nueva del tipo adecuado. Apriete la tierra para que la planta quede afianzada.

Cultivo de plantas con luz artificial

La utilización de la luz artificial es cada vez más frecuente en el cultivo de plantas de interior, ya sea como sustituto o complemento de la luz natural, ya sea para permitir el crecimiento de las plantas en algún lugar donde el nivel de luz es excesivamente bajo para su buen desarrollo o para la floración.

Las bombillas incandescentes pueden quemar las plantas si se sitúan muy cerca y tampoco produce la luz que requiere su buen crecimiento si se aleja para no quemarlas. Los focos incandescentes son mejores ya que concentran el rayo luminoso por medio de reflectores incorporados, pero su luz sólo basta para propósitos ornamentales.

Los tubos fluorescentes son la forma más satisfactoria y económica de proporcionar luz artificial a las plantas. Existen en varios colores; la capa externa del tubo determina el color de la luz. Si sitúa usted un aparato con los dos tubos, una combinación de "blanco natural" y "luz del día" le dará una aproximación mayor a la luz natural. Las plantas requieren las longitudes de onda violetas/azul y roja; los tubos "luz del día" son bastante azules pero tienen poco rojo, mientras "blanco cálido" y "blanco natural" tienen bastante rojo pero poco azul. Las lámparas más sencillas consisten en un reflector que soporta uno o dos tubos y está montado sobre unas patas, lo que permite colocar las plantas bajo la luz. También se encuentran aparatos con varias capas: llevan una luz bajo cada estante para iluminar las plantas de debajo. También se puede propocionar luz a las plantas desde una estantería o una librería, o en el espacio entre la superficie de trabajo de una cocina y los armaritos colgados. La instalación eléctrica debe hacerla un buen electricista.

Las plantas no tienen todas la misma necesidad de luz (ver pp. 244-5) en condiciones naturales, por lo que tampoco necesitan una misma iluminación artificial. Si están demasiado cerca de la luz, se queman, y si están demasiado lejos, se marchitan y producen menos flores. Las plantas que se cultivan por sus flores, como la violeta africana (*Saintpaulia* híbrida) se situarán a 20-30 cm. de los tubos y las plantas de hoja a unos 30-40 cm. Se pueden acercar las macetas a la luz situándolas sobre estantes o macetas invertidas. Se pueden cultivar esquejes con luz artificial, a una distancia conveniente.

Para cultivar plantas exclusivamente con luz artificial, los tubos estarán encendidos de 12 a 14 horas diarias para plantas de hoja y de 16 a 18 horas para plantas de flor, a no ser que sean especies de día corto —como la flor de Pascua (*Euphorbia pulcherrima*)— que requiere menos luz. Se pueden instalar interruptores con programador para que se enciendan y apaguen las luces cuando convenga. Cuando la luz artificial se utilice en invierno como complemento, las plantas recibirán la mayor cantidad posible de luz natural y luego se encenderán los tubos por la tarde unas 5 a 6 horas.

Iluminación decorativa y funcional *izquierda*
Esta pequeña lámpara lleva una bombilla especial que proporciona luz para que este helecho (*Nephrolepsis exaltata* "Bostoniensis") crezca sano en un rincón sombrío. La luz también cumple una función decorativa, arrojando una sombra interesante sobre la pared del fondo.

Tipos de bombilla *abajo*
Los tubos de luz fluorescente, con su gama de tamaños y watios, son los más eficaces para iluminar las plantas. Las bombillas incandescentes proporcionan una luz muy decorativa y tienen la ventaja de poder maniobrar con ellas.

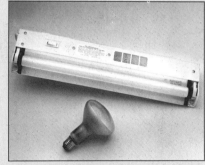

Una raya de luz sencilla y eficaz *derecha*
Un solo tubo fluorescente de 2 metros de largo suspendido del techo, proporciona luz a las plantas de debajo. Este tipo de iluminación genera más luz por watio que las demás formas y pierde menos energía en forma de calor. El atractivo follaje de las plantas destaca en todo su esplendor bajo la luz fluorescente que a su vez les proporciona la luz que necesitan.

Luz suplementaria *derecha*
Un sencillo aparato, como éste colgado de
una viga de madera, es rápido y fácil de
instalar. Puede dar luz a muchas plantas en
lugares excesivamente sombríos para ellas.

Instalación completa *abajo*
Un aparato con su instalación para macetas
de flor es siempre bien recibido en los
lóbregos meses de invierno. Las violetas
africanas (*Saintpaulia* híbrida) que
normalmente florecen en septiembre, se
animan así a florecer todo el invierno.

Hidrocultivos

El hidrocultivo consiste en cultivar plantas en un recipiente lleno de agua a la que se añaden nutrientes. Tradicionalmente, este método recibía el nombre de hidroponía y aún puede verse ejemplificado en el cultivo de bulbos de jacinto (*Hyacinthus orientalis* híbrido) en copas de cristal llenas de agua: el bulbo desarrolla sus raíces buscando el agua.

En los años 1970, se empezaron a comercializar plantas de interior cultivadas en recipientes especiales llenos de un conglomerado para dar sujección a las raíces, y de agua químicamente preparada para satisfacer las necesidades de la planta. Los recipientes especiales eran de varios tamaños: desde los de una sola planta hasta modelos grandes para poner en el suelo, que conocieron gran aceptación en establecimientos como bancos, bibliotecas, hospitales, etc., encantados de tener plantas que no requirieran de muchos cuidados. Lo bueno del hidrocultivo es que las plantas precisan de muy poca atención y no se requieren conocimientos para su mantenimiento (ver pp. 72-3). Otras ventajas son el crecimiento sano y vigoroso de la planta y la inexistencia de enfermedades o insectos.

Los materiales básicos para el hidrocultivo son el conglomerado, que se vende en bolsas de plástico, y el recipiente, que puede ser sencillo o con doble fondo. El conglomerado estará limpio y será inerte; puede ser grava, guijarros, perlite o, más corrientemente, un granulado compuesto por arcilla expandida. Uno de los nombres que recibe ese granulado es el de "hydroleca" ("hydro" significa agua, y "leca" corresponde a las iniciales inglesas de "agregado de arcilla expandida ligera"). Consiste en gránulos ligeros de distintos tamaños y forma redondeada cocidos en horno giratorio a temperatura muy elevada. Como resultado de la cocción, casi toda la arcilla ha pasado a cubrir la pared externa de la bolita, dejando el centro lleno de alveolos. La gran ventaja de estos gránulos es que, por su estructura, hacen pasar el agua del fondo del recipiente hacia arriba, humedeciéndose todos ellos. Otra característica importante es que circula mucho aire entre los gránulos de arriba, donde se encuentran la mayoría de las raíces de la planta.

Abono

Para abonar las plantas cultivadas en agua, el fertilizante se añade al agua, pero hay varias formas de hacerlo. La más sencilla es utilizar un fertilizante líquido normal en el agua de llenar el recipiente. El peligro de este método es que los nutrientes que no se utilizan inmediatamente tienden a cristalizarse sobre los gránulos y las raíces debiendo lavar todo ello de cuando en cuando para eliminar el abono, lo que resulta pesado. Es mucho más sencillo utilizar un fertilizante especial para hidrocultivo que se vende en almohadilla o en disco que se introduce en el agua. La ventaja de estos paquetitos o discos es que no liberan siempre el fertilizante, sino sólo cuando el agua carece de un elemento en particular, por lo que no se producen acumulaciones perjudiciales de un producto.

Recipientes para hidrocultivos

Existen dos tipos de recipientes: el sencillo y el de

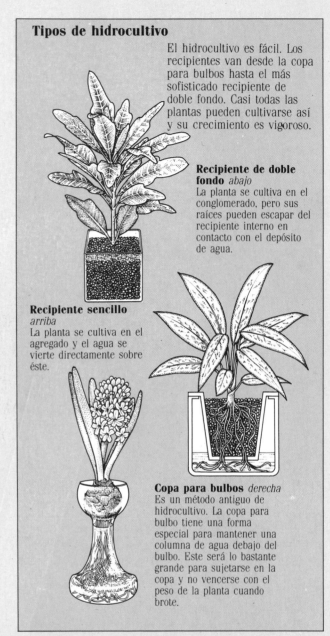

Tipos de hidrocultivo

El hidrocultivo es fácil. Los recipientes van desde la copa para bulbos hasta el más sofisticado recipiente de doble fondo. Casi todas las plantas pueden cultivarse así y su crecimiento es vigoroso.

Recipiente de doble fondo *abajo*
La planta se cultiva en el conglomerado, pero sus raíces pueden escapar del recipiente interno en contacto con el depósito de agua.

Recipiente sencillo *arriba*
La planta se cultiva en el agregado y el agua se vierte directamente sobre éste.

Copa para bulbos *derecha*
Es un método antiguo de hidrocultivo. La copa para bulbo tiene una forma especial para mantener una columna de agua debajo del bulbo. Este será lo bastante grande para sujetarse en la copa y no vencerse con el peso de la planta cuando brote.

doble fondo. El sencillo puede ser de cualquier material estanco (siempre que no sea de un metal al que puedan afectar los productos químicos del fertilizante); lo ideal es que tenga una buena base para mayor estabilidad. El mejor material es probablemente el cristal: aparte de ser bonito, un recipiente de cristal permite comprobar el nivel del agua y la cantidad de raíces.

El recipiente de doble fondo tiene un recipiente externo también estanco en el que encaja otro. El interno queda suspendido en el borde del externo y en él se pone el conglomerado y la planta; suele ser de plástico con orificios en los laterales y en la base para que circule el aire y el agua por entre los gránulos y las raíces.

En ambos casos, el agua solamente estará en la parte inferior, nunca en la superior. En el recipiente simple, el agua cubrirá la cuarta o la tercera parte del conglomerado; en el doble, el recipiente pequeño, con el conglomerado, estará en contacto directo con la reserva de agua. Vigilar el nivel de agua.

Hidrocultivo de esquejes

Los esquejes que han echado raíces en agua pueden plantarse en recipientes de hidrocultivo lo mismo que en macetas con tierra. Sostenga derecho el esqueje y vierta despacio el conglomerado alrededor de las raíces, luego golpee suavemente el recipiente para que se asienten los gránulos. No plante nunca los esquejes a mayor profundidad de lo que lo haría en tierra, y déjelos a la sombra unos días hasta que se hayan establecido en su nuevo entorno. Cuando hayan desarrollado las raíces, pase los recipientes a su lugar permanente.

Enraizamiento de esquejes en hidrocultivo *derecha*
Los esquejes de plantas como la hiedra (*Hedera* sp.) y amor de hombre (*Zebrina pendula*) pueden arraigar en pequeños tiestecitos llenos de conglomerado y puestos en platos hondos con agua a la que se habrá añadido fertilizante normal diluido a la cuarta parte.

Replantar en hidrocultivo

Una planta cultivada en agua crece rápidamente pero produce un sistema de raíces mucho más compacto que una planta cultivada en tierra, por lo que no es necesario cambiarla de recipiente, sin embargo, las raíces pueden terminar por invadirlo. El cambio es semejante al cambio de maceta, aunque menos engorroso y más corto. Recuerde siempre que conviene utilizar un mismo tipo de recipiente (sencillo o de doble fondo). Si es de doble fondo, el recipiente externo y el interno deberán ser mayores.

1 Ponga en el fondo del recipiente nuevo una capa de conglomerado limpio. Saque la planta de su antiguo recipiente, cuidado de no romper las raíces.

2 Sujete la planta en el recipiente nuevo, dejándola al mismo nivel que estaba. Extienda las raíces y vierta despacio el nuevo conglomerado.

3 Una vez afianzada la planta, eche agua suficiente para cubrir un tercio del recipiente, o hasta que el nivel indique "lleno".

Trasplante de tierra a hidrocultivo

No es muy recomendable pasar un planta madura y bien desarrollada de tierra a hidrocultivo, porque sufriría un cambio traumático. Pero puede hacerse. Debido al trauma, habrá que proporcionar a la planta más calor y mucha humedad durante 10 a 12 semanas para que se recupere. Un propagador de calor sería lo idóneo, pero también puede ser un invernadero caliente, siempre que se tapen con plástico las plantas para conservar la humedad y que la temperatura se mantenga constante. Durante ese tiempo morirán todas las raíces viejas adaptadas a la tierra, y nacerán otras nuevas, adaptadas a la vida semiacuática.

1 Utilizando ambas manos, saque la planta de la maceta, cuidando de no dañar las raíces. No es aconsejable que se trate de un ejemplar raro o valioso.

2 Sujetando la planta con una mano, desenrolle el cepellón, quitando toda la tierra que pueda, sin romper las raíces.

3 Para eliminar los restos de tierra, lave las raíces bajo un chorro fino. Procure que el agua no esté muy fría ya que la planta sufriría aún más.

Despuntar y guiar

Las plantas de interior deben despuntarse a menudo o sujetarse para que vayan adoptando la forma deseada. Pueden crecer excesivamente, o aparecer ramas rebeldes donde no se precisan, dando un aspecto descuidado a la planta. Un crecimiento ordenado requiere una poda de formación, para que tallos y ramas crezcan en la dirección deseada. Algunas plantas deben despuntarse con frecuencia pinzando sus yemas terminales para que no desarrollen tallos excesivamente largos. En algunas plantas trepadoras, habrá que adaptar una guía para sostener los tallos.

Poda

La poda es la forma más drástica de despunte, pero suele mejorar el aspecto de la planta. Permite eliminar los tallos de crecimiento desgarbado y al mismo tiempo controla el crecimiento de una planta que podría llegar a ocupar demasiado espacio. Una poda drástica mejora el crecimiento al eliminar las partes viejas y débiles y fomentar la formación de brotes nuevos, más juntos en los tallos.

Forma correcta de despuntar

Corte siempre por encima de la yema en la que quiere que se forme el nuevo crecimiento. Incline el corte hacia abajo, lejos de la yema, y no deje un "tocón" largo porque se pudriría.

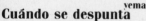

Demasiado lejos de la yema

Forma correcta de despuntar

Demasiado cerca de la yema

Angulo en dirección errónea

Cuándo se despunta

La primavera es la mejor época para despuntar casi todas las plantas, ya que es cuando se inicia la época del crecimiento activo, pero los tallos excesivamente largos pueden podarse en otoño si estorban o enmarañan la planta. Algunas plantas solamente producen brotes florales en los tallos nuevos por lo que se pueden podar las ramas viejas en primavera, sabiendo que no mermará la producción de flores. Sin embargo, cuando pode plantas de tallo leñoso, es preferible cortar siempre ramas del año anterior, nunca las nuevas. Cualquiera que sea el instrumento que utilice para despuntar, procure que esté siempre afilado, para evitar aplastar o desgarrar el tallo. Una cuchilla de afeitar, un escalpelo o una navaja son excelentes para plantas de tallo tierno y unas buenas tijeras afiladas le permitirán llegar fácilmente a las axilas de las plantas arbustivas.

Poda de limpieza

Con la poda de limpieza se eliminan las flores marchitas o muertas de la planta. De este modo se fomenta la producción de flores nuevas y la planta no gasta energías en producir semillas.

Poda de una planta desgarbada

Las plantas de crecimiento rápido, que trepan o se sujetan a un aro o un rodrigón, van perdiendo forma al cabo de dos o tres temporadas. El jazmín (*Jasminus* sp.) es una trepadora que necesita una poda de formación drástica. No le dé miedo cortarle todo menos los tallos nuevos; si poda la planta a comienzos de primavera, para el verano ya estará cubierta de vegetación nueva.

1 Si el crecimiento se va separando del aro de sujeción, una poda fomentará un crecimiento más bonito y denso.

Poda para fomentar un crecimiento tupido

Las plantas de tallos largos, como las hiedras (*Hedera* sp.) o los filodendros, pueden desarrollar grandes espacios desnudos entre las hojas, en invierno. Puede ser debido a la falta de luz o a un crecimiento excesivo. Para corregirlo, pode los tallos afectados para fomentar un crecimiento más tupido (los tallos que quite pueden servir de esquejes). Habrá que identificar la causa del problema y ponerle remedio.

1 Los tallos con largos espacios desnudos, sobre todo de plantas colgantes, deben podarse para mejorar el aspecto de la planta.

Poda de una planta alta

La poda suele fomentar un crecimiento más vigoroso, por lo que recortar 10 o 15 centímetros de una planta alta es una solución meramente temporal. Cuando un ficus (*Ficus elastica*) o una drácena tricolor (*Dracaena marginata*) llegan casi al techo, hay que podarlas como un metro para poderlas tener en casa unos años más. La planta tendrá un aspecto feo unas semanas pero en cuanto aparezcan las hojas, se recuperará.

Flores sobre tallos largos
Pode las plantas como la violeta africana (*Saintpaulia* híbrida), cuyo tallo floral asoma por encima de la planta, tirando de él y retorciéndolo para que salga entero.

Flores sobre tallos cortos
Pode las flores en manojitos o sobre tallo corto que parte del tallo principal, pellizcándolas para cortarlas con el pulgar y el índice.

1 Una buena planta que haya crecido demasiado se puede podar drásticamente para conservarla en casa unos cuantos años más.

Pinzamiento

Las yemas de crecimiento deben despuntarse con frecuencia en plantas con tendencia a crecer demasiado altas y poco compactas. Con el despunte, las trepadoras y plantas colgantes quedan más densas.

Forma de despuntar *derecha*
Pellizque la yema de crecimiento para cortarla con el índice y el pulgar.

2 Desenrolle los tallos del aro y pódelos, con tijeras afiladas, dejando sólo dos de los tallos más jóvenes.

3 Enrolle los tallos conservados alrededor del aro atándolos con alambres para plantas.

2 Con tijeras afiladas, corte los tallos hasta el punto (nudo) en que comienza el crecimiento tupido, suprimiendo la parte más desnuda.

3 Si la planta cuenta con las condiciones adecuadas, el nuevo tallo tendrá poco espacio entre las hojas.

2 Utilice tijeras de podar para quitar la parte superior del tronco leñoso. Córtelo a la mitad.

3 Restañe el látex con polvo de carbón vegetal. Proporcione a la planta las condiciones de crecimiento necesarias y en cuatro a seis semanas ¡aparecerán hojas nuevas.

Guiar las plantas

Se puede conseguir que muchas plantas de interior adopten la forma deseada o bien despuntándolas o pinzándolas (para obtener una planta arbustiva o una planta alta con un tronco desnudo) o bien se puede guiar a la planta para que crezca sobre un soporte. En pocos años las plantas suelen adquirir la forma deseada.

Planta en forma de árbol

1 Elimine todos los brotes laterales en torno al tallo central, dejando un penacho arriba.

2 Cuando la planta haya alcanzado la altura deseada, despunte la yema terminal. Quite las hojas del tronco.

Planta arbustiva

1 Despunte pinzando las yemas terminales para fomentar el crecimiento de brotes laterales.

2 Mantenga la forma arbustiva pinzando las yemas de crecimiento de los brotes laterales.

Guiar una planta sobre un soporte

El soporte puede ser una caña vertical o varias, un aro de alambre o un enrejado sujetos a la tierra de la maceta. Se va atando la planta utilizando ataduras de bramante, de rafia, de alambre blando o de alambre forrado con papel o de plástico, afianzando los tallos pero sin apretar para que no se clave en las ramas cuando éstas engorden.

Circular

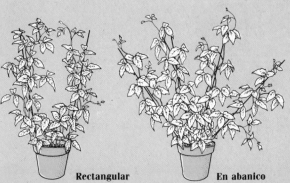

Rectangular   **En abanico**

Multiplicación 1

Siempre llega un momento en que las plantas dejan de estar bonitas y hay que sustituirlas por ejemplares más jóvenes y vigorosos. Multiplicar sus propias plantas es una forma satisfactoria y económica de rejuvenecer el jardín de interior.

Existen dos formas de producir plantas nuevas: por semilla (ver p. 269) o por multiplicación vegetativa.

Multiplicación vegetativa

Este método de propagación consiste en tomar una parte específica de una planta y hacer que arraigue y se establezca para formar una planta nueva. Por regla general, aunque no siempre, las plantas multiplicadas vegetativamente son iguales a la planta original de la que proceden. Se puede utilizar virtualmente cualquier parte de una planta: las plántulas que se desarrollan sobre la superficie de las hojas o sobre estolones colgantes, retoños o esquejes de hoja y tallo. También se pueden dividir las macollas (p. 267) o multiplicar una planta por acodo o por acodo aéreo (p. 268). Se pueden multiplicar algunas plantas por más de uno de los método indicados, aunque otros sólo admiten una forma de propagación. El rápido enraizamiento y establecimiento de la planta suele ser vital: cuanto antes logre la nueva sección desarrollar sus propias raíces, más probabilidades tendrá; las secciones sin raíz pueden marchitarse. Existen mezclas de enraizamiento especiales para la multiplicación por esqueje, que retienen aire y agua, aunque contienen pocos nutrientes que quemarían las nuevas raíces.

Para prácticamente todos los métodos de multiplicación, la mejor época es la primavera, cuando se inicia el crecimiento.

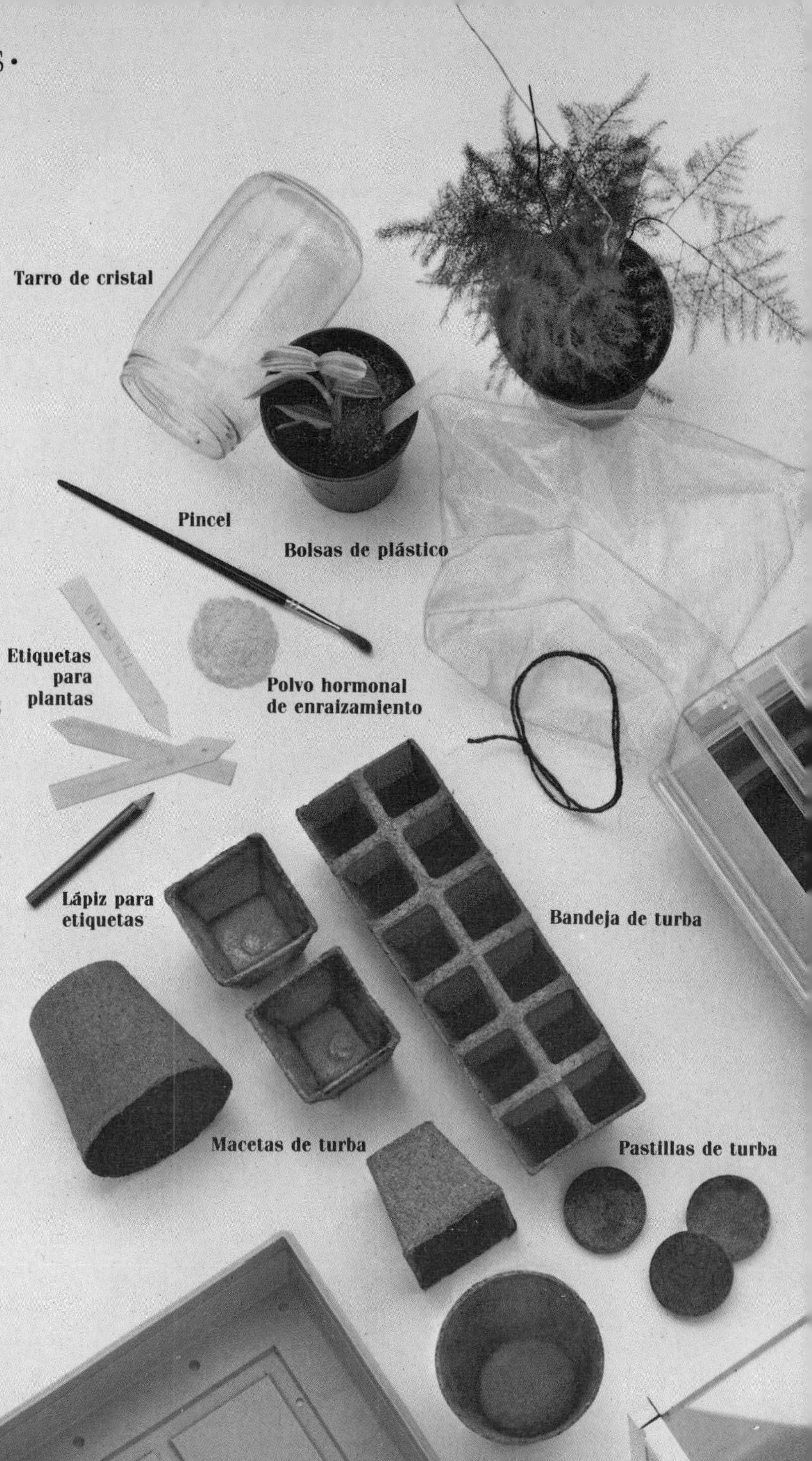

Equipo para la multiplicación de plantas

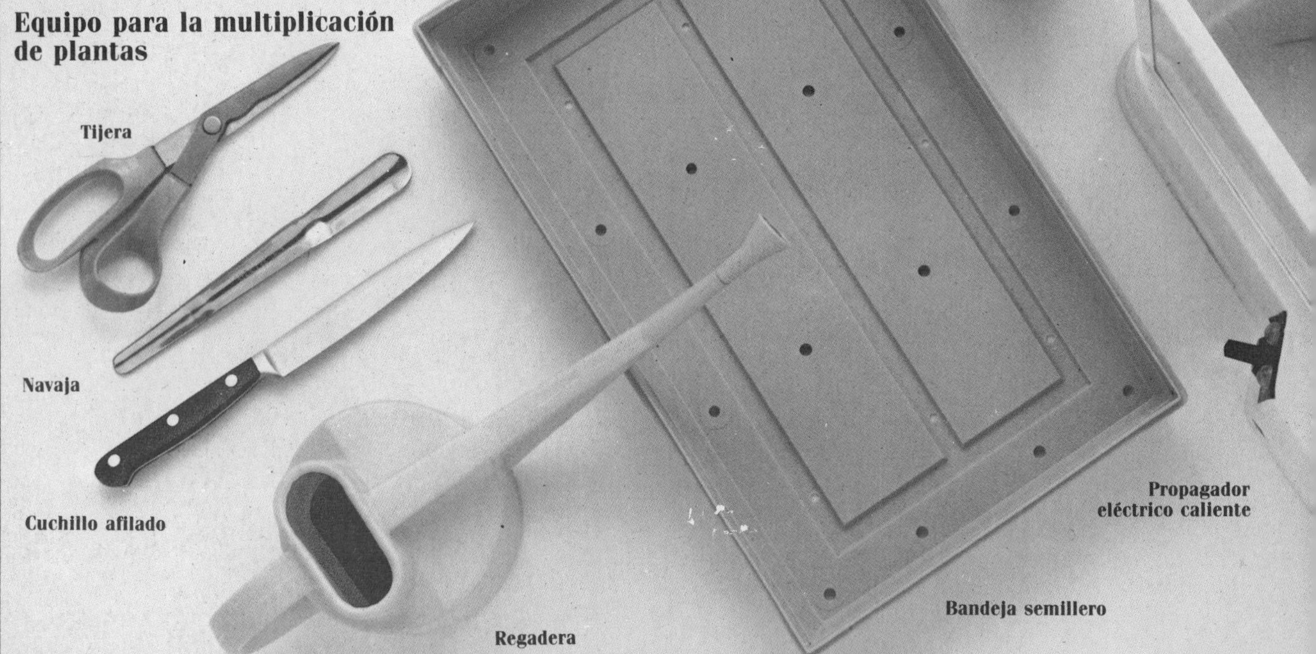

Tarro de cristal

Pincel

Bolsas de plástico

Etiquetas para plantas

Polvo hormonal de enraizamiento

Lápiz para etiquetas

Bandeja de turba

Macetas de turba

Pastillas de turba

Tijera

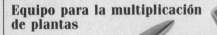

Navaja

Cuchillo afilado

Regadera

Bandeja semillero

Propagador eléctrico caliente

Propagador frío

Multiplicación por esquejes de tallo

La mayoría de las plantas de interior se multiplican por esqueje de tallo de una clase o de otra. Los cortes se harán con un cuchillo muy bien afilado o con una hoja de afeitar ya que los tallos aplastados o desgarrados corren peligro de pudrirse. Si es posible, riegue la planta una o dos horas antes de esquejar, para que los tallos y las hojas estén cargados de humedad. Si tiene que utilizar un tallo floral, pince primero las flores antes de esquejar. Cubriendo el extremo de tallo cortado con polvo hormonal de enraizamiento, se acelera el proceso de producción de raíces.

Enraizamiento en agua de un esqueje de tallo tierno

1 Haga un corte limpio justo por encima de una axila de hoja o nudo; la planta madre podrá producir brotes nuevos a partir del nudo o de la axila.

2 Haga otro corte inmediatamente debajo del primer nudo o axila de hoja y quite con cuidado las hojas inferiores.

3 Al cabo de unas cuatro semanas, se habrán formado 2 a 4 centímetros de raíces y el esqueje podrá plantarse en tierra de maceta.

Enraizamiento en tierra de maceta de un esqueje de tallo tierno

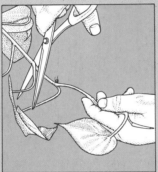 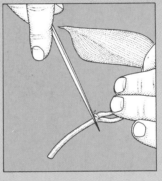 

1 Elija un tallo sano, con unos tres nudos bastante juntos y haga un corte limpio a unos 10 a 15 centímetros del extremo.

2 Corte el tallo justo por debajo del nudo foliar inferior y quite las hojas de abajo para que no se pudran en la tierra.

3 Haga unos cuantos agujeros con un palito y plante varios esquejes en el mismo tiesto, apretando firmemente la tierra con los dedos.

Esqueje de tallo leñoso

1 Para multiplicar una planta de tallo leñoso, quite todas las hojas inferiores que queden y corte el tallo en trozos que incluyan al menos un nudo cada uno. El proceso de enraizamiento puede tardar unas semanas más que en el caso del tallo tierno.

2 Coloque los esquejes en horizontal o en vertical sobre tierra de enraizamiento. Las raíces crecerán a partir de los nudos enterrados y los brotes de los expuestos al aire.

Multiplicación 2

Multiplicación por esquejes de hoja

Algunas plantas se multiplican por esquejes de hoja. Se arranca o corta de la planta madre una hoja entera, con su pecíolo (tallito) y luego se mete en tierra de enraizamiento apenas húmeda o, en algunos casos, en agua. Las hojas se introducen en la tierra formando un ángulo de 45° pudiendo apoyarlas en el borde de la maceta para sujetarlas, ya que no habrá que enterrarlas excesivamente. Las nuevas raíces y·los brotes se desarrollarán a partir de la parte del pecíolo cortada o a lo largo de las nerviaciones de la hoja. Los esquejes de hoja pueden plantarse de uno en uno en tiestos pequeñitos o varios en una maceta grande o en una bandeja. Encerrando el recipiente en una bolsa de plástico se crea un ambiente húmedo que suele hacer innecesario el riego. Las violetas africanas (*Saintpaulia* híbrida) y las begonias de rizoma son un ejemplo típico de plantas que se reproducen por esquejes de hoja. Las hojas elegidas no serán muy viejas ni muy nuevas, es decir, en el caso de la violeta africana, no habrá que elegir ni las hojas del centro ni las de fuera de la roseta. Las hojas de begonia grandes no se cortarán en trozos, ya que se pudrirían, sino que se utilizarán enteras, recortando los bordes para reducir la superficie foliar y al mismo tiempo la pérdida de agua por traspiración.

Enraizamiento de hojas en tierra de maceta

1 Quite una hoja entera con un cuchillo afilado o con una hoja de afeitar y corte el pecíolo dejando un tallo de 4-5 centímetros

2 Plante la hoja en tierra de enraizamiento apenas húmeda y tape la maceta con plástico para aumentar la humedad.

3 Cuando aparezcan las plántulas en la base de la hoja, suprima ésta cortándola.

Enraizamiento de hojas

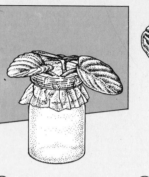

1 Tome una hoja sana con su pecíolo y corte éste dejando un largo de 4-5 centímetros

2 Tape con plástico un tarro de cristal lleno de agua e introduzca las hojas por unos orificios hechos en el plástico.

3 Bajo el agua se formarán raíces y plántulas que pueden separarse y plantarse en tierra de maceta.

Enraizamiento en tierra de maceta de esquejes de hoja cortada

Las hojas de algunas plantas, coma la sansevieria (*Sansevieria* sp.), el estreptocarpo (*Streptocarpus* híbrido) y la peperomia (*Peperomia caperata*) pueden trocearse en esquejes que darán lugar a plantas nuevas. De un trozo de hoja de estreptocarpo brotará a través de la tierra, un manojo de plántulas mientras de un trozo de hoja de sanseviera aparecerá en la base cortada una sola plántula. Los trozos de hoja deben insertarse con la base hacia abajo en la tierra de enraizamiento, si no, no se desarrollarán las raíces. Las hojas de sansevieria y las de estreptocarpo se cortarán atravesadas en trozos de 5 a 8 centímetros y luego se plantan casi verticales en una tierra de enraizamiento arenoso, enterrando entre un cuarto y medio trozo. Las hojas de peperomia se cortan en cuatro trozos (primero se corta la hoja a lo largo y luego a lo ancho) y se plantan con uno de los cortes en contacto con la tierra de enraizamiento apenas húmeda. Si se utilizan hojas de sanseviera variegada (como en los dibujos), las hojas de la nueva planta serán verdes sin manchas.

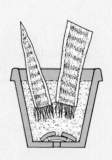

1 Saque la planta madre de su maceta y elija una hoja sana y madura, sin manchas. Corte o tronche la hoja en su base.

2 Corte la hoja atravesada, con un cuchillo afilado, a intervalos de 5 a 8 centímetros De cada hoja se obtienen varios esquejes.

3 Plante los trozos de hoja juntos algo inclinados. Sujételos con etiquetas de plantas o contra el borde de la maceta.

4 Las raíces saldrán del corte enterrado de cada esqueje. Cuando estén bien desarrollados, páselos a una maceta.

Multiplicación por plántulas

Algunas plantas de interior producen "plántulas" —pequeñas réplicas de sí mismas— sobre las hojas o en el extremo de estolones o tallos arqueados. Las tolmeias (*Tolmeia menziesii*) producen plántulas sobre las hojas, mientras las saxífragas (*Saxifraga stolonifera*) producen plántulas sobre estolones. Si se dejan estas plántulas sobre la planta madre hasta que están bien desarrolladas, se pueden desprender y plantarlas sin más para que arraiguen en tierra de enraizamiento. Otra posibilidad es acodar (ver p. 268) las saxífragas o las cintas (*Chlorophytum comosum*) aunque las plántulas están menos dispuestas a echar raíces si están alimentadas por la planta madre.

Multiplicación por retoños

Los retoños mugrones son plantitas que aparecen alrededor de la base de las plantas maduras. La mayoría crecen directamente del tallo pero algunas lo hacen sobre tallitos largos o estolones. Las bromelias y las grasas suelen retoñar en la base y muchos de los cactos esféricos producen racimos de retoños. Si esos retoños han de sobrevivir, no hay que separarlos hasta que estén bien establecidos y hayan desarrollado la forma y características de la planta madre. Los retoños bien establecidos suelen tener sus propias raíces formadas por lo que luego prenden antes y más fácilmente.

Multiplicación por división de macollas

Las plantas como la violeta africana (*Saintpaulia* híbrida), la mayoría de los helechos y algunos cactos se dividen sacándolos de la maceta y separando (tirando despacio pero firmemente) las secciones que presenten; pueden ser dos o más plantas con un sistema de raíces sano. Quizá haya que quitar, sacudiendo o lavando, una parte de la tierra para poder ver las secciones de la planta. A veces éstas se presentan unidas por una maraña de raíces y hay que cortarlas con un cuchillo afilado. Por otra parte, los helechos tienen unas raíces finas muy enmarañadas que dificultan la separación.

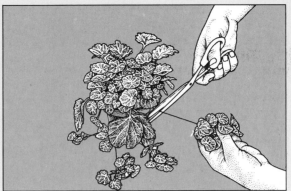

1 Corte una hoja o estolón (como en el dibujo) que tenga una plántula bien desarrollada. Deje unos 3 centímetros de tallo foliar o de estolón en la plántula. Entierre ese tallo en tierra de enraizamiento, apoyando la plántula sobre la superficie.

2 Cubra con un plástico para aumentar la humedad. Las raíces desarrollarán en tres semanas.

1 Elija un retoño a ser posible que tenga ya algunas raíces y sepárelo con cuidado del tallo principal. Esta operación puede hacerse al tiempo que se cambia de maceta la planta madre.

2 Plante el retoño en tierra de enraizamiento apenas húmeda, en macetas separadas. Meta la maceta en una bolsa de plástico hasta que el crecimiento indique que el retoño ha arraigado bien.

1 Quizá tenga que hacer uso de un cuchillo para iniciar la división y poder meter los pulgares en el corte para separar las secciones, dividiendo la macolla.

2 Pase a una maceta cada sección, poniéndolas al mismo nivel que antes, en un tiesto algo mayor que el tamaño del cepellón. Riegue poco hasta que las secciones estén establecidas y surjan brotes.

Tiempos de multiplicación

Esqueje de tallo tierno en agua: de cuatro a seis semanas para que se formen raíces adecuadas; luego pasar a tierra de maceta.

Esqueje de tallo tierno en tierra de maceta: de tres a cuatro semanas para que se formen raíces adecuadas.

Esqueje de tallo leñoso en tierra de maceta: de ocho a diez semanas para que se formen raíces adecuadas.

Esqueje de hoja entera en tierra de maceta: de tres a cuatro semanas para que se formen raíces adecuadas; luego otras dos a cinco semanas para que aparezcan brotes.

Esqueje de hoja entera en agua: de tres a cuatro semanas para que se formen raíces adecuadas; pasar luego a tierra de maceta.

Trozo de hoja en tierra de maceta: de cuatro a seis semanas para que se formen raíces adecuadas; luego otras cuatro a ocho semanas para que aparezcan brotes.

Plántula en tierra de maceta: de tres a cuatro semanas para que se formen raíces adecuadas; luego otras dos a cinco semanas para que se desarrolle una bonita planta.

Retoño en tierra de maceta: de tres a cuatro semanas para que se formen raíces adecuadas; luego de dos a tres semanas más para que la planta se desarrolle.

División de macollas en tierra de maceta: de dos a tres semanas para que se desarrolle la planta alcanzando un tamaño adecuado.

Multiplicación 3

Acodo

Por este proceso se consigue que desarrollen raíces los tallos colgantes, sin separarlos de las plantas. Los acodos se practican en jardín doblando hacia la tierra los tallos semileñosos de arbustos: al contacto con la tierra fértil, los tallos producen raíces. No suele hacerse dentro de casa más que con el filodentro trepador (*Philodendron scandens*) y las hiedras (*Hedera* sp.) que poseen raíces aéreas en los nódulos o axilas de las hojas. Al igual que en el caso de multiplicación por plántulas (ver p. 267), se ponen los tallos en contacto con una buena tierra de enraizamiento en una maceta pegada a la principal. Muchas trepadoras arraigan en la tierra sobre la que crecen. Las plantas nuevas se separan, cortándolas, de la planta madre y quedan en su propia maceta, en cualquier época del año.

1 Ponga el tallo en contacto con una maceta que contenga buena tierra de enraizamiento, fijándolo con una horquilla o un trozo de alambre doblado. Ponga debajo un montoncito de tierra para favorecer el enraizamiento.

2 Al cabo de cuatro semanas se forman raíces a partir del nudo y empieza a crecer una planta nueva. Corte entonces el tallo, cuidando de no estropear la forma de la planta madre. Se pueden propagar de este modo varias plantas al mismo tiempo.

Acodo aéreo

Es una forma de multiplicar un buen ejemplar que haya crecido demasiado o que haya perdido parte de sus hojas inferiores, quedando poco atractivo. Suele utilizarse para plantas de tronco leñoso que no crecen bien por esquejes y que son tan rígidas que no se prestan al acodo. Se hace una "herida" en el tallo leñoso y a partir de ella se forman las raíces; se corta entonces la sección superior y se pasa a una maceta. Uno de los métodos consiste en dar un corte sesgado al tronco, pero se corre el peligro de que el tronco llegue a troncharse. El método que aquí se describe es algo más seguro.

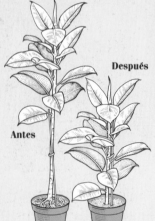

Antes   Después

1 Haga una incisión alrededor del tronco bajo la hoja más sana, y otra a 1-2 centímetros por debajo. Pele el tronco entre ambas incisiones, sin dañar el tejido del tronco.

2 Unte la parte pelada con una capita de polvo hormonal de enraizamiento para fomentar la rápida producción de raíces.

3 Con cinta adhesiva o un bramante fuerte, ate un trozo de plástico rectangular alrededor del tronco, justo debajo de la peladura.

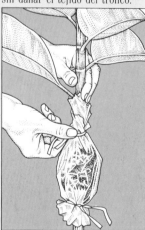

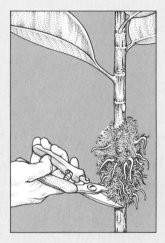

4 Eche en el plástico musgo esfagno humedecido. Es el material más eficaz para que se formen las raíces en el codo aéreo.

5 Una vez llena la "bolsa" de plástico, ate la parte alta cerrando bien para que no pierda humedad. La parte pelada del tronco quedará tapada.

6 Al cabo de varias semanas, aparecerán las raíces por entre el musgo. Quite el plástico y corte el tronco limpiamente, por debajo de las raíces.

7 Plante el nuevo cepellón en una maceta en la que disponga de unos 5 centímetros de espacio alrededor. Rellene con tierra adecuada y riegue poco.

Multiplicación por semillas

Existen semillas de muy buen resultado para plantas de interior tan populares como las begonias (*Begonia semperflorens cultorum*) y los miramelindos (*Impatiens* sp.); las mejores formas híbridas también se obtienen por semilla.

Las semillas deben sembrarse preferentemente en una tierra de enraizamiento a base de turba (ver p. 264). Use macetas bajas o bandejas semillero según la cantidad de semillas que vaya a sembrar. Las muy pequeñas, como las de la begonia (*Begonia* sp.) o la violeta africana (*Saintpaulia* híbrida) parecen polvo y se esparcen sobre la superficie de la tierra. Las semillas algo mayores se cubren esparciendo sobre ellas una fina capa de tierra, y las semillas de buen tamaño se entierran a una profundidad vez y media igual a su tamaño. En cuanto el agua penetra en la capa externa de la semilla, se inicia el crecimiento y a partir de entonces, se requiere un continuo grado de humedad.

La sequedad es fatal pero el encharcamiento pudre las semillas.

Se necesita una temperatura superior a los 15°C para la germinación, aunque algunas plantas subtropicales y tropicales requieren temperaturas más altas. Algunas germinan mejor en la oscuridad, otras necesitan luz —siga siempre las instrucciones del paquete. Es importante que los plantones reciban la luz adecuada desde el comienzo. Si el plantón crece demasiado en vertical, debido a la falta de luz, nunca llegará a convertirse en una buena planta. Los recipientes se situarán cerca de una fuente de luz en cuanto aparezcan los primeros brotes. Sin embargo, hay que evitar la luz del sol directo que quemaría la planta o secaría la superficie de la tierra. Hay que vigilar diariamente las macetas o semilleros.

Existen tapaderas de plástico trasparente para los tamaños más corrientes de macetas y semilleros. Con ellas se conserva la humedad necesaria.

Siembra de las semillas

1 Extienda una capa fina de grava en el fondo de un semillero para proporcionar buen drenaje y evitar el encharcamiento. Cubra la grava con una capa de buena tierra de enraizamiento.

2 Haga unos surcos poco profundos para guiarse en la siembra. Esparciendo las semillas indiscriminadamente sobre la tierra puede producir corrillos superpoblados.

3 Tome unos pellizquitos de semillas de un recipiente que sujetará con la otra mano y distribúyalos a lo largo de los surcos. Las semillas grandes se espaciarán a intervalos regulares en los surcos.

4 Tape las semillas, si procede, y humedezca bien la tierra con un rociador fino. Luego tape con una tapadera de cristal o de pláatico trasparente y pase la bandeja a un lugar templado.

Repicado

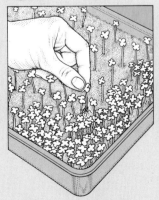

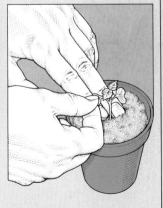

1 Cuando las plantitas sean aún pequeñas, aclare la siembra quitando las que crezcan demasiado juntas. Así las restantes tendrán más posibilidades de sobrevivir.

2 Los espacios entre las plantitas serán tan grandes como las propias plantitas. Con la yema de los dedos apriete con cuidado la tierra en torno a cada plantita.

3 Cuando las plantitas hayan desarrollado al menos dos hojas verdaderas, sáquelas con cuidado de la tierra usando un palito de marcar plantas o similar, para extraer las raíces.

4 Pase cada plantita a un tiesto con tierra adecuada a la planta adulta. Asegúrese de no enterrar las hojas inferiores y procure no tocar mucho el tallo.

Problemas, insectos y enfermedades 1

Las plantas de interior sanas, bien mantenidas y vigorosas, son menos propensas a los problemas o a ser atacadas por insectos o enfermedades. Las plantas enfermas suelen serlo por un error de cultivo, por negligencia o por un tratamiento inadecuado —insectos y plagas rara vez tienen la culpa.

Lo primero para asegurarse de que las plantas van a seguir en buenas condiciones es elegirlas con cuidado teniendo presente el tiempo y esfuerzo que les va a poder dedicar y el ambiente de que van a disponer. Compre un ejemplar de aspecto vigoroso y protéjalo en el traslado a su casa. Una planta necesita también un tiempo de aclimatación a su nuevo entorno; procure que esté en lugar adecuado y no la desplace durante unos días. No es aconsejable incluir una planta junto a otras hasta haberla examinado bien antes; lo mejor es que quede aislada de las otras plantas hasta que demuestre que crece sana.

Acción preventiva

La forma de cuidar bien una planta es proporcionarle en la medida exacta los factores esenciales de crecimiento: agua, abono, luz, calor y humedad. Aparte de estas necesidades básicas, conviene dedicar unos minutos cada ocho o quince días a limpiarlas y examinarlas. Dé vuelta a las hojas y examine el envés con cuidado, de este modo podrá detectar cualquier

problema a tiempo. Si presenta síntomas de enfermedad o de insectos, pase inmediatamente a la acción para salvar a la planta. Observe también detenidamente las yemas de crecimiento que, por ser tiernas y suculentas, están más expuestas a los ataques de los pulgones que las hojas viejas y duras. En algunas plantas de flor, como el estreptocarpo (*Streptocarpus* híbrido), rara vez son atacadas las hojas: las partes más vulnerables son las flores y brotes florales. Algunos insectos seleccionan las plantas, apareciendo sólo en ciertas especies. Otros hacen menos remilgos y atacan cualquier planta.

Mantenimiento de rutina

La acción de limpiar una planta suele bastar para eliminar un insecto o incluso para evitar una auténtica plaga. El polvo afea las hojas y, hasta cierto punto, tapona los poros por los que respiran —al tiempo que reduce la cantidad de luz utilizada en la fotosíntesis. Procure que las plantas no estén demasiado juntas impidiendo circular el aire entre ellas o haciéndose sombra. Elimine las hojas amarillas o dañadas y suprima todas las flores marchitas. Los tallos florales se deben cortar desde la base cuando se han marchitado todos los brotes individuales. Si se deja un trozo de tallo, se podría pudrir el centro de la planta.

Limpieza de las plantas

Las plantas que se encuentran dentro de las casas acumulan polvo, por lo que resulta esencial limpiarlas con regularidad. Las hojas limpias son más bonitas y permiten a la planta funcionar mejor. Abajo se ofrecen varios métodos de limpieza, según la textura de las hojas de la planta. Con mucho, el método más eficaz de limpiar una planta de cualquier porte o tamaño es sacarla al exterior cuando llueve mansamente, en los meses más cálidos. El agua de lluvia no deja depósitos en las hojas y éstas salen refrescadas.

Limpieza con un paño húmedo
Las plantas de hojas grandes y lisas se pueden limpiar con una esponja o con un paño suave húmedos. Utilice agua jabonosa muy rebajada y aclare bien después. La lluvia o una ducha también beneficia a estas plantas, siempre que no sea fuerte y dañe las hojas.

Plan de rutina para asegurar la salud de las plantas

En la mayoría de los casos, los males que afectan a las plantas no se deben a enfermedades o a parásitos. Puede tratarse solamente de que la planta no vea colmadas sus necesidades de crecimiento. La siguiente lista le permitirá determinar la razón que se oculta

tras los síntomas de mala salud que presenten sus plantas. Si la planta no recibe más de un factor necesario para su crecimiento, habrá que revisarlos todos. Si persisten los síntomas, examine si la planta no padece alguna enfermedad o tiene parásitos.

- ¿Riega usted demasiado?
- ¿Riega usted demasido poco?
- ¿Recibe la planta la luz que prefiere?
- ¿Es la temperatura demasiado elevada o demasiado baja para el buen crecimiento?
- ¿Es el nivel de humedad el apropiado para las necesidades de la planta?
- ¿Ha recordado proporcionarle a la planta el reposo invernal que necesita?

- ¿Está la planta en corriente de aire?
- ¿Es adecuado el tamaño de la maceta?
- ¿Han invadido la maceta las raíces de la planta?
- ¿Tiene la planta la tierra adecuada?
- ¿Le vendría bien a la planta estar agrupada con otras?
- ¿Tiene polvo la planta y necesita limpieza?

Supresión de hojas y flores marchitas
Elimine las flores marchitas y las hojas amarillas, viejas, quitándolas desde la base. Corte las puntas marrones con tijeras afiladas. Como esas puntas marrones se deben a la sequedad dèl aire, aumente la humedad.

Problemas fisiológicos

Los problemas más comunes de las plantas de interior están producidos por exceso o falta de riego, por variaciones en la temperatura, corrientes de aire, sol que quema las hojas, agua fría que causa manchas en el follaje, y la humedad escasa.

Demasiada o poca agua

El exceso de riego es un problema muy corriente que puede llegar a matar a la planta. Los peligros de la falta de agua son menores, si bien los síntomas de ambos problemas son parecidos: en ambos casos la planta queda lacia o se marchita porque no absorbe suficiente agua. El encharcamiento, cuando se riega cuando la tierra está aún húmeda, impide la llegada de aire a las raíces; éstas dejan de crecer y empiezan a romperse y morir. Una planta con poca raíz o sin ella no toma el agua suficiente para vivir. Para evitar el encharcamiento, riegue sólo cuando empiece a secarse la tierra y espere a que así ocurra antes de añadir agua. Si una planta prefiere la tierra siempre húmeda, manténgala así, pero nunca mojada (ver p. 251).

Si una planta carece de agua suficiente, es evidente que la tierra estará seca; también es posible que exista un hueco entre el cepellón y las paredes de la maceta al haberse encogido la tierra y, en el caso de que sea tierra de mantillo, la superficie estará dura, incluso cuarteada.

Variación de temperaturas

Cuando las temperaturas fluctúan en más de 8-10°C, pueden caer las hojas. Procure mantener una temperatura constante, con una ligera bajada por la noche. Evite lo contrario —días fríos con la calefacción apagada y noches cálidas con la calefacción encendida. Es preferible tener las plantas, menos las que precisan un ambiente cálido, a una temperatura más baja las 24 horas, trasladándolas a una habitación sin calefacción de noche.

Cuando suben las temperaturas, las violetas africanas (*Saintpaulia híbrida*) y otras gesnerias pierden la mayor parte de sus brotes florales; durante una ola de calor procure mantenerlas en lugar fresco y aumente el grado de humedad.

Corrientes de aire

Las plantas sufren con las corrientes de aire; los frondes finos y más delicados ennegrecen, se doblan hacia el suelo las hojas del caladio (*Caladium hortulanum híbrido*) y de la begonia de hoja (*Begonia rex-cultorum*) y los crotos (*Codiaeum variegatum pictum*) pierden la hoja. Evite las exposiciones en corriente junto a una ventana y, por la noche, no deje las plantas tras una cortina echada.

Quemaduras del sol

Las hojas de las plantas que prefieren algo de sombra se cubren de manchas por deshidratación si se exponen a un sol fuerte. Las plantas que toleran el sol directo, pero que no están acostumbradas a él, se queman si las expone bruscamente. Aclimate siempre las plantas gradualmente al sol.

Luz insuficiente

Si una planta no recibe suficiente luz, crecerá retrasada. Las plantas de flor no florecerán adecuadamente y se caerán los brotes florales. Las hojas que nazcan en las plantas variegadas serán todas verdes. Para asegurarse de que toda la planta recibe suficiente luz, gírela con regularidad o sitúela donde una superficie reflectante la ilumine por detrás.

Manchas de agua fría

Las violetas africanas (*Saintpaulia híbrida*), las gloxinias (*Sinningia speciosa*) y otras gesnerias pueden presentar en las hojas manchas más claras si se riegan con agua fría o si se salpican de agua (y no se secan) al regarlas. Utilice agua tibia y procure no mojar las hojas.

Humedad incorrecta

Los bajos niveles de humedad hacen que las puntas y bordes de las hojas se pongan marrones; esto ocurre sobre todo en plantas como la calatea (*Calathea makoyana*), las cintas (*Chlorophytum comosum*) y muchos helechos. Aumente la humedad rociando de cuando en cuando y poniendo las macetas sobre platos con guijarros mojados.

Limpieza de una planta de hojas velludas
Las plantas de hojas velludas sufren si se limpian con un paño húmedo, ya que los pelillos retienen el agua, causando podredumbre. Se limpian con un pincel suave y seco de 1-2 centímetros.

Inmersión de una planta pequeña
En días calurosos, se pueden lavar las hojas invirtiendo la planta y metiendo las hojas en un cuenco de agua tibia a la que se habrá añadido un poquito de jabón. Mueva la planta en redondo unos segundos, sáquela del agua y déjela escurrir.

Examen en busca de insectos
Es aconsejable examinar las plantas atentamente de cuando en cuando. Observe detenidamente las yemas de crecimiento y el envés de las hojas; las cochinillas y los pulgones suelen congregarse en ellos. Busque el rocío pegajoso que exudan los insectos y que podría fomentar la aparición de hollín.

Problemas, insectos y enfermedades 2

Insectos y parásitos

Las plantas de interior se ven a veces atacadas por insectos y parásitos que se comen las hojas, los tallos y las raíces, o chupan la savia. Si se trata de un caso poco importante, apenas se nota en la planta y no le hace excesivo daño, pero si se deja sin corregir, el número de insectos o parásitos se multiplica y el perjuicio puede ser grande. La forma en que estos bichos llegan a las plantas son varias,

pero siempre hay que examinar bien las plantas nuevas y las que se vean infestadas se deben separar de las sanas. Algunos insectos prefieren una planta en particular, otros son menos selectivos. Unos cuantos tipos como los pulgones y la mosca blanca son muy comunes —se encuentran en todo el mundo, se adaptan a cualquier condición y son difíciles de combatir— mientras otros necesitan ciertas condiciones para proliferar y por lo mismo se combaten fácilmente.

Áfidos — pulgones

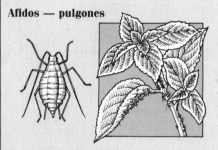

Los áfidos, más corrientemente llamados pulgones, pueden ser negros, marrones, grises o verde claro; chupan la savia y se reproducen a velocidad alarmante. Mudan la piel y no es raro ver la cascarilla blanca de sus cuerpos en las plantas infestadas.

Qué hacen Aparte de chupar la savia, lo que debilita a la planta y causa malformaciones, los pulgones son portadores de enfermedades virales incurables y exudan un rocío pegajoso sobre el que

puede desarrollarse un hongo negro llamado hollín.

Plantas susceptibles Todas las que tienen tallo tierno y hojas tiernas; incluyen el ciclamen (*Cyclamen persicum* híbrido), el miramelindo (*Impatiens* sp.) y el exacum (*Exacum affine*).

Tratamiento Se pueden quitar uno a uno con la mano, pero en la mayoría de los casos se requiere un insecticida adecuado.

Orugas

Las orugas, como las que se encuentran en los jardines, rara vez atacan a una planta de interior pero alguna vez se puede producir una infestación si llega alguna mariposa y deposita los huevos sobre los tallos o las hojas —generalmente en el envés. Un problema más frecuente suele ser la oruga verde, pequeña, de la mariposa totrix (de 1 a 2,5 centímetros de largo).

Qué hacen Se desarrollan en una hoja tierna, dentro de una tela protectora, y se

comen los tallos tiernos y los brotes de crecimiento, estropeando la simetría de la planta.

Plantas susceptibles Todas las de hoja tierna, como el plectrato (*Plectranthus australis*), las fitonias (*Fittonia verschaffeltii*) y los geranios (*Pelargonium* sp.).

Tratamiento Se pueden eliminar a mano las orugas, pero un ataque serio requiere un tratamiento con un insecticida adecuado.

Mosquitos de la humedad

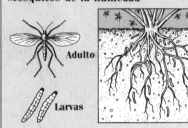

Adulto

Larvas

Tambien llamados mosquitos de los hongos, son unos insectos pequeños y débiles que revolotean sobre la tierra de la maceta sin causar realmente daño.

Qué hacen Las hembras depositan los huevos en la tiera y las larvas se alimentan de materia muerta, incluidas raíces muertas. Las larvas no suelen causar daños a las raíces sanas de las plantas crecidas, aunque sí pueden afectar a las de los plantones.

Plantas susceptibles Los mosquitos de la

humedad existen en casi todos los productos a base de turba. Eso significa que están más expuestas a ellos plantas como el ficus rastrero (*Ficus pumila*), y la violeta africana (*Saintpaulia* híbrida) y la mayoría de los helechos.

Tratamiento Se pueden combatir empapando la tierra con un insecticida cuando está relativamente seca, pero estos mosquitos son más molestos que dañinos.

Chinches serosos

Chinche seroso de las hojas

Chinche seroso de las raíces

Los chinches serosos parecen cochinillas blancas: son ovalados y de 0,5 centímetros de largo. A veces se envuelven en una "lana" blanca pegajosa que repele el agua (y el insecticida).

Qué hacen Los chinches serosos chupan la savia y excretan rocío. Un ataque grave hace caer las hojas. Se concentran en el cepellón y crean manchitas de lana blanca.

Plantas susceptibles Los chinches serosos tienden a atacar a los cactos del

desierto y a las plantas grasas, pero pueden aparecer virtualmente en cualquier planta. Cactos, geranios (*Pelargonium* sp.) y violetas africanas (*Saintpaulia* híbrida) están sobre todo expuestos a los chinches.

Tratamiento Los insecticidas sistemáticos pueden ser eficaces contra los chinches serosos si se utilizan repetidamente. Para los de las raíces, empape la tierra con insecticida al menos tres veces a intervalos de 15 días.

Arañuela roja

Estas diminutas arañas viven en ambiente cálido y seco. Apenas son visibles a simple vista, pero sus telarañas revelan su presencia.

Qué hacen Las arañuelas chupan la savia y tejen telas sedosas muy finas en el envés de las hojas. Las hojas infestadas se manchan, se destruyen los brotes y, en algunos casos, llegan a caerse las hojas.

Plantas susceptibles Los miramelindos (*Impatiens* sp.) y las cintas (*Chlorophytum comosum*) son dos plantas de interior propensas a tener arañuela roja.

Tratamiento Como no les gusta la humedad, un rociado regular evita su ataque, pero se pueden utilizar insecticidas en caso necesario. Aplíquelo semanalmente, rociando con él las hojas por ambos lados.

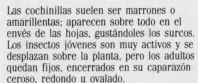

Cochinillas

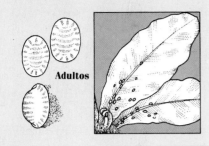

Adultos

Las cochinillas suelen ser marrones o amarillentas; aparecen sobre todo en el envés de las hojas, gustándoles los surcos. Los insectos jóvenes son muy activos y se desplazan sobre la planta, pero los adultos quedan fijos, encerrados en su caparazón ceroso, redondo u ovalado.

Qué hacen Ambos chupan savia y excretan un rocío pegajoso —el primer indicio de su presencia suele ser ese rocío sobre las hojas o los muebles. El rocío puede dar origen al hollín.

Plantas susceptibles Todas las plantas son vulnerables a su ataque, pero algunos tipos de cochinilla prefieren ciertas plantas. Son sobre todo susceptibles la familia de los cítricos y los helechos —principalmente el nido de ave (*Asplenium nidus*).

Tratamiento El rociado no es eficaz, debido al caparazón que protege a la cochinilla; deben usarse insecticidas sistemáticos.

Gorgojos

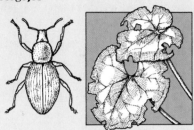

Un ataque de este insecto puede ser catastrófico. Los gorgojos adultos son grandes y de color casi negro; sus larvas son color crema.

Qué hacen Los adultos se comen las hojas, dejando heridas permanentes. Las larvas se comen las raíces, los tubérculos y los tuberobulbos. A veces, el primer síntoma de su presencia es una planta lacia: al inspeccionar se ve que no le quedan raíces.

Plantas susceptibles Las más corrientemente afectadas son la sansevieria (*Sansevieria* sp.), la violeta africana (*Saintpaulia* híbrida) y todo tipo de suculentas en roseta.

Tratamiento Los adultos se pueden quitar a mano; hay que empapar la tierra con un insecticida adecuado. La planta con las raíces comidas no es fácil salvarla.

Mosca blanca

Estas diminutas moscas se encuentran a veces en las casas, pero son más frecuentes en invernaderos o viveros. Cuando aparecen en interiores suele ser porque han venido en macetas de flor.

Qué hacen Se afincan generalmente en las hojas, chupando savia y depositando un rocío pegajoso. Sus larvas casi traslúcidas se encuentran en gran número en el envés de las hojas.

Plantas susceptibles Las moscas blancas tienden a atacar a ciertas plantas de flor como geranios (*Pelargonium* sp.), que se cultivan en verano en el exterior.

Tratamiento Son insectos persistentes, difíciles de erradicar. Con el tiempo se eliminan rociando repetidamente con insecticidas para las larvas y con insecticidas sistemáticos para los adultos.

Minadores

Los minadores son larvas finitas de una pequeña mosca. Si se observa bien una hoja atacada, pueden llegar a verse.

Qué hacen Abren un túnel entre las superficies de las hojas de ciertas plantas, formando un mosaico de líneas blancas irregulares. Los minadores avanzan rápidamente chupando savia y la planta se estropea si no se actúa.

Plantas susceptibles Los crisantemos

(*Chrysanthemum* sp.) y las cinerarias (*Senecio cruentus* híbrido) son las plantas de interior más atacadas por estos insectos. Las plantas compradas no suelen tenerlos, pero las cultivadas a partir de semilla son más propensas.

Tratamiento Hay que suprimir las hojas atacadas y rociar con insecticida las sanas. También puede aplicarse un insecticida sistemático a la tierra.

Lombrices

Aunque las lombrices son beneficiosas en el jardín, donde enriquecen la tierra con sus deposiciones y airean la tierra con sus galerías, dentro de una maceta son perjudiciales.

Qué hacen Su continuo excavar entre las raíces es molesto y afloja el cepellón. Se detecta su presencia por los montoncitos de deyecciones que aparecen en la superficie de la tierra y porque la planta parece estar suelta en la maceta.

Plantas susceptibles Las lombrices pueden infestar cualquier planta que se deje en el jardín durante un chaparrón. Penetran en la tierra por el orificio de drenaje de la maceta.

Tratamiento Riegue la planta afectada con permanganato de potasa diluido y quite las lombrices que salgan a la superficie. Golpeando el tiesto se las hace salir.

Babosas y caracoles

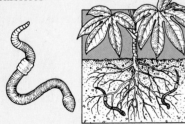

Babosa

Caracol

Las babosas y los caracoles no sobreviven mucho tiempo en casa, ya que en seguida se ven y se suprimen fácilmente con la mano. Sin embargo sí pueden ser un problema en invernaderos.

Qué hacen A ambos les gustan los tallos jugosos y se comen grandes trozos rápidamente. Son más activos de noche y durante las temporadas de lluvia.

Plantas susceptibles Las que se sacan

fuera en verano y otoño pueden sufrir graves ataques. Los cactos (*Schlumbergera* y *Rhipsalidopsis* sp.) están más expuestos por sus tallos jugosos.

Tratamiento Proteja todas las plantas de interior cuando las saque espolvoreando gránulos contra caracoles a su alrededor. Renueve los gránulos cada vez que haya llovido.

Problemas, insectos y enfermedades 3

Enfermedades

Las plantas de interior no están expuestas a muchas enfermedades que se trasmiten con el viento y, de las que las atacan, muchas se deben a un exceso de riego o a que ha quedado agua retenida en la axila de la hoja fomentando la aparición de hongos y bacterias. Las hojas dañadas y los troncos heridos pueden desencadenar una de las varias enfermedades bacterianas y el amontonamiento de las plantas, impidiendo entre ellas la libre circulación del aire, también da origen a problemas. Muchos parásitos trasmiten enfermedades, además de debilitar la planta y hacerla más vulnerable a la enfermedad. Suprima siempre las partes enfermas en cuanto las vea y aísle la planta afectada al tiempo que la trata.

Tallo negro

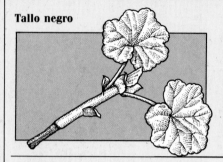

Esta enfermedad que ennegrece el tallo ataca a la planta justo donde emerge de la tierra y se va extendiendo hacia arriba y hacia abajo a las raíces. Rara vez aparece a no ser que la tierra esté excesivamente húmeda durante mucho tiempo, aunque puede llegar a afectar a los esquejes durante la multiplicación.
Plantas susceptibles Esta enfermedad es más común entre los geranios (*Pelargonium* sp.).

Tratamiento Utilice siempre tierra con buen drenaje y sea parco en los riegos mientras arraigan los esquejes de geranio. Evite dañar los tallos y quite siempre las hojas marchitas. La enfermedad no tiene remedio pero se pueden sacar esquejes de los ápices de los tallos que no estén afectados —moje las puntas cortadas en polvo hormonal de enraizamiento que contenga un fungicida.

Botritis

Este hongo que produce un moho gris, suele empezar a aparecer en las hojas y flores caídas, pero también cuando queda agua retenida en las axilas de las hojas. Se extiende rápidamente cuando la temperatura es baja y el aire es húmedo y rara vez con calor y tiempo seco. Puede afectar a hojas o tallos enteros que quedan cubiertos con un feo moho gris.
Plantas susceptibles La botritis afecta a plantas con tallos y hojas tiernos como la violeta africana (*Saintpaulia* híbrida), las cinerarias (*Senecio cruentus* híbrido) y la ginura (*Gynura aurantiaca*).
Tratamiento Suprima las hojas marchitas y riegue y rocíe las plantas con menos frecuencia. En casos graves se puede utilizar un fungicida adecuado, y también para evitar otros ataques.

Hollín

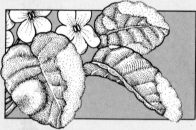

Este moho se desarrolla sobre el rocío pegajoso segregado por insectos como los pulgones y las cochinillas. Es señal de que la planta está infestada de algún parásito que le chupa la savia. Este moho parece una gruesa capa de hollín y es pegajoso. Aunque no ataca directamente a las hojas, su presencia afea a la planta, obtura los poros y reduce la fotosíntesis al reducir la luz.

Plantas susceptibles Sobre todo los cítricos.
Tratamiento La limpieza regular de las hojas con agua ligeramente jabonosa impide la formación de hollín y es la única manera de eliminarlo una vez ha aparecido. El mejor tratamiento consiste en atacar a los insectos que chupan la savia y que depositan el rocío pegajoso.

Mildiú

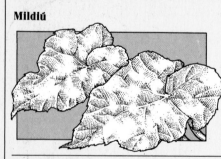

El mildiú aparece en forma de manchas blancas pulverulentas en las hojas, tallos y, a veces, flores. Esas manchas se distinguen muy bien de la botritis porque no produce pelusilla. Las hojas afectadas se deforman y caen. Las bajas temperaturas, combinadas con una elevada humedad, la mala circulación del aire y riego excesivo, son las condiciones idóneas para el mildiú.
Plantas susceptibles Las plantas de hojas tiernas y tallos suculentos, incluidas algunas begonias; otras clases de begonias no se ven atacadas, aunque crezcan junto a las afectadas.
Tratamiento Para tratar a las plantas afectadas por el mildiú, suprima todas las hojas enfermas y rocíe el resto con un fungicida.

Podredumbre en tallos y corona

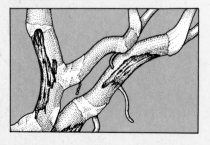

Si el tallo de una planta se reblandece y se pone escurridizo, es posible que se esté pudriendo. Las bajas temperaturas y la excesiva humedad en la tierra suelen ser la causa. Esta podredumbre hace que se caigan las hojas, empezando por las del centro de la planta.
Plantas susceptibles Las plantas de tallo tierno, como los miramelindos (*Impatiens* sp.) y el exacum (*Exacum affine*) están más expuestas a que se pudran sus tallos. Otras plantas susceptibles son los cactos: cuando aparecen manchas blandas de color marrón oscuro o negro a ras de tierra, es muy posible que se trate de podredumbre. Las plantas en roseta, como las echeverrías (*Echeveria* sp.) y las violetas africanas (*Saintpaulia* híbrida) pueden ser atacadas por la podredumbre de tallo.
Tratamiento El ataque suele ser fatal, pero se pueden espolvorear de azufre las partes no afectadas y plantar como esqueje si su forma justifica su conservación.

Tabla de diagnóstico

Con este cuadro podrá usted determinar qué les ocurre a sus plantas. La mayoría de los problemas se deben a condiciones de crecimiento incorrectas pero, si persisten los síntomas, examine la planta para ver si tiene insectos o alguna enfermedad y actúe en consecuencia.

Señales de insectos y parásitos

Síntomas	Causa
• Tallos y hojas deformados • Hojas dañadas • Falta de lustre • "Rocío" pegajoso sobre las hojas y tallos *Se produce principalmente en primavera, verano y otoño*	Pulgones (piojos de las plantas o mosca verde)
• Hojas moteadas o agujereadas • Bordes de las hojas rizados • Finas telarañas en el envés y axilas de las hojas *Se produce principalmente en primavera, verano y otoño*	Arañuela roja
• Sustancia pegajosa en las hojas, que pueden ennegrecer • Inncrustaciones cerosas marrones o amarillas en el envés de las hojas *Se produce todo el año*	Cochinilla
• Hojas amarillas • Aspecto de debilidad general • Manojos de lana blanca, cerosa, en las axilas de las hojas y en torno a las aréolas • "Rocío" sobre las hojas y sobre los tallos *Se produce todo el año*	Chinches serosos
• Crecimiento retardado y hojas amarillas • Grupos de chinches blancos en las raíces *Se produce todo el año*	Chinches serosos de las raíces
• Márgenes de las hojas comidos en las plantas gruesas, suculentas *Se produce en primavera y verano*	Gorgojos (adultos)
• Clorosis de toda la planta cuando la tierra está húmeda • Raíces o tubérculos completamente comidos *Se produce en primavera, verano y otoño*	Gorgojos (larvas)
• "Rocío" pegajoso sobre las hojas • Insectos blancos como polillas en el envés de las hojas *Aparecen en verano y otoño*	Mosca blanca
• Diminutas mosquitas marrones, brillantes, volando sobre la tierra • Bajo la maceta aparecen montoncitos de "tierra", obra de las larvas *Se produce todo el año*	Mosquitos de la humedad
• Hojas y tallos mordisqueados • Hojas enrolladas sujetas por finas telarañas pegajosas • Crecimiento deformado, con hojas y brotes "pegados" a los de al lado *Se produce todo el año*	Orugas

Síntomas de enfermedad

Síntomas	Causa
• Moho gris sobre hojas medio podridas *Se produce de otoño a primavera*	Botritis
• Tallos blandos, mojados • Zonas marchitas negras o marrones *Se produce en otoño e invierno*	Podredumbre
• Depósitos negros, finos, como el hollín sobre las hojas y tallos, desarrollados sobre el "rocío" segregados por insectos chupadores de savia *Se produce en verano y otoño*	Hollín
• Manchas blancas, pulverulentas, sobre las hojas y tallos • Hojas retorcidas • Caída de hojas, con posible desfoliación *Se produce en primavera y otoño*	Mildiú
• Partes del tallo negras y arrugadas, justo encima de la tierra *Se produce a finales de otoño e invierno*	Tallo negro

Otros síntomas de peligro

Síntomas	Causa
• Crecimiento pálido y larguirucho, con grandes espacios entre las hojas • Hojas nuevas pequeñas, pocas flores • Las hojas pierden contraste de color • Los nuevos brotes que debieran ser variegados, son verdes	Falta de luz
• Grandes manchas irregulares, marrón claro, en las hojas • Hojas y tallos lacios • Flores atrofiadas y tallos florales encanijados o atrofiados	Sol excesivo o brusco. Luz excesiva para plantas de semisombra
• Punta y borde de las hojas marrones • Algunas hojas rizadas	Aire excesivamente seco y/o tierra demasiado seca entre riego y riego
• Pequeñas secciones de las hojas negras o arrugadas • Plantas de hojas grandes, lacias	Corrientes de aire o frío excesivo
• Algas verdes sobre tiestos de barro • Algas, musgos y demás sobre la superficie de la tierra • Hojas amarillas y algunas caídas	Riego excesivo

Problemas, insectos y enfermedades 4

Pesticidas

En todos los tipos de pesticidas figura una etiqueta donde se indica su contenido y el tipo de insectos o enfermedades que combaten. Siga siempre rigurosamente las instrucciones, como la proporción de la solución y el método de aplicación.

Insecticidas de contacto

Los insecticidas suelen aplicarse en forma de rociado líquido, directamente sobre la zona infestada y, con suerte, acaban con los insectos antes de que lleguen a multiplicarse. Estos rociados "de choque" actúan por contacto, afectando al sistema respiratorio de los insectos o destruyéndolos de otra forma.

La mayoría de los productos tienen un olor desagradable y no deben inhalarse. Saque al exterior las plantas a tratar.

Algunos insecticidas son tóxicos para los animales, aves y peces, y deben tomarse precauciones al utilizarlos. Otros pueden no servir para ciertas plantas o familias de plantas, ya que su contenido químico quemaría las hojas, causando más daños que los insectos. Lea bien la etiqueta.

Insecticidas sistémicos

Los insecticidas sistémicos actúan de otra manera. Son absorbidos por la savia —ya sea a través de la tierra o de las hojas— y los insectos chupadores de savia o comedores de hojas se envenenan con ellos. Algunos insecticidas cubren con una película la superficie de las hojas, matando a los insectos que las comen; se les llama "insecticidas de estómago". Los sistémicos pueden aplicarse de distintas formas: se pueden añadir al agua de riego, espolvorear sobre la tierra como gránulos, o introducir en ella como "clavos" o "estaquillas". También se pueden rociar sobre el follaje; sus ingredientes activos se abren camino hasta la savia y sistema circulatorio de la planta y envenenan a los insectos que se alimentan de savia. Todos los sistémicos son de duración relativamente larga y pueden matar a los "recién llegados", mientras que los de contacto sólo afectan a los insectos impregnados.

Algunos insecticidas combinan el efecto de choque y el de larga duración. Continuamente están apareciendo productos nuevos en el mercado, al tiempo que los insectos van desarrollando resistencias frente a ellos. Cambie de insecticida de cuando en cuando para evitarlo.

Fungicidas y bactericidas

La mejor forma de evitar las enfermedades es procurar que la planta crezca en las condiciones idóneas. Como las enfermedades son menos frecuentes que los ataques de insectos, la gama de productos químicos para combatirlas es más reducida. Estos productos se conocen como fungicidas, para luchar contra enfermedades producidas por hongos, y como bactericidas, para combatir las producidas por bacterias. La mayoría son sistémicos y por tanto actúan sobre cualquier parte de la planta atacada. No causan daño a las plantas sanas.

Fungicidas y bactericidas son más eficaces cuando se aplican de forma preventiva

Métodos de aplicación

Insecticidas, fungicidas y bactericidas se comercializan en varias formas y pueden aplicarse de distintas maneras. Además de los aerosoles y rociadores, se pueden utilizar polvos, gránulos y estaquillas y productos diluidos en los que se baña las plantas pequeñas. Cuando hay que atacar insectos de la tierra, se utiliza regadera para empapar la tierra con el insecticida. En cualquier caso, hay que seguir atentamente las instrucciones del fabricante y asegurar una ventilación adecuada al aplicar el producto.

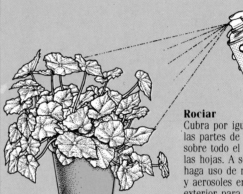

Rociar
Cubra por igual todas las partes de la planta, sobre todo el envés de las hojas. A ser posible, haga uso de rociadores y aerosoles en el exterior para no inhalar el producto.

Empapar
Se pueden aplicar las soluciones químicas a la tierra utilizando una regadera normal —pero procurando no salpicar las hojas. Utilice siempre la proporción indicada.

Espolvorear
Los polvos son muy indicados sobre las hojas rotas o dañadas. Cubra bien la cara y el envés de las hojas. También puede espolvorear la tierra.

Distribuir
Esparza los gránulos por igual sobre la tierra. El producto químico se va liberando en el agua de regar.

Estaquilla
Introduzca la estaquilla en la tierra utilizando un lápiz o el dedo. Es un método rápido y cómodo.

Cómo se aplican los pesticidas

Clave

- ● Empapar
- ○ Rociar
- ■ Espolvorear
- ▪ Estaquilla
- ▲ Gránulos
- ⬤ Bolitas

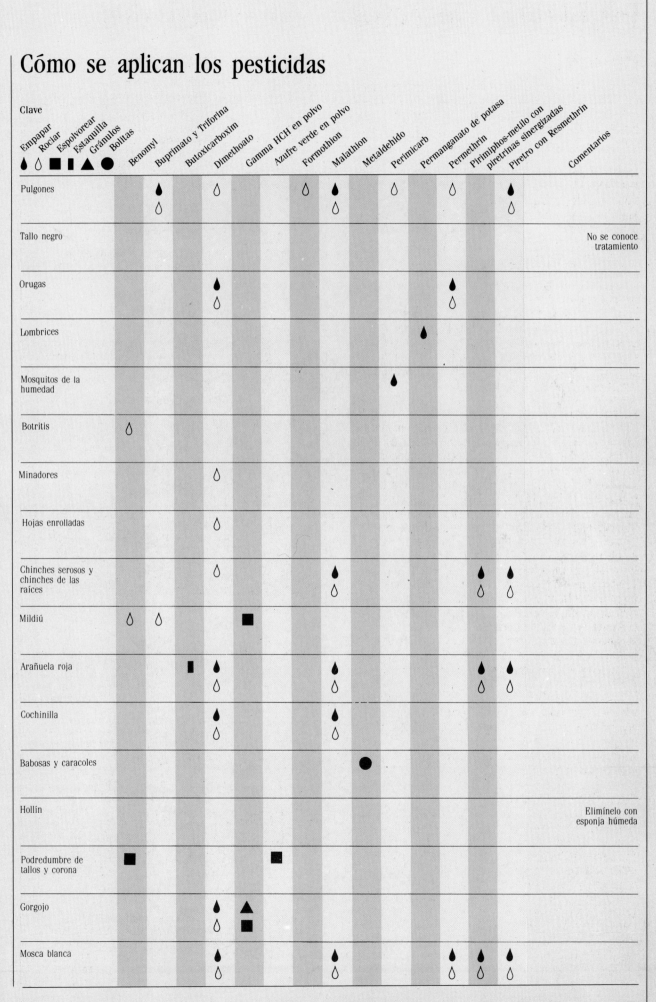

Problema	Benomyl	Buprimato y Triforina	Butoxicarboxim	Dimethoato	Gamma HCH en polvo	Azufre verde en polvo	Formothion	Malathion	Metaldehido	Perimicarb	Permanganato de potasa	Permethrin	Pirimiphos-metilo con piretrinas sinergizadas	Piretro con Resmethrin	Comentarios
Pulgones	● ○			○			● ○			○		○		● ○	
Tallo negro															No se conoce tratamiento
Orugas				● ○								● ○			
Lombrices											●				
Mosquitos de la humedad								●							
Botritis	○														
Minadores				○											
Hojas enrolladas				○											
Chinches serosos y chinches de las raíces				○			● ○					● ○	● ○		
Mildiú	○	○			■										
Arañuela roja			▪	● ○			● ○					● ○	● ○		
Cochinilla				● ○			● ○								
Babosas y caracoles									⬤						
Hollín															Elimínelo con esponja húmeda
Podredumbre de tallos y corona	■					■									
Gorgojo				● ○	▲ ▪										
Mosca blanca				● ○			● ○					● ○	● ○	● ○	

Glosario 1

Acción capilar También llamada atracción capilar, es la absorción de agua por un capilar o pelillo. El término se utiliza para describir la forma en que la tierra de una maceta hace subir hacia la superficie el agua colocada en un plato o cuenco bajo el tiesto.

Amarillez Nombre técnico del crecimiento pálido y enfermizo. Los espacios entre las hojas se agrandan y escasean las flores. La falta de luz y el hacinamiento son las causas de la amarillez.

Antera Parte masculina de la flor, que produce el polen.

Anual Planta cultivada a partir de una semilla que completa su ciclo vital en una temporada. Las anuales deben desecharse una vez completado ese ciclo. Algunas plantas perennes se tratan como anuales (recomendación especificada en la *Guía de plantas*), dada la dificultad de hacerlas invernar o porque resultan poco atractivas en años subsiguientes, por ejemplo el exacum. Ver también *bienal, perenne*.

Apice seco Es la muerte de una sección del tallo. Su causa suele ser un despunte defectuoso.

Aquenio o *fruto seco*, es un tipo de fruto que consiste en una cáscara dura o correosa que envuelve una semilla, normalmente comestible. Ver también *fruto*.

Arbol Planta de tallo leñoso con un tronco evidente rematado por ramas. Ver también *arbusto, leñoso*.

Arbusto Planta tupida de tallo leñoso, de menor tamaño que un árbol y, por lo general, con muchos tallos que crecen cerca del suelo. En ocasiones resulta difícil establecer la diferencia entre un arbusto grande y un árbol pequeño. Ver también *árbol, leñoso*.

Aréola Organo exclusivo de los cactos, que consiste en una almohadilla de la que nacen las espinas y las flores

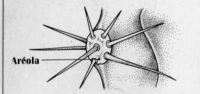

Aréola

Axila Es el ángulo que forma la hoja o el pecíolo y el tallo y del que brotan una nueva hoja o una yema lateral y los brotes florales. Los brotes que aquí se encuentran se llaman brotes axilares. Se evita el crecimiento de las yemas laterales pinzándolas.

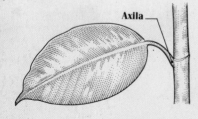

Axila

Baya Fruto suculento que envuelve con una capa carnosa las semillas normalmente pequeñas y duras. La pulpa suele ser de color vivo para atraer a los animales y aves.

Bienal Plantas cultivadas a partir de una semilla que tarda dos temporadas en completar su ciclo vital. El primer año se forma una roseta de hojas, y el segundo año aparecen las flores. Las bienales deben desecharse una vez completado el ciclo vital ya que es difícil que florezcan de nuevo, por ejemplo la dedalera. Ver también *anual, perenne*.

Bráctea Hoja modificada, a veces llena de color, que rodea unas flores relativamente insignificantes y actúa como foco de atracción de insectos y aves polinizantes, por ejemplo las brácteas rojas de la flor de Pascua y las brácteas en forma de campanilla de la buganvilla.

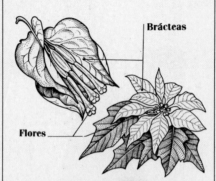

Brácteas

Flores

Bulbillo Pequeño bulbo inmaduro unido al bulbo-padre; también puede aparecer en los tallos u hojas de la planta madre; por ejemplo algunos lirios.

Bulbo Organo de reserva subterráneo que encierra la planta joven. El órgano almacena alimento durante la época de reposo y por lo general una flor completa en embrión; por ejemplo tulipán, narciso. Ver también *tubérculo, tuberobulbo*.

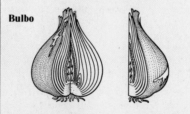

Bulbo

Caduca Planta que pierde las hojas al final de la estación vegetativa. Estas plantas no son buenas para interiores ya que no resultan decorativas durante el periodo de reposo. Las hojas nuevas aparecen en primavera para sustituir a las perdidas en otoño. Ver también *perenne*.

Calabaza El fruto grande y carnoso de plantas anuales trepadoras y rastreras, originarias de la América tropical. Las calabazas secas pueden utilizarse en decoración.

Cáliz Nombre colectivo dado a los sépalos verdes que rodean los pétalos en muchas flores. El cáliz protege los brotes florales en desarrollo. Ver también *sépalo*.

Cambio de la tierra superficial Sustitución de la capa superficial de tierra en una maceta por tierra nueva, como alternativa al cambio de maceta. Está indicado para plantas excesivamente grandes para ser trasplantadas a una maceta mayor. Se rasca con cuidado parte de la tierra vieja en primavera, procurando no dañar las raíces, y se añade tierra nueva, apretándola suavemente.

Cepellón Masa de tierra sujeta por las raíces, que se ve al sacar una planta de la maceta. Examinando el cepellón se determina si una planta necesita o no cambiar a una maceta mayor.

Cereal Planta de la familia de las gramíneas cultivadas por sus semillas como alimento, por ejemplo el trigo, la cebada. Ver también *hierba*.

Clorofila Pigmento verde que se encuentra en los tallos y hojas de las plantas.

Corola Nombre colectivo dado a los pétalos. La corola puede estar constituida por pétalos separados o bien éstos unidos en un solo cuerpo. Ver también *flor, pétalo*.

Corona Punto de crecimiento de una planta, sobre todo si tiene forma de roseta; por ejemplo la violeta africana. La corona también puede ser la parte basal de una planta herbácea, donde se encuentran las raíces y los brotes. Ver también *corona radical*.

Corona radical Parte basal de una planta, donde se unen el tallo y las raíces.

Cultivar Tipo de planta o de flor desarrollado por medio de cultivos y al que se da al nombre de su introductor. Los nombres de cultivares se escriben entrecomillados para distinguirlos del nombre científico. Ver también *variedad*.

Chupón Brote que nace bajo la superficie de la tierra, normalmente de las raíces de una planta.

Drupa Tipo de fruto carnoso, especialmente común en la familia de las rosáceas.

Epifita Planta que crece sobre otra pero que no es parásita. Las epifitas utilizan a la planta anfitriona como ancla, pero no obtienen de ella alimento. Muchas bromeliáceas y helechos son epifitas, desarrollando fuertes raíces que se agarran a los troncos y ramas de árboles y a otras plantas.

Espádice Pequeña espiga con flores diminutas a lo largo, normalmente rodeada por una espata; por ejemplo la parte central de la flor del anturio. Ver también *espata*.

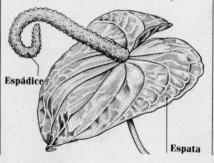

Espádice

Espata

Espata Hoja modificada o bráctea prominente que rodea el espádice. Normalmente carnosa y blanca, a veces de color; por ejemplo la flor del anturio. Ver también *espádice*.

Especie Se llama así a los miembros de un género. Desde la semilla, cada uno de ellos presenta las características del tipo genérico. El nombre de una planta se compone de al menos dos partes: el nombre del género y el de la especie; por ejemplo *Coleus* (género) *blumei* (especie). Ver también *género, familia*.

Espiga Tipo de inflorescencia, en forma de una larga cabeza floral sin ramificar. De forma muy semejante al racimo, sólo que las flores individuales de la espiga no presentan tallo; por ejemplo gladiolo.

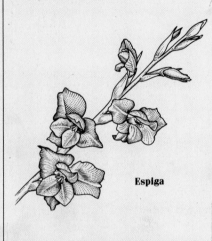

Espiga

Espora Diminutos cuerpos reproductores producidos por los helechos y los musgos —el equivalente de las semillas en las plantas de flor. Las esporas se encuentran encerradas en el envés de ciertos frondes (algunos son estériles y no tienen esporas) y pueden estar dispuestos formando dibujos.

Esqueje Sección de tallo de 7 a 10 centímetros de largo (normalmente la parte terminal) que se utiliza para multiplicar una planta.

Estambre Organo masculino de una flor, portador del polen, que comprende un filamento y dos lóbulos de antera con el polen. Ver también *filamento, antera, flor*.

Estigma Extremo del órgano reproductor femenino (pistilo) sobre el que se deposita el polen. Ver también *flor, pistilo*.

Estilo El estilo soporta el estigma, sosteniéndolo en lugar adecuado para la polinización. Ver también *estigma, pistilo, flor*.

Estolón Tallo rastrero que crece pegado a la tierra y que, donde la toca produce raíces que dan origen a una nueva plántula.

Estomas Poros por los que entran y salen gases de la planta. Suelen encontrarse en el envés de las hojas.

Exótica Planta introducida desde otro país. El término suele aplicarse a plantas de

origen tropical o subtropical. Así pues, la mayoría de las plantas de interior son exóticas.

Familia Término utilizado para describir una amplia asociación de plantas en las que se repiten ciertas características; por ejemplo *Compositae* es el nombre de la familia de las plantas con flor como la margarita. Ver también *género, especie*.

Festoneado Margen de hoja o de pétalo que presenta ondulaciones. Festoneado no significa dentado ni aserrado.

Filamento El tallo que soporta la antera. Estas dos partes forman el estambre. Normalmente se apiñan muchos filamentos en el centro de una flor; por ejemplo la pasionaria. Ver también *estambre, antera*.

Flor Suele ser el rasgo más característico de una planta: es un órgano con partes muy especializadas encaminadas a la reproducción sexual. Algunas plantas producen flores sólo con partes masculinas (estambres) o femeninas (pistilo). Estas partes suelen estar rodeadas por un cerco de pétalos de color y sépalos verdes, aunque este esquema presenta muchas variantes. Algunas plantas tienen flores masculinas y femeninas en el mismo pie, pero, en la mayoría, los órganos masculinos y femeninos se encuentran en una misma flor. Las begonias son un ejemplo de flor o bien masculina, una colección de pétalos de color vivo con estambres llenos de polen, o bien femenina, un saco al lado de semillas detrás de los pétalos.

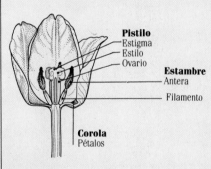

Pistilo
Estigma
Estilo
Ovario
Estambre
Antera
Filamento
Corola
Pétalos

Flor doble Flor que tiene al menos dos hileras de pétalos. Con frecuencia los estambres y pistilos del centro de la flor están sustituidos por más pétalos. Las flores dobles suelen pertenecer a cultivadores, por ejemplo las rosas modernas. Ver también *flor sencilla, flor semidoble*.

Flor doble

Flor semidoble Flor con más de una capa de pétalos, pero con menos que una flor doble, por ejemplo algunas violetas

africanas. Ver también *flor sencilla, flor doble*.

semidoble

Flor sencilla Flor con el número normal de pétalos, por ejemplo la margarita. Ver también *flor doble, flor semidoble*.

Flor sencilla

Flósculo Pequeña flor entre otras muchas que constituyen una cabezuela, por ejemplo la mayoría de las flores de margarita están constituidas por muchos flósculos.

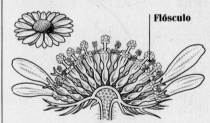

Flósculo

Folíolo u hojuela, es una parte de una hoja compuesta o pinnada. También se le da el nombre de pinna. Ver también *hoja compuesta. pinna, pinnada*.

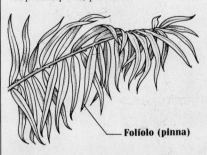

Folíolo (pinna)

Forzado Técnica por la que se consigue que una flor adelante su crecimiento a su temporada natural; suele aplicarse a los bulbos de primavera cuando se fomenta su floración temprana. También las azaleas y ciclamen pueden ser "forzados"

Fotosíntesis Proceso por el cual el dióxido de carbono se convierte dentro de la hoja en hidratos de carbono. Se realiza gracias a la luz que llega al pigmento verde de las hojas y tallos. Ver también *clorofila, hoja*.

Glosario 2

Fronde Término utilizado en botánica para describir las "hojas" profundamente recortadas de los helechos, portadoras de esporas, que nacen de un rizoma. También se aplica por extensión a las hojas de las palmeras.

Fruto Término muy utilizado para describir un ovario maduro que contiene semillas también maduras. La capa externa puede ser tierna y carnosa, como las bayas del capsicastro, o una vaina seca con las semillas duras en el interior, como la vaina del estreptocarpo. Ver también *aquenio, baya.*

Género Grupo de especies afines. Normalmente un grupo de plantas (a veces una sola) de estructura semejante y que probablemente evolucionaron a partir de un antepasado común. El nombre del género se escribe siempre con mayúscula, por ejemplo las hiedras pertenecen al género *Hedera.* Ver también *especie, familia.*

Germinación La primera etapa del desarrollo de una semilla para formar una planta. Lo primero que se ve es el brote del nuevo plantón. La germinación puede ser rápida (cuatro o seis días) o puede tardar semanas o incluso meses. Es una época peligrosa ya que la semilla no se encuentra protegida por su envuelta externa dura y aún no se han desarrollado raíces u hojas fuertes.

Grasa o suculenta o crasa. Planta de hojas o tallos carnosos capaces de almacenar agua. Suelen ser plantas de zonas áridas; por ejemplo crásula.

Herbáceo Palabra asociada con las plantas perennes cuyo crecimiento se detiene a finales de otoño siendo sustituidas las partes muertas por nuevas en la primavera. El material se conserva en el bulbo, tuberobulbo, rizoma, o tubérculo, por ejemplo begonia, narciso. Las plantas herbáceas nunca tienen tallo leñoso. Ver también *leñoso.*

Hierba Plantas anuales o perennes de la familia *Graminae.* En casa, sus semillas y tallos finos pueden utilizarse como elementos de composiciones florales, frescas o secas. Ver también *cereales.*

Hoja Órgano productor de energía en la planta. La luz que llega a la parte verde de las plantas desencadena el proceso de la fotosíntesis. Los sépalos, pétalos, zarcillos y brácteas son seguramente hojas modificadas. En la mayoría de los cactos, los tallos cumplen las funciones de las hojas.

Hoja compuesta Hoja dividida en dos o más segmentos, por ejemplo en el papiro. Ver también *pinnada, palmada.*

Inflorescencia Un grupo de dos o más flores en un solo tallo. Una inflorescencia puede variar considerablemente de forma desde las espigas florales de la lavanda y los gladios hasta las grandes cabezuelas redondas de las hortensias. Ver también *racimo, panícula, espiga, umbela.*

Invernación Término utilizado para describir la simulación de condiciones invernales para que los bulbos que florecen en invierno y primavera desarrollen buenas raíces antes de brotar.

Juvenil Se aplica a las hojas tiernas de una planta que aún no tienen la forma de hoja adulta, por ejemplo el follaje del eucalipto que es redondo primero y luego se alarga y afila en las hojas adultas. Las hojas de los filodendros jóvenes también tienen una forma distinta de las de una planta adulta.

Látex Fluido de color blanco lechoso que exudan plantas como el ficus si se cortan o hieren sus tallos. Ver también *sangrado.*

Leñoso Se aplica a las plantas con tallos duros que persisten todo el año, por ejemplo la buganvilla. Ver también *herbáceo.*

Mantillo de hojas Hojas parcialmente descompuestas utilizadas con tierra para proporcionar alimento, actividad bacteriana y una consistencia abierta y aireada a las macetas. Se le da también el nombre de humus y, aunque no se encuentra fácilmente en el mercado, se recoge bajo los árboles de hoja caduca.

Margen Es el borde de una hoja o pétalo. Puede estar festoneado o dentado o ser de un color distinto al resto de la hoja o pétalo.

Nerviación Venas prominentes de una hoja.

Nudo Parte gruesa de un tallo de donde nace una hoja. De los nudos parten las raíces de los esquejes de hiedras y filodendros.

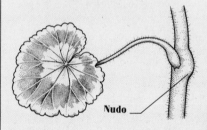

Nudo

Ocelo Es el centro, u ojo, de una flor, que suele ser de color distinto al resto, por ejemplo la prímula.

Ovario Parte basal de la flor en la que se forman las simientes. Las paredes del ovario se convierten en las paredes del fruto. Ver también *flor, fruto.*

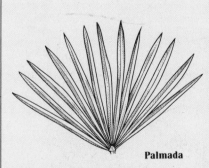

Palmada

Panícula Tipo de inflorescencia que consiste en un manojo de flores, cada una con su tallo floral; por ejemplo, lila, casi todas las hierbas. Ver también *inflorescencia.*

Pelillos de la raíz Los finos capilares que cubren la superficie de la raíz. Son microscópicos y no se ven a simple vista.

Pelusilla Partículas muy finas de las hojas que les da un aspecto grisáceo o plateado; por ejemplo cotyledon.

Perenne Planta que retiene sus hojas todo el año, ver también *caduca.* También se dice de la planta que vive durante un período indefinido; pueden ser herbáceas o leñosas. Ver también *anual, bienal.*

Pétalo Normalmente, la parte visible de la flor. Los pétalos protegen el centro de la flor y, con sus colores, atraen a los insectos polinizadores a los estambres y pistilos. Con frecuencia se confunden los pétalos con los sépalos. Los pétalos pueden ser pocos (tres en muchas tradescantias) o muchos (como en las rosas dobles). En su conjunto reciben el nombre de corola. Ver también *sépalo, estambre, pistilo, flor, corola.*

Pinna Sección individual de una hoja o fronde muy divididos. Se conoce comúnmente con el nombre de folíolo u hojuela. Se utiliza para describir los frondes. Ver también *fronde, folíolo.*

Pinnada Término utilizado para describir una hoja compuesta dividida en varios o muchos pares de pinnas opuestas; por ejemplo palma del paraíso. Ver también *hoja compuesta, pinna.*

Pinzamiento También llamado despunte. Consiste en pellizcar para cortar con el índice y el pulgar, las yemas de crecimiento tiernas y fomentar el crecimiento arbustivo de una planta.

Pistilo Parte femenina de una flor que comprende el estigma, estilo y ovario. Ver también *estigma, estilo, ovario, flor.*

Plantón Plantita nacida de semilla que aún posee un solo tallo sin ramificar.

Plántula Plantita, algo más crecida que el plantón. También se utiliza este término para describir los "retoños" producidos sobre las hojas o estolones, por ejemplo saxífraga. Ver también *plantón.*

Racimo Tipo de inflorescencia. Cabezuela floral larga, sin ramificar, en la que cada flor presenta un corto tallo. Las flores suelen desarrollarse y abrirse de abajo del racimo arriba: las de arriba se abren cuando las de abajo empiezan a marchitarse; por ejemplo jacinto. Ver también *inflorescencia.*

Racimo

Raíz La parte inferior de una planta, normalmente bajo tierra, que sirve para sostener a la planta y proporcionarle alimento y agua que extrae de la tierra. Existen dos tipos de raíz: las finas y fibrosas y las raíces gruesas y únicas. La mayoría de las plantas presentan uno u otro tipo de raíz, rara vez ambos.

Raíz adventicia Son raíces que aparecen en lugares poco frecuentes, como el tallo o las hojas, por ejemplo sobre los tallos de esquejes metidos en agua, o sobre las hojas de algunas plantas grasas.

Raíz aérea Son raíces que aparecen en los nudos. Se utilizan sobre todo para trepar, pero también absorben humedad del aire. Muchas sólo se desarrollan bien si pueden agarrarse a un entorno de enraizamiento adecuado, como musgo esfagno; por ejemplo los filodendros y sus parientes la costilla de Adán, el poto, la hiedra.

Reposo Período a lo largo de la temporada de doce meses en el que debe dejarse la planta que permanezca inactiva, sin producir hojas ni desarrollar las raíces.

Resistente Planta capaz de sobrevivir fuera todo el año, incluso en zonas con riesgo de heladas. La aucuba y la aralia, son ejemplos de plantas de interior resistentes.

Retoño También llamado "hijo" o mugrón, es una nueva planta producida por la planta madre en la base, o sobre un corto estolón, y normalmente puede desprenderse de la madre. Ver también *estolón*.

Rizoma Tallo rastrero, por lo general horizontal y subterráneo, a partir del cual se desarrollan hojas, brotes laterales y raíces. Con frecuencia actúa como órgano de almacenamiento permitiendo a la planta sobrevivir durante una breve sequía; por ejemplo begonia de hoja.

Roseta Forma de una planta con las hojas partiendo de un centro, por ejemplo violeta africana.

Sangrar Fluir la savia de un tallo herido. Ocurre principalmente en plantas como la euforbia y el ficus que sangran látex blanco lechoso. Se puede restañar la herida aplicando azufre o carbón vegetal en polvo. Ver también *látex*.

Semilla Parte fertilizada y madura de una planta de flor (óvulo), capaz de germinar y producir una nueva planta. Las semillas varían de tamaño entre 1 milímetro hasta unos 20 centímetros, aunque la mayoría son de tamaño de un guisante.

Sépalo Parte externa de la flor, normalmente verde, que protege el centro de la flor y los pétalos más delicados. Algunas flores, como la anémona, están en realidad constituidas por sépalos más que por pétalos. Ver también *cáliz*, *pétalo*.

Tallo Organo sobre el que se sustenta la flor (tallo floral), o la hoja (pecíolo) o la antera (filamento). Ver también *filamento*.

Traspiración Pérdida continua y natural de agua por las hojas. Puede ser intensa o apenas perceptible, según el momento del día y la época del año —factores que afectan a la humedad relativa. La traspiración intensa en época de calor puede marchitar la planta.

Tubérculo Tallo o raíz grueso y carnoso que actúa como órgano de almacenamiento. Algunas plantas de raíz de tubérculo pierden las hojas y el tallo en otoño para renovar su crecimiento en la primavera siguiente; por ejemplo la begonia. A veces los tubérculos se producen sobre los tallos, por ejemplo la ceropegia. Ver también *tuberobulbo, bulbo*.

Tubérculo

Tuberobulbo Organo de almacenamiento subterráneo constituido por un tallo grueso cubierto por una fina piel. En la parte superior del tuberobulbo, un brote produce al mismo tiempo los tallos y las raíces; por ejemplo croco, gladiolo. Ver también *bulbo*, *tubérculo*.

Tuberobulbo

Túrgido Término aplicado a las plantas "crujientes" y sanas, por estar sus células llenas de agua. También se aplica a los esquejes que han producido sus propias raíces y están tomando agua suficiente para cubrir sus necesidades.

Umbela Tipo de inflorescencia. Cabezuela en la que los tallos florales parten de un mismo punto. Comúnmente se le llama manojo; por ejemplo geranio, hortensia. Ver también *inflorescencia*.

Umbela

Vaina Envoltura que protege una yema de crecimiento, por ejemplo el ficus.

Variedad Término utilizado para referirse a las variaciones de la planta ocurridas en estado natural, aunque a veces se usa incorrectamente para designar una forma desarrollada en horticultura. Esta última debe denominarse cultivar. Los nombres de las variedades se escriben en cursiva. Ver también *cultivar*.

Variegado o matizado Se dice de las hojas rayadas o moteadas con otro color (por lo general crema o amarillo). La matización es resultado de una mutación y a

veces se debe a una infección por virus; pocas veces es natural o fomentada. Las plantas de hoja variegada son frecuentes y requieren buena luz para conservar su matizado. Los esquejes de algunas variedades veriegadas producen plantas de hojas totalmente verdes.

Verticilo Círculo de tres o más hojas o flores producidas en los nudos de un tallo; por ejemplo, plumbago.

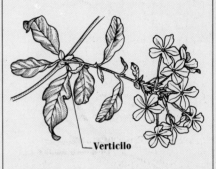

Verticilo

Yema Brote en embrión, de hoja o de flor. La yema terminal o apical es la situación al final o ápice de un tallo, principal o lateral; yema axilar es la que se encuentra en la axila de la hoja. Las yemas de crecimiento suelen estar protegidas de los golpes o frío por unas escamas o vainas muy prietas. Ver también *axila, vaina*.

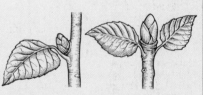

Yema axilar   **Yema terminal**

Yema de crecimiento o punto de crecimiento, es el extremo de un brote de donde surge un nuevo crecimiento vigoroso.

Zarcillo Formación que parte del tallo y que parece un alambre fino, con el que una planta trepadora se enrosca a un soporte. Los zarcillos pueden formar una espiral, por ejemplo pasionaria, o una horquilla.

Zarcillo

Indice

Agradecimientos

Agradecimiento del autor:

Quisiera dar las gracias por su colaboración a: Elizabeth Eyres, encargada de la edición del libro y a Jane Owen que mimó su diseño. A Priscilla Ritchie con cuya valiosa ayuda se realizaron las fotografías de estudio en mi ausencia, así como al fotógrafo, Dave King. A Richard Gilbert que ha llevado a cabo la colosal tarea de indicar las necesidades de las plantas —no es mérito mío. Y por último a Hilary Bryan-Brown que ha tenido que vérselas —con gran éxito— con extraños nombres de plantas y con mi escritura.

Agradecimiento de Dorling Kindersley

A Richard Gilbert por su incansable trabajo y eficiencia; a Chris Thody por encontrar las plantas; a Helen Claire Young y Tina Vaughan por su colaboración en el diseño; a Caroline Ollard y Sophie Galleymore-Bird por su colaboración en la edición; a Vickie Walters por buscar ilustraciones; a Sue Brown y Sarah Hayes Fisher por el diseño; a Judy Sandeman por la producción; a Richard Bird por el índice; a Adrian Ensor por los dibujos en blanco y negro; a Sebatian von Mybourg at The Flowersmith; Anmore Exotics; The Vemon Geranium Nursery; The Royal Horticultural Society; Holly Gate Cactus Nursery; Syon Park Garden Centre; Clifton Nurseries Ltd; Coolings Nursery; Bourne Bridge Nurseries; Inca (Peruvian Art and Craft Ltd.), 15 Elizabeth St. Londres SW1; The General Trading Company, 144 Sloane St. Londres SW1; Zeitgeist, 17 The Pavement, Londres SW4; Ceramic Tile Design, 56 Dawes Rd, Londres SW6; Chris Frankham of Glass House Studios; Neal Street East, Londres; y Habitat.

Ilustraciones:

David Ashby Will Giles Tony Graham Nicholas Hall Coral Mula Sandra Pond James Robins Loma Turpin.

Procedencia de las fotografías:

Siglas utilizadas:
EWA Elizabeth Writing and Associates, CP Camera Press, SG Susan Griggs Agency, DK Dorling Kindersley, **A**=arriba, **B**=abajo, **I**=izquierda, **D**=derecha, **C**=centro.

1, 2, 3, 4, 5 Philip Dowell/DK; **6I** Ken Kirkwood/ English Style (cortesía de Margot Johnson); **6C** Michael Boys; **6D, 7I y D**; Michael Dunne/EWA; **7C** Lucinda Lambton/Arcaid; **8I** Andreas Einsiedel/EWA; **8C** Richard Bryant/Arcaid; **8D** Michael Boys; **9I** Richard Bryant/Arcaid; **9C** John Hollingshead; **9D** Michael Dunne; **10, 11** Linda Burgess; **12, 13, 14, 15, 16, 17, 18, 19, 20, 21, 22, 23, 24, 25** Philip Dowell/DK; **26, 27** Linda Burgess; **28, 29** Dave King/DK; **30CI** Fuer Sie/CP; **30A, CD y B** Dave King/DK; **31A** Mon Jardin et Ma Maison/CP. **31BI** Schöner Wohenen/CP; **31BD** Michael Boys/SG; **32AI y AD** Dave King/DK; **32B** Michael Nicholson/EWA; **33** Jean Durand/The World of Interiors; **34A** Tom Dobbie/DK; **34B** Dave King/DK; **35A** Tom Dobbie/DK; **35B** Dave King/DK; **36A** Michael Boy/SG; **36B** John Vere Brown/The Word of Interiors; **37I** Dave King/DK; **37AD** Michael Nicholson/EWA; **37BI y BD, 38A y B** Tom Dobbie/DK; **39A** Dave King/DK; **39B** IMS/CP; **40A** Fuer Sie/CP; **40B** Dave King/DK; **41AI y AD** Linda Burgess; **41B** Dave King/DK; **41AI y AD** Linda Burgess; **41B** Dave King/DK; **42AI** Michael Boys/SG; **42AD** Linda Burgess; **42B** Dave King/DK; **43I** Tom Dobbie/DK; **43D** Michael Boys/SG; **43B** Dave King/Dk; **44AD** Linda Burgess; **44AI** Richard Bryant/Arcaid; **44B** Dave King/DK; **45AI** IMS/CP; **45AD** Schöner Wohnen/CP; **45B, 46, 47A y C** Dave King/DK; **47B** Geoff Dann/DK; **48, 49, 50** Dave King/DK; **51I** Michael Dunne/EWA; **51AD** Jessica Strang; **51B, 52, 53A y B** Dave King/DK; **53BI** Hus Modern/CP; **54** Spike Powell/EWA; **55** Dave King/DK; **56, 57, 58** Trevor Melton/DK; **59A** Linda Burgess; **59B** Schöner Wohnen/CP; **60** Dave King/DK; **61BI** Pamla Toler/Impact Photos; **61BD** K-D Buhler/EWA; **62AI** John Moss/Colorific; **62AD y B** Pamla Toler/Impact Photos; **63, 64** Dave King/DK; **65A y B** Linda Burgess; **66, 67, 68A** Dave King/DK; **68BI** Michael Boys/ DK; **68BD** Geoff Dann/DK; **69, 70, 71AI y D** Dave King/DK; **71BI y D** Tom Dobbie/DK; **72, 73A y BI** Dave King/DK; **73BD** Michael Boys; **74A y BD** Dave King/DK; **74BI** Schöner Wohnen/CP; **75** Dave King/DK; **76,77**

Linda Burgess; **78, 79** Philip Dowell/DK; **80, 81, 82, 83, 84, 85, 86, 87, 88, 90, 91, 92, 93** Dave King/DK; **94, 95** Linda Burgess; **96, 97, 98 99A** Dave King/DK; **99B** Linda Burgess; **100, 101, 102** Trevor Melton/DK; **103AI** Jessica Strang; **103AD y B** Linda Burgess; **104, 105A y BI** Dave King/DK; **105 BD** Tom Dobbie/DK; **106, 107, 108A** Dave King/DK; **108B** Zuhause/CP; **109, 110, 111** Dave King/DK; **112, 113** Schöner Wohnen/CP; **114TL** Michael Dunne; **114AD** Bill McLaughlin; **114BI** Ron Sutherland; **114BD** Schöner Wohnen/CP; **115AI** Jessica Strang; **115BI** John Vaughan/The World of Interior; **115C** Jacques Dirand/The World of Interiors; **115AD** Dave King/DK; **115BD** Femina/CP; **116** John Hollingshead; **117A** Schöner Wohnen/CP; **117B** Tim Street-Porter/The World of Interiors; **118A** Ken Kirkwood/English Style (cortesía de Tricia Foley); **118B** John Vaughan/The World of Interiors; **119AI** Michael Boys; **119AD** Schöner Wohnen/CP; **119B** Michael Boys; **120I** Schöner Wohnen/CP; **120D** Clive Helm/EWA; **120B** IMS/CP; **121** Dave King/DK; **122A** IMS/CP; **122C** Michael Boys; **122BI** Michael Dunne; **122BD** Ken Kirkwood/English Style (cortesía de Michael Baumgarten); **123** John Vaughan/The Word of Interiors; **124AI** Ken Kirkwood/English Style (cortesía de Lesley Astaire); **124AD** Michael Boys; **124CI** Ken Kirkwood/ English Style (cortesía de Lesley Astaire); **124CD y B** Michael Boys; **125** John Vaughan/The World of Interiors; **126AI** Ken Kirkwood/English Style (cortesía de Stephen Long); **126AD** Schöner Wohnen/CP; **126B** Peter Waloszynski/The Word of Interiors; **127** Dave King/DK; **128AI y AD** Michael Boys; **128AD** Michael Boys/SG; **128B** Jessica Strang; **129** Schöner Wohnen/CP; **130** Peter Woloszynski/The Word of Interiors; **131AI** Michael Boys; **131AD** Ken Kirkwood/English Style; **131B** Schöner Wohnen/CP; **132A** M Deneux/Agence Top; **132B** Neil Lorimer/EWA; **133A** Hussenot/Agence Top; **133B** Schöner Wohnen/CP, **134A** Michael Boys; **134B** Kent Billequist/CP; **135** Tim Street-Porter/The word of Interiors; **136A** Richard Bryant/Arcaid; **136CI** Michael Dunne; **136CD** Jessica Strang; **136B** Ken Kirkwood/English Style (cortesía de Lesley Astaire); **137A** Schöner Wohnen/CP; **137B** Bill McLaughlin; **138AI** Suomen/CP **138D** Schöner Wohnen/CP; **138BI** Michael Dunne; **139** Dave King/DK; **140A** Spike

Powell/EWA; **140B** Femina/CP **141A** Lucinda Lambton/Arcaid (cortesía de Virginia Antiques, London W11); **141D** Schöner Wohnen/CP; **142AI** Lucinda Lambton /Arcaid; **142 AD** Mon Jardin et Ma Maison/CP; **142C** Linda Burgess; **142B** Lucinda Lambton/Arcaid; **143** James Wedge/The World of Interiors; **144A** Jessica Strang; **144AI y BD** Schöner Wohnen/CP; **145AI** Lucinda Lambton/Arcaid (cortesía de Tessa Kennedy); **145AD** Bill McLaughlin; **145B** Clive Frost/The World Of Interiors; **146AI** Luncinda Lambton/Arcaid (cortesía de Lyn le Grice Stencil Design, Bead St. Penzance, Comwall); **146AD** Michael Boys/SG; **146BI y BD** Lucinda Lambton/Arcaid; **147** Dave King/Dk; **148A y B** Michael Boys; **149** John Vaughan/The World of Interiors; **150AI** Bill McLaughlin; **150AD** Ken Kirkwood/English Style (cortesía de Philip Hooper); **150B** Jessica Strang; **151** Dave King/DK; **152A** Ken Kirkwood/English Style (cortesía de The Victorian Society); **152BI** Richard Bryant/Arcaid; **152BC** Michael Dunne; **152BD** Spike Poweel/EWA; **153** Jacques Dirand/The World of Interiors; **154** Ron Sutherland; **155AI** Tim Soar/ Arcaid; **155AD** Bill McLaughlin; **155B, 156AI** Linda Burgess; **156AD** Jessica Strang; **156B** Ken Kirkwood/English Style (cortesía de Matyelok Gibbs); **157AI** Linda Burgess; **157AD** Michael Boys; **157B** IMS/CP; **158, 159** Andreas Einsiedel/DK; **162, 163, 164, 165, 166, 167, 168, 169, 170, 171, 172, 173** Tom Dobbie/DK; **173AI** Dave King/DK; **174, 175, 176, 177** Tom Dobbie/DK; **177AI** Dave King/DK; **178, 179, 180, 181, 182, 183, 184, 185, 186, 187, 188, 189, 190, 191, 192, 193** Tom Dobbie/DK; **194, 195** Dave King/DK; **196, 197, 198, 199, 200, 201I** Tom Dobie/DK; **201D** Dave King/DK; **202, 203, 204, 205, 206, 207** Ian O'Leary/DK; **209** Dave King/DK; **210, 211, 212, 213, 214, 215, 216, 217, 218, 219, 220, 221, 222, 223, 224, 225, 226, 227, 228** Trevor Melton/DK; **229** Dave King/DK; **230, 231, 232, 233, 234, 235, 236, 237, 238, 239** Philip Dowell/DK; **240, 241** The Design Group; **242, 246, 254, 255** Dave King/DK; **258I** IMS/CP; **258D, 259I** Dave King/DK; **259D y B** Femina/CP; **264** Dave King/DK.

Fotografía de cubierta, Dave King.
Fotografía de John Brookes, Tom Dobbie.